铸梦新时代

中国文化信息协会　编

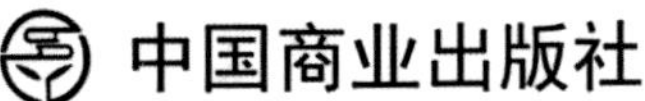

图书在版编目（CIP）数据

铸梦新时代 / 中国文化信息协会编. --北京:中国商业出版社,2024.5

ISBN 978-7-5208-2892-5

Ⅰ.①铸… Ⅱ. ①中… Ⅲ.①民营企业－企业家－事迹－中国－现代Ⅳ.①K825.38

中国国家版本馆CIP数据核字(2024)第076439号

责任编辑：王 彦

中国商业出版社出版发行

（www.zgsycb.com 100053 北京广安门内报国寺 1 号）

总编室：010-63180647 编辑室：010-63033100

发行部：010-83120835/8286

新华书店经销

河南盛科彩印有限公司印刷

*

710 毫米 ×1000 毫米 16 开 19.5 印张 228 千字

2024 年 5 月第 1 版 2024 年 5 月第 1 次印刷

定价：168.00 元

* * * * *

（如有印装质量问题可更换）

序言

历史长河波澜壮阔，时代洪流滚滚向前。时代的画卷，总是在砥砺前行中铺展；时代的华章，总是在接续奋斗里书写。从经济稳中求进到稳步复苏彰显澎湃动能，到粮食产量连续 9 年稳定在 1.3 万亿斤以上实现“二十连丰”，从运动健儿驰骋赛场取得骄人成绩，到科研人员殚精竭虑打造大国重器，从乡村振兴到逐梦航天……一个个“中国奇迹”，无不凝结着企业家的辛勤付出和汗水。企业家，如静水深流，净水里涌动着向上的火；似大象无形，无形中深藏着向前的梦。

何为铸梦?

是接力使命火炬，筑“不破楼兰终不还”的信仰之梦。岁序更替，中国万千企业家作为社会需求的发现者、社会资源的整合者和生产过程的组织者，面向世界科技前沿、面向经济主战场、面向国家重大需求、面向人民生命健康，以筚路蓝缕、以启山林的创业精神和与时俱进、敢为人先的创新行动，将企业家理想与“国之大者”想统一，以铁一般的信仰，牢牢握住使命接力棒，用企业家力量续写中华民族百年荣光。是接力“奋进”火炬，筑“追风赶月莫停留”的拼搏之梦。为打造中国民族品牌，带领中国产品走出国门，企业家们迎难而上、奋力创新，铸就一张煊赫恢弘的“中国名牌”。他们睿智求索，创新致远，踏着时代奋进旋律，在惊涛骇浪中勇立潮头、乘风破浪、奋楫争先、扬帆笃行，用智慧和力量创造出无愧时代的辉煌成就。“争第一、争一流、争唯一”，企业家们以执着专注、精益求精的工匠精神，开拓进取、一往无前的奋斗姿态，在“风吹雨打”中强壮筋骨，为建设品牌强国，唱响中华民族品牌主旋律做出伟大贡献。接力“奉献”火炬，筑“化作春泥更护花”的无悔之梦。在中华民族伟大复兴的征程上，企业家们心有大我、至诚报国、淡泊名利，用热血和青春浇灌心中理想，为人民幸福生活拼搏、奉献、服务。前有企业家为抗疫捐款捐物，后有企业家为逐梦太空添砖加瓦。他们心系“国家事”、肩扛“国家责”，昂扬“化作春泥更护花”的奉献之梦。

《铸梦新时代》一书以“创中国民族品牌，扬大国工匠精神”为主题，以“凝聚中国品牌力量，弘扬中国工匠精神，讲好中国品牌故事，传播中国品牌魅力，打造百年民族品牌”为宗旨，《铸梦新时代》将企业家一个个高瞻远瞩的战略、一项项审时度势的抉择、一次次卓越非凡的壮举、一场场攻坚克难的挑战、一枚枚落地见效的目标，化为引人入胜的故事，展现企业家对匠心的执着、对品质的坚守、对打造中国民族品牌的一往无前，清晰地映射出企业一步步实现规模扩大提级、运营提质增效、团队提档壮大的发展印记和奋斗成果。

是为序。

中国文化信息协会

2024 年 3 月

目录

孔垂侠

KONG CHUI XIA

内蒙古牧之源农牧业投资有限责任公司总经理

“仓廪实而民心安，农业强则百业兴。”农牧业一直以来都是内蒙古的传统产业，也是市场需求旺盛的朝阳产业。因此，聚力创新，大力发展现代农牧业对于加快推动当地经济发展，助力乡村振兴具有重要意义。在此情况下，本着“做优做强西部优质阿尔巴斯山羊肉、牛肉、土鸡全产业链，助力助推农牧民脱贫致富和乡村振兴”的发展愿景和宗旨，内蒙古牧之源农牧业投资有限责任公司（以下简称内蒙古牧之源农牧业） 于 2019 年 12 月创建。历经多年砥砺前行，目前，内蒙古牧之源农牧业已经拥有了完整的“产、供、销”综合化产业链，并建设成以主打品牌阿尔巴斯绒山羊和鄂托克牛及鄂托克木凯淖尔土鸡的繁育、育雏、养殖、育肥、优质饲草种植加工、屠宰精深加工及冷链物流为一体的生产加工基地。

聚焦三农塑品牌，扎根奉献牧之源

——访内蒙古牧之源农牧业投资有限责任公司总经理孔垂侠

厚植深耕，创新发展模式

我国作为农业大国，农业一直以来都是安天下、稳民心的产业。近年来，随着社会经济的发展，人们对物质生活的要求已经从“吃得饱”到“吃得好”，再到“吃得健康有营养”，尤其是对牛羊肉等富含蛋白质的营养肉品更加追求。

鄂托克旗天然草地总面积2962.36万亩，是阿尔巴斯绒山羊的主产区和核心产地。作为鄂托克旗文旅产业投资有限公司全资子公司的内蒙古牧之源农牧业，自创建之初就肩负时代责任，总经理孔垂侠每每望着成群结队的阿尔巴斯白绒山羊，就会陷入沉思，家乡的山水，家乡的产品，放眼全国都是万里挑一且无法复制的优质精品，但即便在互联网已经如此发达的今天，阿尔巴斯山羊肉依然无法走过重重山岗，掠过条条河流走向全国，这里的农牧户依然一如往昔，没有走向全面致富的道路。每当想到这里，孔垂侠便下定决心，一定要让阿尔巴斯山羊肉变得人人皆知，一定要让农牧户富起来。

带着这份初心使命，内蒙古牧之源农牧业依托本土优势资源，以鄂托克旗土生土长的阿尔巴斯白绒山羊为核心产业，积极响应政府号召，以助力乡村振兴，帮助乡亲脱贫摘帽走上致富路为目标，以塑造推广阿尔巴斯山羊肉为品牌，并形成品牌影响力，以延伸当地经济产业链为方向，确立了“企业＋农牧户＋合作社”的运营模式，并与400多家农牧户、20多家合作社建立了紧密的互利合作关系，从根本上实现“牧企”抱团发展。

孔垂侠表示，“企业＋农牧户＋合作社”的运营模式，实际上是一个完整的“产业联合体”，它在经济闭环链中最大限度地将农牧户纳入其中，同时打造统一品牌，制定行业标准，促进当地阿尔巴斯绒山羊全产业链的进一步发展。除此之外，他还介绍道：“为全面保障农牧户和合作社权益，一般由龙头企业制定生产和收购标准，再为农牧户提供技术和信息，并提供产前、产中、产后全程服务，收购价格也优于市场价。在整个过程中，农牧户只需要按标准饲养牛羊即可。”

完善运营模式，确定目标方向，内蒙古牧之源农牧业以农牧业循环经济为切入点，着力延伸产业增值链条，重点在于做强产业做大规模，力求打造鄂托克旗有机绿色品牌。基于此发展战略，内蒙古牧之源农牧业确立三条主线。第一，收集牛羊粪便和废血，作为沼气或有机肥，打造有机农畜产品产业链；第二，牛羊屠宰加工后，配套冷链配送，全面把控品质，打造绿色品牌产业链；

第三，打造科学养殖示范区，以此带动农牧民共同致富。纵观三条产业链，无一不围绕“绿色、循环、资源再利用”而展开，因势而新，乘势而上，促进高品质生态农业迎来发展新机遇，成为新潮流。

品质为先，中国地标产品

湛蓝的天，散漫的风，鄂尔多斯草原水草丰茂，无拘无束的阿尔巴斯绒山羊食草饮泉，自由奔跑在漫山遍野。阿尔巴斯绒山羊，全身皮毛纯白，体质结实，背腰平直，体躯深而长，臀斜，四肢端正有力，蹄质结实，面凹而清秀，眼大明亮有神，两耳下垂。它是产自鄂尔多斯荒漠草原的山羊品种，被列为中国20个优良品种之一，属国家动物遗传资源保护名录一级保护品种。“鄂尔多斯，温暖全世界”这句话便是对阿尔巴斯绒山羊绒的最好肯定，阿尔巴斯绒山羊浑身都是宝，属于驰名中外的绒肉兼用型山羊，其中，阿尔巴斯绒山羊绒素有“软黄金”“纤维宝石”的美誉，阿尔巴斯绒山羊肉素有“肉中人参”的美誉。

得天独厚的地理优势是阿尔巴斯绒山羊肉广受大众青睐的原因之一，而其区别于其他山羊肉的优点在于以下六点。第一，鄂托克旗位于北纬38度至北纬40度，属于农牧业黄金纬度，平均海拔1500米，自然环境处于半原始状态，地理条件优越，适宜动植物生长。第二，鄂托克旗拥有2970万亩可利用的大牧场，草木欣欣，草质优良。第三，鄂托克旗草原拥有400多种植物，其中90多种为中草药，阿尔巴斯绒山羊广食百草，如当地独有的白地椒、红地椒、红花草等中药材，以及笮萌、莎菝、发菜等天然草原牧草，饮用天然无污染山泉水，肉质自然上乘。第四，阿尔巴斯绒山羊肉以品质闻名遐迩的同时，阿尔巴斯绒山羊绒也是被称赞为温暖世界的羊绒衫原料来源。第五，阿尔巴斯绒山羊骨子里有蒙古族的野性，自出生便在野生环境下茁壮成长， 不论寒暑，每天保持20公里的“运动”，这使得阿尔巴斯山羊肉肉质紧实细嫩，且脂肪含量低，氨基酸含量高，营养价值更高。第六，早在2008年，阿尔巴斯绒山羊肉就获得了中国地理标志认证，属中国地标产品，2014年，鄂托克旗又被评选为中国农产品特色优势区。

品质为先的时代，若要打造品牌，形成品牌影响力，就必须笃行不怠，夯基垒台。为全面确保产品质量，内蒙古牧之源农牧业建立自动化屠宰分割生产线2条，生物饲料生产线1条，生物有机肥生产线1条。此外，公司还拥有4000平方米肉联厂（不包括生活区）1个，其中包括车辆洗消场、检疫圈、病畜隔离圈、饲养圈、急宰间等；生产区包括待宰圈、屠宰车间、副产品清洗加工间、分割肉车间、化验室、机修室、排酸间、速冻库、冷库等，同时配备日屠宰量20头牛和500只羊的生产线各1条，以及冷藏车2辆和1000立方米的冷库1个，以绝对实力成为周边地区规模最大的肉食品生产加工企业。除却在硬件设施上下狠功夫，孔垂侠在各个生产阶段也实时监测，全面把控，让事无巨细的管理成为把控品质的有效抓手。

目前，内蒙古牧之源农牧业逐渐开始精细化加工，创新推出礼品盒系列。孔垂侠介绍，现阶段，公司以鄂托克牛、阿尔巴斯绒山羊、鄂托克木凯淖土鸡为主打品牌，鄂托克牛是远近闻名的肉役兼用牛种，鄂托克牛肉肉质鲜嫩，醇香可口，风味独特。高蛋白，低脂肪，多汁味美。肌肉色泽红润，分布均匀，有光泽。肌肉结构紧密，结实，肌纤维韧性强，具有新鲜牛肉正常风味。牛肉中蛋白质含量高，脂肪含量低，金属微量元素铁的含量高。鄂托克牛肉符合人们饮食消费观念，是天然保健食品和草原饮食文化的重要组成部分。鄂托克牛肉在业界的口碑极佳。在近几年，已成功销往宁夏、陕西、内蒙古呼和浩特等地，形成了新型产业链，使得鄂托克牛肉在内蒙古鄂尔多斯、宁夏境内闻名遐迩。

鄂托克木凯淖土鸡，长期生长于草原地区，自然气候条件优越，保持原生态散养，鸡脚粗大，体形健壮，是抗寒少病的特有鸡种。因其长期在草原散养，以草原上丰富的植物和昆虫为食，鄂托克木凯淖土鸡肉不含任何生长激素，肉质发白且纤维紧致，蛋白质高、脂肪低；产蛋蛋清洁白如玉、蛋黄澄黄如金，富含一系列微量元素，具有很高的生物学和食用价值，不仅是食品工业的重要原料，还是人们日常食用、待客的上等佳肴。鄂托克木凯淖尔村土鸡养殖项目团队应邀携鄂托克木凯淖土鸡、鄂托克木凯淖土鸡蛋赴上海参展。这不仅为上海送上特别的地方特产美食美味、丰富上海市民的餐桌，而且是刺激与搅动了全国人民尤其上海市民味蕾的惊艳体验与想象，渗透出鄂托克草原奔放、热情、豪爽与辽阔高远的浓浓气息。如今，“鄂托克木凯淖土鸡”“鄂托克木凯淖土鸡蛋”成了市场上的响亮品牌，“鄂托克木凯淖土鸡肉”成了远近闻名的食补佳肴。目前，鄂托克木凯淖土鸡系列产品包括生鲜、鸡蛋、熟食3大类21个系列产品，通过“线下＋线上”面向全国销售，土鸡养殖也成了木凯淖尔镇农牧民的增收亮点。

阿尔巴斯绒山羊、鄂托克牛、鄂托克木凯淖土鸡现在已经成为远近闻名的地理标志名称，由于其具有肉质鲜美，营养丰富，蛋白质和不饱和脂肪酸含量高，胆固醇和羰基化合物含量低，口感极佳，绿色健康等特点，如今已成为千家万户的餐桌之佳肴，也是加工绿色食品的上等原料。“天赋牧之源”产品也即将走向全国各地，而接下来，公司将一如既往，劈波前行，与时俱进，投入预制菜的研发，提高这些产品的附加值，打通全新产业链，实现提质增效，迈入高质量发展阶段。

同心筑梦，聚力融合共赢

近年来，以工业化思维谋划绿色农牧产业成为时代主旋律，内蒙古牧之源农牧业也以“互联网＋农牧业”为导向，坚持“特、优”战略，创新思路与机制，旨在引领农牧业全方位高质量发展。孔垂侠说道：“以品牌化视野推进农牧业转型升级是当前推动阿尔巴斯山羊肉走向全国和世界的必由之路，因此，公司整合资源，借助互联网，采取线上、线下相结合的方式，积极开展直播等

宣传活动，让乡村振兴以全新模式迸发新活力。”

2021年1月12日，野农优品携手主播雷雄通过快手平台为广大粉丝网友介绍内蒙古特色“天赋牧之源”羊肉礼盒，全网达到70万次曝光和超400万次互动。2023年1月，内蒙古牧之源农牧业通过层层选拔，成功入围北京地铁1号线以“年货进京”为主题的跨年品牌巡展征选活动。面对不绝于耳的褒奖之声，孔垂侠谦和说道：“以前求数量、现在求标准，内蒙古牧之源农牧业将持续走在制定标准的路上，以标准化助力‘天赋牧之源’牛羊肉优质优价，用标准数据定义‘好’牛羊。除此之外，公司也将继续和地方政府紧密相连，与牧民结成更加紧密型的利益联合体，用货真价实的产品赢得市场，让‘天赋牧之源’品牌走得更远。”

新时代，新征程，内蒙古牧之源农牧业将继续做好品质管理，创新研发，开辟新赛道，丰富新产品，为农牧户谋福祉，为消费者作好服务。

付天生

FU TIAN SHENG

扎鲁特旗草源农牧业投资发展集团有限公司董事长

在我国现代化发展的道路上，农牧经济被称为国之命脉。截至2016年年底，我国从事畜牧业人员达1099.77万人，而农业生产经营人员则达到31422万人。庞大的农牧民人口基数，恰恰透露着我国的国情所在。在社会因素的影响下，农牧人员往往会陷入一个尴尬的局面，那就是劳产低廉，所以如果有人能够解决当前之困境，那绝对是无数人都期盼的事情。扎鲁特旗草源农牧业投资发展集团有限公司董事长付天生，正是与人民群众打成一片，知晓农牧业人员不易，并努力去改变的有识之士。一粒小米，一块奶豆腐，在市场中也许微不足道，但在付天生眼里，却是改变农牧产业的希望，也是他持之以恒，为人民不断谋求幸福，借力国家政策不断进取的动力。

农牧开发勇创先河，助力乡村奋楫扬帆

——访扎鲁特旗草源农牧业投资发展集团有限公司董事长付天生

秉承初心奋进前行，循梦远航砥砺深耕

人民日报曾说："心向往之，行必能至。"人生之中，所遇之事总是大大小小，琐碎不断，但斗志不改，必能圆满终成。在付天生的心中，一个人的力量可以是普通的，但也可以是不凡的。在他年轻时，最常接触的便是农场。那时的他还是一名工业农场中的书记，在当地任职了数十年之久。他不仅在这里留下了深深的印记，也为其作出了无数的奉献。熟知农事的他，凭借着出色的能力，为当地香山农场的瓜子企业打响了名声，带动了发展，使之一举成为知名企业，有效地助力了当地经济进一步发展，提高了人们的收入。

紧跟国家政策，逐步发展远行。扎鲁特旗草源农牧业投资发展集团有限公司位于内蒙古自治区通辽市，当地独特的地理优势为企业发展带来了良好的基础和动力，但各类产业出现的问题也为其增加了许多困难和阻碍。不过，在付天生看来，再难的问题只要持之以恒，不断进取，就必然会被攻克。在当地政府和原国有企业的指引下，付天生于2022年4月注册成立了扎鲁特旗农牧业投资发展有限公司，同年6月，他将企业名称更改为扎鲁特旗草源农牧业投资发展集团有限公司。他先是带动了原国有企业的员工一同加入扎鲁特旗草源农牧业投资发展集团有限公司，之后又设立了3个子公司，也就是扎鲁特旗草源泓润农牧生产业发展有限公司、扎鲁特旗草源弘晟商贸有限公司和内蒙古金拓土地开发有限责任公司。子公司的创办意味着企业的发展方向变得更加丰富且具有潜力，而这也正是付天生的初心所在。

与时俱进，奋楫前行。现如今的扎鲁特旗草源农牧业投资发展集团有限公司在发展中已粗具规模。其内部设有党群工作部、人力资源部、内审法务部、财务管理中心等九大区域部门，在付天生的带领下，各部门相互协调、共同进步，公司也在稳步向前发展。相信在不久的将来，扎鲁特旗草源农牧业投资发展集团有限公司会作为龙头企业树立起良好的标榜精神，必将推动当地牧业、农业、林业、草业、药业、商贸等多方面发展，为当地经济的蓬勃发展提供强大助力。

蹄疾步稳创伟业，纵深推进步步高

慈心为人弘大爱，成人达己创非凡。在付天生心中， 一直都有着强烈的社会责任感。他认为，幸福属于每一位人民，无论贫困或者富贵，都应该获得幸福。所以，在当地的社区献温暖活动中，付天生常常带着企业员工去慰问困难群众，为他们解决实际问题。同时，疫情期间，付天生更是以身作则，积极带领员工参加志愿者活动，为群众送去生活物资。也正是如此，率直热心的他才能够得到全体员工的拥护和支持，公司也取得了一个又一个的好成绩。例如，农业方面：企业与山东浦发集团积极合作，开启了耕工备库项目，整个项目共占有 4 万亩土地；牧业方面：扎鲁特旗草源农牧业投资发展集团有限公司发展牛羊产业，并建造了综合饲料厂、牛肉牛杂产品深加工厂、粪污处理转换有机肥工厂、养殖场等产业结构，另外付天生也在积极寻找更多的企业进行合作；林业方面：扎鲁特旗草源农牧业投资发展集团有限公司现拥有近 1 万亩的林地，随后将以林地为基础，栽种大扁杏、榛子、酸枣仁等经济作物；草药业方面：公司以林地为基础，规范且大量地种植藏珠、黄芪等中草药，形成“林上有果树，林下有草药”的生态模式；商贸方面：主要侧重在农具产品开发、开拓市场等方面不断作出创新和改进，运用线上、线下相结合的方式来拓宽企业销售途径，助力企业更好地发展。

云程发轫勇攀峰，培风图南扬帆起。扎鲁特旗地处内蒙古通辽市西北部大兴安岭南段科尔沁草原腹地，属内蒙古高原向松辽平原过渡的地带。一年四季分明，光照充足，土地总面积 1.75 万平方千米，土壤为栗钙黑壤土，土层深厚，肥力中等，有机质含量 1.5% 以上。因得天独厚的地理环境优势，公司现推出了许多优质的产品。如扎鲁特黄金小米，就是内蒙古自治区扎鲁特旗的名特优新农产品，它是原属于山地草原品牌的小米，由扎鲁特旗特产的毛毛谷品种加工而成，因为其主产地是在扎鲁特旗乌额格其牧场，该地区气候属温带大陆性气候，昼夜温差大，土壤也是沙壤土。小米在夏季高温多雨、冬季寒冷干燥的环境下生长，所以品质非常优良。经过国家有关部门检测，毛毛谷小米符合绿色食品 A 级标准，中国绿色食品发展中心更是为其颁发了“绿色食品 A 级绿色食品标志证书”，在 2021 年期间更是入选了第三批全国名特优新农产品名录公示名单。扎鲁特旗被称为“塞外粮仓”“绿色净土”，扎鲁特黄金小米被称为“绿色食品”且远近闻名。

行事作为，若作于细，必成于实。山地草原品牌的全麸小麦面粉也是一款优质农产品。它是用小麦原粮品种宁春四号为主加工而成，宁春四号整个种植过程中，不用化肥、农药、化学营养剂等，纯天然进行培育，肥料使用的都是农家肥，全部人工除草，加工方面也用了 90% 的麸皮，所以吃起来口感筋道，面香浓郁，富含人体所需要的维生素，这既是山地草原品牌面粉的优势所在，也是其最大的亮眼之处。扎鲁特高粱，是扎鲁特当地的明星产品，好评度非常之高。这款高粱，之所以广受欢迎，是因为其在特定的土壤地理区域种植，且它又是特定的品种，受到特定生产控制，再经过特定收获加工处理，最终来到广大人民的餐桌之上。高粱的生产基地选择远离污染源、土层深厚、腐殖质较高的沙质土或壤土地，因扎鲁特高粱属于高质量淀粉高粱，单宁含量符合用于酿造清香型白酒的单宁范围，常年与衡水老白干、五粮液等白酒典范企业合作。中华大地物华天宝，扎鲁特旗绿色农产品是大自然的馈赠，得益于此，扎鲁特高粱便有了“名甲四方天下闻”的美誉。

百围之木，始于勾萌；万里之途，起于跬步。山地草原品牌的扎鲁特黏玉米，也是扎鲁特旗所产出的优秀农产品，凭借着当地的土地肥沃、温度高、昼夜温差大等自然优势，扎鲁特黏玉米营养丰富、口感好，受到了无数人的喜爱。扎鲁特鸡心果也是扎鲁特旗农产品的一大亮点，其依赖着独特的山地草原气候，所在的地区日照充足，光能丰富，山泉水将其灌溉，优越的生长环境，最终造就了扎鲁特鸡心果果形秀美，色泽亮丽，口感香甜脆的产品特点。扎鲁特鸡心果因品质优良和产量大，抵御虫害能力强，种植很快普及开来，现在扎鲁特旗农区果园占有一定比例。经过当地果农的不断培育，已成为水果行业中的上品。人们称道：固阳燕麦，锡盟羊，扎鲁特鸡心果真不错。而除了农产品，扎鲁特草原牛肉、扎鲁特草原羊肉、扎鲁特酸马奶、扎鲁特奶豆腐也同样具有特色。就拿扎鲁特草原牛羊肉来说，它的背后还有着一段奇妙的渊源，让无数人津津乐道，据《扎鲁特史话》记录，解放战争时期和抗美援朝时期，人民政府曾大量调运扎鲁特草原牛羊肉支援前线，为解放战争和抗美援朝做出了贡献。而到了 20 世纪八九十年代，扎鲁特草原牛肉主要出口对象是苏联（今俄罗斯），当时对所出口的牛肉要求非常严格，肉质需要经过层层把关才能进入国外市场，也正因如此才形成了扎鲁特高质量的产品标准，而且随着相关产业的升级拓展，现如今的扎鲁特草原牛、扎鲁特草原羊已然被称为“吃的是中草药，喝的是矿泉水”。再加上悠久的畜牧历史和历经 60 多年不断改良的优良品种，扎鲁特草原牛肉、扎鲁特草原羊肉成为中国绿色食品的标志性食材，畅销全国 20 多个省、自治区和直辖市。

因地制宜，步步制胜。扎鲁特不仅有肥沃的土地，还有充足且优质的水源。细看其全旗境内，共有较大河流 9 条、支流 49 条，分属嫩江和辽河两大水系，是通辽市赖以生存的水源涵养地。充足的水源为放牧牛羊提供了洁净水源，为提高牛羊肉品质提供了重要的保证。不仅如此，扎鲁特所放养的牛羊，大多为山地放牧，所以运动量非常大，这也就造就了扎鲁特草原牛肉、扎鲁特草原羊肉脂肪含量较低、肌肉弹性好的特点。仔细看扎鲁特牛肉，你会发现其肉质上大理石纹明显，色泽鲜红，这样的牛肉，所占据的一级肉比例足足有 53.3% 之多，远远超出其他肉类。至于扎鲁特草原羊，它的肉质也是相当鲜嫩，有着高蛋白低脂肪、无膻味、香味浓郁的特点。也正因如此，酸马奶和奶豆腐等牧业衍生品的品质也会相对突出，奶香味极浓，营养价值也十分之高。人们常说：“天堂草原，绿色净土出绿色佳品，百万牛羊出通辽。”扎鲁特旗是闻名遐迩的“中国草原

肉牛之都”，草原肉牛指的便是扎鲁特草原牛。扎鲁特草原羊是内蒙古自治区通辽市扎鲁特旗特产，被评为全国农产品地理标志产品，享誉全国，并出口蒙古国，签订多笔贸易大单。截至2023年，扎鲁特草原牛和草原羊的存栏量分别是60.05万头和204万只，扎鲁特草原牛肉产量达3.68万吨，扎鲁特草原羊肉产量达 2.85 万吨。

不忘初心，牢记使命。扎鲁特旗独特的地理位置和气候条件，独特的森林和山地草原环境，孕育了独一无二的“扎鲁特草原羊”“扎鲁特草原牛”“扎鲁特高粱””扎鲁特黄金小米”等绿色佳品。当地的农牧产品能够得到如此好的发展，跟付天生的运营理念有着密切关系。正是他牢固树立了生态优先、绿色发展的理念，因地制宜推进草原生态保护精细化管理，才推动了传统畜牧业向现代畜牧业转型，实现生态效益和经济效益共赢，真真正正地走出了一条县域畜牧业高质量发展之路。

心中有景，花香满径

奋楫笃行，臻于至善。乡村振兴作为我国的发展主旋律，一直都是我国发展的重中之重。作为现在乃至未来的龙头企业，付天生身负重任，不断埋头苦干，用自己的努力去改变家乡。面对研发，他亲力亲为；面对困难，他一马当先，为公司员工做榜样的同时，也努力为群众做出榜样，租用最贫瘠的土地种植草树，为生态尽一份力量，为当地农民增加一条致富之路。这条路纵然艰辛无比，但付天生却走得格外坚定。

行稳致远，守质如一。产品好坏取决于品质。所以付天生一直很注重细节、质量和品质，因为他明白只有品牌质量得到保证， 企业才能走得更远。唯有发展，方能生存；唯有创新， 方能壮大。未来，付天生将继续带领企业脚踏实地地去做好每一件事情，不忘初心，砥砺前行，为推动当地农牧产品走向更广阔的市场作出自己的贡献。

厉红海

LI HONG HAI

扎鲁特旗草源农牧业投资发展集团有限公司副总经理、
绿色农畜产品深加工专业招商组副组长

2023年3月19日，扎鲁特旗招商引资暨优化营商环境推进会议顺利召开，在本次会议上，以深入学习党的二十大精神，全面贯彻落实自治区、通辽市招商引资暨优化营商环境大会精神，通报工作进展，分析问题不足，完善工作举措，动员全旗上下持续抓好招商引资和优化营商环境工作为主要任务，为经济高质量发展提供强有力的支持。会议上领导人强调为提高招商引资的精准度和实效性，按照一产调结构、二产扩总量、三产强基础的思路，以打造产业集群为重点，认真分析梳理产业链条，做好“延链、补链、强链”工作。作为扎鲁特旗草源农牧业投资发展集团有限公司副总经理和绿色农畜产品深加工专业招商组副组长，厉红海牢记党员使命，奋楫争先，将压力转为动力，为扎鲁特旗地区经济蓬勃发展积极贡献力量。

踔厉奋发承产业，安商亲商以诚邀

——访扎鲁特旗草源农牧业投资发展集团有限公司副总经理、绿色农畜产品深加工专业招商组副组长厉红海

克己奉公勇挑担，严守防线敢争先

自古以来，“会当凌绝顶，一览众山小”常常被作为成功人士的目标；“海到尽头天作岸，山登绝顶我为峰”更是以一种无可睥睨的态度道出一番想要建功立业的豪情壮志。殊不知“苔花如米小，也学牡丹开”也是一种人生态度，他于平凡处见细微，活出生活的诗意。厉红海以前在港口从事组织部工作，后调入检察院基层部门，2015年至2017年于招商局挂职招商，在组织部借调从事党内工作，一路磕磕绊绊。虽然工作频繁调动，但厉红海无比感谢在组织部这几年的工作经历。他表示，在这里，他从少不更事的年龄跌跌撞撞进入社会参加工作到如今在工作岗位上小有成就，离不开组织部工作过程中所养成的严于律己、谨小慎微的品性以及精益求精、开拓进取的工作态度；在这里，他不断汲取榜样力量，学习榜样精神，初心未泯，以精湛的执行力和高度的责任感奔走在工作最前沿，塑造了今天“光而不耀，静水流深”的自己。

“最可爱的人”，这是一个无比光荣的称号。我们曾经用它来称呼抗美援朝、保家卫国的志愿军战士，今天，用这个光荣称号称呼抗击疫情的白衣战士，他们同样当之无愧。2020年初始，一场突如其来的疫情让许多城市都按下了“暂停键”，而三年的疫情攻坚战，我们看到了医护人员、人民警察、在校大学生、社区干部、爱心人士等化身“大白”穿梭在大街小巷，勠力同心，和衷共济，共克难关。作为中共党员的厉红海，牢记“全心全意为人民服务”的宗旨，践行初心，担当使命，在危难时刻勇往直前，坚持“人民至上、精准防控”的理念，发挥共产党员的先锋模范作用，积极投身于疫情防控工作中。为了精准有效地开展管控工作，厉红海将全旗176名党员干部先锋队有秩序地划分为9个管控小组，通过线上、线下相结合的方式，建立了完善的沟通机制，及时了解居民诉求，确保社区管控工作“矛盾不上交、平安不出事、服务不缺位”，有效保障居民生活需求，有效地遏制病毒的传播和蔓延。在誉州、学苑等10余个社区的先锋队工作群众，经常看到来自厉红海的消息回复，“请公安部予以协助”“请社区同志予以解决”“某某

居民紧急就医，请先锋队放行”……不胜枚举，真正做到忧百姓所忧，急百姓所急，积极回应群众期盼。此外，作为104先锋队队长，他积极捐献物资，确保物资供应，下至基层，深入群众，将中国共产党党员的初心和使命践行在实际行动中，为疫情期间焦虑、恐慌的人民百姓带来安心和宽心。厉红海以身作则，以行表率，彰显党员本色。

博观约取展宏图，政通人和欣欣向荣

扎鲁特旗，一个风景秀丽，资源丰富，历史悠久的城市。这里有广阔的原始草原——扎鲁特草原，被誉为“中国最美的山地草原”和“最具民俗（民族）风情旅游目的地”；这里有四通八达的交通，有通辽市通往20多个城市的航运及5条铁路交通的重要优势保障，更有丰富的文化旅游资源， 是全国闻名遐迩的“乌力格尔之乡”“民间艺术之乡”“民族版画之乡”“民族曲艺之乡”。作为著名的蒙古族说唱艺术“乌力格尔”的发祥地，蓬勃向上的蒙古族传统文化塑造了蒙古族人民开拓进取、英雄乐观、自由开放、崇信重义的文化风尚，也体现了扎鲁特旗各民族大团结、大融合、共繁荣的现代和谐文化主旋律。在各级领导的带领之下，地大物博的扎鲁特旗吸引了众多企业的加盟建厂，如农牧业方面领先的牧原集团，为当地经济高质量发展积蓄新动能，注入新动力。作为绿色农畜产品深加工专业招商组副组长的厉红海，坚持“项目为主，招商为要”的引资理念，将招商工作贯穿全年，覆盖全部门，紧跟党委政府工作脚步，不断优化招商环境，完善党群服务中心审批程序，提供“一站式”服务，切实把为企业提供优质服务融入自己的工作中，增强自己服务企业的思想自觉和行动自觉。

为更好地做好招商工作，扎鲁特旗地区领导不断优化行政服务中心职责，减少审批程序，缩短审批时限，对重大投资项目建立全程代办服务制度，开辟重大投资“快速通道”，做好“最后一公里”服务建设，保证审批工作在1—3个工作日完成，简便手续，提高效率。现如今，扎鲁特旗地区已有扎哈淖尔产业园、鲁北产业园围绕牛羊产业、新材料产业、绿色农畜产品产业、文化旅游产业、林果产业、中蒙医药产业、铅锌产业、石墨产业、风电新能源产业、生物化工产业、农副产品物流园产业等产业领域作为重点招商项目，突出重点招商、专业招商、全季招商，聚焦产业发达地区，紧盯头部企业、链主企业、行业协会进行精准招商，并提供优惠政策，设立专区，组建“帮您办”队伍，在旗政务大厅设立“蒙速办 · 帮您办”投资项目服务专区，组建代办帮办工作队。同时主动对接企业，入企开展服务，组建“店小二”服务团队，主动和重点项目企业对接， 以座谈交流方式，详细介绍全链条“代办帮办”服务新举措，使企业可以按照“自愿委托，无偿代办”的申请方式委托“代办帮办”服务。在对投资者要求方面，并无特别限制，只要有利于地方经济发展，都诚挚欢迎，并提供全面服务，构建浓厚的亲清政商关系，实现互惠共赢，共同开创全旗社会经济高质量发展新局面。

在紧密围绕十大产业发展的过程中，扎鲁特旗以其特殊的水源、土壤、日照、温度等自然气候条件，使扎鲁特红干椒在红干椒家族中独树一帜，扎鲁特红干椒皮红肉厚、色质纯正、果实细长、品质优良，除维生素、辣椒素和各种营养物质含量比其他地区生产的同类产品较高外，还具有特别香浓的辣味，被称为“香辣型”红干椒，是辣椒中之上品；扎鲁特辣椒粉也以香辣著称，畅销区内外，成为扎鲁特旗红色支柱产业。据《扎鲁特旗志》记载：红干椒在扎鲁特已有30多年的种植历史，种植规模遍布全旗各个乡镇。神奇而富饶的扎鲁特旗，孕育出的扎鲁特红干椒继承了开鲁红干椒色正、香辣、无污染、品质好的特点，一经上市，便深受域外客商青睐，开始搭乘开鲁红干椒的便车，销往国内20多个省、自治区、直辖市，并出口新加坡、韩国等多个国家。被称赞道：“百年古县，椒红沃土。”此外，扎鲁特旗现有833万亩林地，极其适合种植蒙中药材，扎鲁特旗蒙中药材种类丰富，品质优良，其中扎鲁特北苍术和扎鲁特黄芩最为著名。自20世纪80年代以来，扎鲁特北苍术以优良的品质走出内蒙古，走出国门。截至2023年，全旗种植扎鲁特北苍术4146亩，是我旗药材种植亩数最大的药材，也是外销药材中占比最多的药材，而扎鲁特黄芩在全旗的种植面积已经达到1020亩，黄芩以根入药，味苦、性寒，抑菌力较强，有清热燥湿、止血安胎的作用。扎鲁特黄芩叶采收后，经蒸搓加工可作黄芩茶饮料，芩熬汤饮用，既安神去火，又祛病养生，被称为“黄金茶”。扎鲁特黄芩以根条坚实色黄而光滑著称于国内市场，畅销全国。除北苍术、黄芩等药材外，甘草、黄芪、远志、知母、麻黄、防风、苦参、柴胡等野生药材同样品质良好，有效成分含量高。扎鲁特旗是全区为数不多的药材基地，2023年，全旗蒙中药材种植面积达到18000多亩，主要分布在嘎达苏良种繁育中心、前德门苏木、乌额格其牧场等18个苏木镇。而扎鲁特草原得天独厚的自然资源为牧场的发展提供了先决条件，在其中广而闻之的便是马奶酿造，马奶作为“最古老的蒙古人饮料”“蒙古八珍”之一，自古被誉为“元玉浆”。集草原之精华，养天地之美味，扎鲁特策格（酸马奶）被牧民视为珍品。由于其独特的药用价值，酸马奶从被周边村民的抢购到销往各大医院，在成立合作社后辐射全国各地。常言道：“宁夏枸杞雁城茶，难及扎鲁特策格。”由此可见其药用价值极大。无论是扎鲁特红干椒，抑或是蒙中草药，还是扎鲁特策格，以及其他独特的当地特色，均为扎鲁特旗的招商引资和经济发展提供了不竭动力。

奉为圭臬匠人心，与民更始百姓安

没有伤痕累累，哪来皮糙肉厚，英雄自古多磨难，回头看，崎岖坎坷；向前看，永不言弃。在招商引资的过程中，“冷板凳”和“闭门羹”如家常便饭，但从未泯灭厉红海作为招商人的心，不曾遗忘其为扎鲁特旗人民致富增收的使命。厉红海始终坚持将经济做强，将民生事业做到百姓心中，在招商路上踽踽笃行，愈挫愈燃，以暖心的行动带动招商工作，全程跟踪，落地服务，帮

助投资企业适应环境，进而促进以商招商。在“十四五”期间，扎鲁特旗大力开展招商引资工作，煤化工、铝后加工、农副产品深加工等产业已经粗具规模，工业的发展尤其是重点产业园区及产业项目的建设，将产生和释放巨大的经济发展潜力。

择一事，终一生，汪曾祺曾这样评论匠人：“他们是一种遗民，永远固执而沉默地慢慢地走，让你觉得许多事值得深思。”匠人自含风骨，匠人自有风度。或许在这高速发展的社会里，匠心就是一种“不合时宜”的坚守。但匠心也并非因循守旧，而是在守与破、留与弃中披荆斩棘、砥砺前行。在厉红海看来，匠人匠心的内涵十分广阔，对于自己而言，自己仍然处在学习老一辈招商人的杰出领导，学习基层干部淳朴无华的精神涵养阶段。他会向那些颇具大国工匠精神的卓越人才学习，汲取榜样精神，作为企业竞争、发展的不竭动力和坚实资本。厉红海同志将会继续秉持匠心精神，将大国匠心的凝聚力体现在生活和工作中，为民谋利，为民造福。我们也衷心地祝愿扎鲁特旗的百姓生活河清海晏，延彼遐龄，地区经济发展蒸蒸日上，花团锦簇。

郭聃洋

GUO DAN YANG

伟达伟乐健康产业（集团）公司总裁

郭聃洋，男，汉族，2013年获得莫斯科国立罗蒙诺索夫大学生物学博士学位，曾获罗蒙诺索夫国际青年学者奖、莫斯科国际医学技术博览会金奖，现为教授、研究员、正高级工程师，是世界微生物学与生物工程领域的“中坚力量”，他的理论成果不仅在国内被广泛认可，在国际上也颇具影响力。2020年，秉持着“凝聚人才，科技报国”的理念，郭聃洋博士创立了伟达伟乐健康产业（集团）公司，系中国首家专注于人体微生态检测与个性化益生菌精准定制服务的生物技术高科技企业，创新研发出了全球独有的自体益生菌疗法与个性化益生菌制剂。

为国争光攻难关，科学求实破藩篱

——访伟达伟乐健康产业（集团）公司总裁郭聃洋博士

科研道上，奋力攀登追远梦

早在20世纪初，“益生菌”的概念由俄国天才科学家梅契尼科夫在意大利工作时提出，他是世界第一位确认了益生菌健康形象的学者，被誉为“益生菌之父”。益生菌意为“对生命有益”，又名益生素或活菌制剂，指可改善宿主（如动物或人类）肠内微生态的平衡并对宿主有正面效益的活性微生物。时至今日，快节奏的生活方式让人们逐渐开始意识到健康的重要性，间接推动了食品科学、营养学的发展，这也引领了越来越受人们认可的“益生菌”健康风潮。

据了解，益生菌对生存环境的要求极为苛刻，面对鱼龙混杂的市场，在选择益生菌时，一定要从菌株是否有科学研究论证支持、有无临床验证支持、是否明确能提供健康益处、是否明确安全性等多方面进行考察。目前，益生菌被广泛应用于医疗健康、食品工业、动物健康养殖、农业种植等领域，市场增量显著。在益生菌市场快速扩张的情况下，中国益生菌产业缺乏最核心的菌株资源、长期依赖进口等问题，也成了制约我国益生菌产业发展的“短板”，国内相关企业的菌种几乎全部依靠进口，不仅成本高，而且极容易引起市场混乱。

作为一名充满激情和追求卓越的科研工作者，郭聃洋博士始终保持对科研工作纯粹的初心，一心想要破解我国益生菌技术的“瓶颈”难题，曾研发出新型共生体益生菌系列产品、新型微生物食品保鲜剂、食用噬菌体制剂等，是参与研发自体益生菌疗法与个性化益生菌制剂的发明人之一，是智能车间化高效水蛭培养技术与固液态联动发酵价值真菌技术的发明人，还曾参与制定小分子肽系列产品、定向复合益生菌发酵粉系列产品、伏特加蒸馏酒等多种产品企标、行标及国标工作。主持国家级、省部级科研项目超过20项，发表论文50余篇、专著12部，国家授权专利30余项，参与起草行业与团体标准11项，培养硕士研究生多名，均成为行业优秀人才。

一方水土养一方人，从一个地方迁移到另一个地方，身体出现不舒服状况，却检查不出什么疾病，这是人们熟悉的水土不服现象。所以在郭聃洋博士看来，国外的益生菌，或许不如国内的益生菌更有针对性，“国内”的含义，既指的是菌株“分离自中国健康人群的肠道”，也代表着“相关试验是在中国人群中开展”。就像盲目引进外国物种会使得中国本土的物种减少甚至灭绝

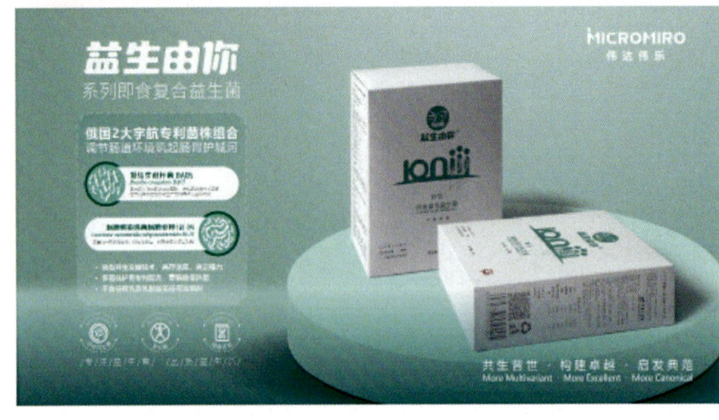

一样，来自欧洲的菌种长年累月接触的是欧洲人的食物谱系，这样的菌种被用于其他饮食结构的人群，效用就会大打折扣，因此本土化的菌种研制势在必行。

人才是第一生产力。像郭聃洋博士这样的高级知识分子，自然是无论走到哪里，都能取得新的成就，并在自己从事的领域内发光发热。他是俄罗斯科学院院士苏沃洛夫的“得意门生”，在读书期间就曾加入苏联航天局膳食补充团队专门做益生菌研究，在长期实践中，也越发确定了“益生菌是解决未来一切慢性疾病的方式”的理念。

凭借着优异的成绩，郭聃洋博士曾历任莫斯科国立大学教授、俄联邦国家抗生素与细菌毒素实验室副主任；中国科学院（长春）中俄生物技术与工程联合研发中心主任、研究员，中国食品发酵工业研究院传统微生物基因工程与新产品研发中心副主任、正高级工程师，圣彼得堡实验医学研究所教授、高级研究员、俄中国际微生态研究中心主任，山东省农业科学院中俄食品生物技术研究中心主任、研究员、教授级高级工程师等职务；获得了中国发明协会成果奖一等奖、吉林省人才开发基金获得者、山东省科技进步二等奖、中国创新创业大赛全国总决赛优秀奖、中国发明协会创业人物奖，以及长春市“长白慧谷英才”、山东省省级领军人才、山东省优秀科技工作者等诸多荣誉称号。与此同时，郭聃洋博士作为科技部国家级国际联合研究中心负责人（该中心承担着科技部对俄专项、军工专项等国家级重点项目 76 项，吉林省国际合作项目、中国科学院创新计划专项等省部级项目 100 余项），引进独联体等国家高层次人才 400 余人次，同时担任中国科协海智专家、科技部国际合作项目评审专家、科技部国家外国专家项目评审专家、国家酒类品质与安全国际联合研究中心学术委员会委员、俄罗斯联邦食品安全与营养健康中心外籍专家委员、北京市科技奖励函评与会评专家、中国管理学院新兴经济产业研究所客座教授等多项职务。

功以才成，业由才广。2021 年，郭聃洋博士联合国内外院士团队等的世界级顶尖科学家，在北京、圣彼得堡、莫斯科、赫尔辛基、哥本哈根、巴黎、深圳、济南、长春、杭州、宁波、银川、三亚等地开展个体化微生态制剂（自体益生菌疗法）临床应用，已建立从发现、筛选、改造到应用菌体的完整微生物组产业化技术体系。目前，伟达伟乐已建立了国内首家“自体益生菌疗法与个体化精准干预康养中心”（世界第二家，世界首家亦是由伟达伟乐团队于 2018 年在俄罗斯圣彼得堡建立）；建立了全球最大的中国国际人类基因与微生物组数据采集中心；建立中国国际自体益生菌生物银行并实现了产业化应用。围绕着人体消化与代谢、免疫与炎症、肿瘤、精神神经性疾病等领域，在人体微生物分离、鉴定、筛选、成剂、自动化高通量培养组学平台等方面，可为特需人群探索出更多的疾病模型开发和机理研究，通过对比和关联人体益生菌群的基因数据和微生态基因组数据，实现精准医学和营养干预目标。

人才聚，事业兴。近年来，济南先后推出了“人才新政 30 条”“高校 20 条”“双创 19 条”等人才政策，涉及专项计划、补贴扶持、人才管理等，涵盖了顶尖人才、海外人才、创新创业人才、柔性人才和青年人才等，吸引了众多高层次人才来济逐梦。郭聃洋博士也从香港、深圳到长春，一路从南到北辗转了不下 10 个城市，最终将项目落地家乡济南。在俄罗斯，生物系是一个很难使学生合格毕业的专业，郭聃洋博士读书的时候，同级入系的 34 个中国留学生，最终能顺利本科毕业的只有 3 个，郭聃洋博士是第一个从本科到博士都是在莫大微生物系读到毕业的博士生，也是俄罗斯莫斯科微生物学派第四代传承人之一。如今，他带着丰硕的学业成果，以及丰富的工作阅历回到了家乡济南，不仅仅是因为他眷恋故土，更重要的是家乡求贤若渴的诚意打动了他和他的团队。

时代潮头，潜心探究出真知

一座城市和人才的最好关系，就是共同成长、相互成就，实现城市与人才的“双向奔赴”。当初企业在落地的时候，市、区级政府领导不辞劳苦，给予企业全程“保姆式”的关怀。新冠疫情期间，因为封厂等，伟达伟乐资金链差点断裂，好在当地政府部门进行了有力协调，同时伟达伟乐也在国内外进行了新一轮融资，才得以顺利渡过难关。政府和企业友好协作，以实际行动告诉世人：来泉城，办成事；来泉城，投我以木瓜，报之以琼琚。

要实现高质量发展，就离不开高技能人才的坚实支撑。伟达伟乐旗下的企业科研团队以亚历山大·苏沃洛夫院士与郭聃洋博士为核心，拥有俄罗斯科学院院士（含外籍）5 人、国家千人计划专家 2 人、中国科协海智专家 1 人、省级特聘外国专家 3 人；获得了国内外发明专利 39 项，发表了临床研究论文超过 100 篇。伟达伟乐®科研团队以全球独有、国际领先的自体益生菌干预与共生体微生物培养技术为基础，所研发的技术与产品均得到了行业内与用户的高度认可与广泛好评。

据科学调查，人体内有益菌数量会随着年龄增长而逐渐减少，人体内的菌群会随着主体的饮食习惯、生活作息、工作压力、抗生素激素类药物的使用，以及疾病等因素而发生变化。对此，伟达伟乐针对特定适应证，建立了从发现微生物、筛选微生物、改造微生物到应用微生物的完整微生物组产业化技术体系。通过细菌胞外多糖合成关键酶的结构功能分析及定向改造合成，产出具有益生功能的高分支度葡聚糖的益生菌及益生元系列制剂等。同时围绕着消化系统、免疫与炎症、肿瘤、精神类疾病等领域，在人体微生物分离、鉴定、筛选、成药、自动化高通量培养组学

平台等方面，进行前沿技术研究、新药开发、技术平台建立及人才培养，有望为实体瘤癌症、孤独症、帕金森、老年痴呆等人群探索出更多的疾病模型开发和机理研究。同时，应用人体全基因组信息通过密码芯片等安全方式实现终端储存，并通过个人基因组数据的对比分析，精准制备全营养（食品）制剂。运用独有的 Symprobitics® 共生培养制剂及其关联服务，来调节和改善因人体内微生物群落功能紊乱而引起的各类健康问题。应用自主 Quantbiome® 技术设计和提供一系列生物健康产品及相应的个性化定制服务，致力于帮助重建个体健康微生物组的关键特征。

从一个实验室的研究结果，变成一个市场化的推广，还有很多困难需要突破。在成熟的技术体系支持下，伟达伟乐旗下研发并生产的益生由你、慕益生、自源益均、自体益君、宓能、宓素、宓之纯等系列益生菌共生体制剂，打破了传统意义上对机体进行单纯“填补”有益菌的研发理念，研制出能够恢复个体健康状态下“原生”有益菌群生长环境的益生菌与益生元，具有定殖能力强、功能活性高、促生效果好的特点，成为新一代益生菌制剂的代表性产品。

在深度的微生物组研究和数据挖掘基础上，伟达伟乐针对生物医药、生物农业等市场需求，高通量筛选具有生物活性的功能微生物及其代谢产物，为客户提供一流的微生物产品及解决方案，已搭建起了从发现微生物、筛选微生物、改造微生物到应用微生物的完整微生物组产业化技术体系。而团队研发的国际领先的自体益生菌干预与共生体微生物培养技术，更是开拓了新一代益生菌技术的里程碑，给予了行业新的思考方向。

简单来说，自体益生菌干预与共生体微生物培养技术就是把每个人自身的益生菌分离出来，进行分析、培养，再给个体补充回去。这样个性化精准干预定制自身益生菌，通过分离提取、保藏复壮等流程操作，相当于拥有了自己的健康菌体银行，随需随取。每个人的肠道微生物都是独特的，即使是相同症状的患者，所需要的益生菌也可能并不相同，要想达到更好的效果，可能每个人都需要一款为其特别定制的益生菌产品。因此，伟达伟乐的“个性化益生菌定制”无论是从安全性、干预效果，还是长期性来说，都远胜于市场上现有的普通益生菌产品。另外，当下临床上比较流行的粪菌移植疗法，是将异体的肠道菌群直接转移给患者，这种方法面临着不同层次的安全风险，而伟达伟乐的技术则用自体“个性化”的独特菌株，帮助不同的个体恢复健康。就这两个方面来讲，伟达伟乐研发的这项技术，在安全性上，具有其独特优势。依托于该技术优势，伟达伟乐健康产业团队研发的新型益生菌共生体制剂，已被俄罗斯联邦宇航局定为内供产品，共有 3675 位航天员与预备航天员应用了自体益生菌干预项目，同时在地面上与空间站周期服用益生菌共生体制剂产品。

探微知著，科海遨游新世界

“每一个人的身体都是一个小宇宙……所以，只有你自己，才可能真正了解并掌握你自己，

如果你愿意洞察你的身体，你就会觉察到你的身体为你所做的努力，并学会去配合你身体的自愈策略。”在济南市区的“自体益生菌科技馆”，有老师正在认真地解答问题，周围的听众听得入神，收获颇多。

值得一提的是，伟达伟乐现联合圣彼得堡自体益生菌干预中心，在三亚崖州湾科技城建立了中国第一个、世界第二个超大型菌种资源库，发现、保存和鉴定了超过 2 万株的微生物菌株。2021 年，山东伟达伟乐健康产业有限公司在济南市区倾力打造了全国首家“自体益生菌科技馆”，公司创办的伟达伟乐益生菌科技馆，是继阿姆斯特丹微生物博物馆之后，国内现有的第一家以益生菌为主题、旨在推广人体微生态健康理念的科技场馆，在益生菌的宣传与科普活动中发挥了重要作用。郭聃洋博士担任益生菌科技馆首任馆长，益生菌科技馆和自体益生菌体验中心是免费向民众开放的，有大量市民前来参观，也吸引了众多来自社会上的医学专家、养生专家、科研人员、产业界等多个领域的人前来参观与调研，并得到了济南市委、市政府的重点扶持与关注。

除了专注于人体健康方面，郭聃洋博士和团队还积极开展微生物发酵技术及产品研发、新资源食品的综合利用、水生无脊椎动物培养工艺与装置、智能系统控制等工作，所研发的药用水蛭智能车间化养殖技术实现了成果转化超过 5000 万元；主持新型共生体益生菌产业化应用专项，实现横向收入超过 1.7 亿元；主持研发了国内首套自体益生菌疗法应用 SOP 与保藏控制系统。郭聃洋博士填补了国内自体益生菌干预和药（食）用水生动物养殖与系统精细开发的领域空白，在构建精准营养微生物组信息采集技术体系，研发新食品营养学大数据挖掘与分析，推动大数据技术、人工智能与食品微生物学和膳食健康管理等融合应用等方面发挥了重要作用。

“我们通过研发系列产品，义务宣传相关知识，强化人们的日常健康意识，促使人们养成良好的生活习惯，建立有效科学的健康养生结构，远离或摆脱慢性疾病的困扰。同时，通过融合其他产业发展，进一步提升社会健康幸福指数。”郭聃洋博士对企业的科研工作有着独到见解，思路超前，且科研成果与市场需求相契合，能够洞悉用户需求，解决实际问题，组织团队研发创新技术并屡屡实现重大突破，将进一步围绕“一平台三体系”建设，进一步聚合“双创”要素，不断提升服务能力，加快企业孵化培育和科技成果的转化落地，进一步推动企业的创新创业生态建设。“鹰击长空，鱼翔浅底，万类霜天竞自由。”未来，伟达伟乐健康产业（集团）公司也将以更加广阔的胸襟，吸纳各方英才，持续释放新动能，助推社会健康产业高质量发展。

创新是社会进步的灵魂，创业是推动经济社会发展、改善民生的重要途径。作为新时代“双创”类企业的优秀代表，郭聃洋博士创立的伟达伟乐健康产业（集团）公司及一系列科创公司系全球首家专注于人体微生态检测与个体化益生菌精准定制服务生物技术的高科技企业，可为全世界用户提供基于个体基因组与微生物组，从取样、分析、制订改善方案到益生菌产品定制的一整套服务。从大胆探索培养方案，到尊重规律的人才制度，再到形成合力的科研环境，伟达伟乐健康产业（集团）公司厚植于科研创新的学术土壤，在新时代静待花开、结出硕果！

邬汝源

WU RU YUAN

北京璜溪口期颐延龄中医科学研究院

丈夫贵兼济，岂善独一身。自古以来，中华民族从不缺虚怀若谷、济世兼达的仁人志士。孟子道“得志泽加于民，不得志修身见于世”以教育世人，杜甫呼号“安得广厦千万间，大庇天下寒士俱欢颜，风雨不动安如山”以推己及人，北宋邓牧叹“忧民之溺，由己之溺；忧民之饥，由己之饥”以忧患百姓……正是这些能者智士推动了中华上下五千年历史齿轮的转动，促进人类社会不断向前发展。马克思主义唯物历史观有述“人民群众是社会历史的主体”，历史实践也向我们证明，只有扎根群众、尊重群众、服务群众才能赢得民心，才能有所发展。

聪慧奋进成才，利益众生指北

——访北京璜溪口期颐延龄中医科学研究院邬汝源

恒心学习打基础，功勋赫赫显成效

没有一蹴而就的成功，只有生生不息的努力。向名师学习是邬汝源踏出的第一步，也是坚实的一步。2007—2008 年，邬汝源在原七机部高级工程师、国家科技进步二等奖获得者倪英老师的辅导下，与上海交通大学陈建强老师学习研究纳米负离子材料的应用；邬汝源深知学无止境的重要性，于是选择 2009—2011 年进一步深造，开始作为上海复旦大学高分子系原副主任平郑骅教授的博士生学习开发应用膜生物水处理技术；2011 年邬汝源开始以解放军第二军医大学原副校长、荣膺少将军衔、国家科技进步二等奖获得者、博导的叶文正教授为辅导老师，与云南大理感通寺第十八代中草药传人释传道师傅学习中草药对人体亚健康与肿瘤的治疗作用；2012 年至今，在家乡浙江省宁海县璜溪口设立负氧离子海绵体对人体亚健康作用和中草药正衡散对心脑血管病、肿瘤的神奇疗效的研究，尝试将理论投入实际。经过多年的学习、实践、论证与检验，已从理论与实践双层面证明了人体生出来的病只要找准病因就能好回去。到目前为止已被证明的疾病有：脊椎空洞症、渐冻症等；免疫系统疾病如：癌症、HIV 艾滋病等，从这个角度来看并不是世界医学难题。

星光不负赶路人，事实再次向我们证明“长风破浪会有时，直挂云帆济沧海”。2013 年，邬汝源以《亚健康——心脑血管病肿瘤的前奏》一文获第十届科学家论坛论文评比优秀一等奖；2013 年获得教育部人生科学会授予的“中华民族的榜样”称号；2014 年入选中共中央党校《求是先锋》杂志封面人物；2014 年入选中科协影响中国的学者杂志封面人物;2014 年获得祖国杂志“人民功臣”称号；2014 年以《正衡散——与人体健康的关系》一文获第七届中国名医论坛论文评比优秀一等奖；2014 年以《肿瘤（癌）转移说你伤了谁》一文获第十一届中国科学家论坛论文评比优秀一等奖；2014 年以《对人体被病毒入侵、感染的浅淡》一文获第十一届中国教育家大会论文评比优秀一等奖；2015 年入选中科协推动中国的领军人物封面人物；2015 年获得中国特色社会主义研究会“党建在线”中国行业模范先锋称号；2015 年获得世界科技出版社、世界人物出版社名誉主编称号；2015 年获得第十二届中国科学家论坛论文评比优秀一等奖（蝴蝶宝贝病将不再是世界难题）；2015 年度以“蝴蝶宝贝病的治理”获得中国科技创新先进事迹；2016 年以《人类的健康从生殖、孕育开始》获得第十三届中国科学家论坛论文评比优秀一等奖；2016 年第十三届中国科学家论坛获得“中医特色疗法研究杰出人物”称号；2017 年以《对人类生活运动筋骨损伤的浅谈》获得第十四届中国科学家论坛论文评比优秀一等奖；2017 年第十四届中国科学家论坛获得“中医人体免疫力研究杰出人物”称号；2018 年第十五届中国科学家论坛：发现 · 2018 中医疑难病研究杰出贡献人物，邬汝源的一系列著作为医学做出了极大贡献，达到近乎屠版的功勋成绩。又如，2017 年第十二届中国杰出管理者年会论文评比优秀一等奖：《对脊椎空洞症、渐冻症的浅谈》；2017 年第十二届中国杰出管理者年会论文评比优秀一等奖：《艾滋病将不再是世界医学难题》；2018 年第十五届中国科学家论坛论文评比优秀一等奖：《疫苗——盲性介入对人体健康影响浅谈》；2018 年第十五届中国科学家论坛论文评比优秀一等奖：

《对人体耐药性浅谈》；2018 年第十五届中国科学家论坛论文评比优秀一等奖：《对生命健康与“灵”之关系浅谈》。2019 年《对庸医综合症的浅谈》使其入选走向世界的中国学者。同年，国家中医药管理局授予研究室“浙江省宁波市邬汝源生命科学工作站”“国医名师邬汝源生命科学工作室”的称号。

济世为民保初心，造福群众人长久

无论学习什么职业技能，无论身处什么社会地位，邬汝源的人生目标与追求永远都是以群众为出发点，为人民服务，为众生谋福利。

学习纳米负离子材料的应用时，邬汝源早就考虑到纳米负离子材料能为群众带来什么收益；抑或说如何运用、创新这些材料，使得它能够为群众造福？“负离子海绵体”是邬汝源给出的答案。该品由负离子无机纳米材料配以自主开发的促进剂和无机抗菌材料分散、附载在多孔海绵上制造而成，能自发产生负离子，在使用过程中不耗能、无辐射、无损耗。不仅负离子释放量大，还具有稳定、高效，使用寿命长的优势，而且使用负离子海绵体就好像随身携带了一片森林，随时能够给使用者营造富含负离子的天然空气质量环境，犹如置身于大自然之中，且应用场景广泛，睡觉时可置于枕边，用于改善睡眠时人体周围的局部空气质量，提高睡眠质量，能明显改善人体亚健康状态；随身携带，可贴放在身体慢性疼痛处，缓解疼痛的同时能改善局部空气质量；设置在汽车、装甲车等车厢内能极大地改善车厢内空气质量，使驾乘人员精神倍增，提高工作效率的同时，减少疲劳驾驶可能引发的事故；配进吸氧器具能增加潜水人员的工作时间；应用于医疗，能更快地使病人康复；配文胸能使妇女降低患乳腺增生的风险；配背心穿在身上能对五脏六腑有保健作用；配领带能缓解颈椎不舒服的症状；放进果蔬保鲜箱能极大地延长果蔬保鲜时间，使其口感保持，跟现场采摘食用一般，甚至负离子海绵体在军民两用技术展会上已引起航天、海军等装备部门的重视。

空口评述总觉乏力，实践现象更显成效。邬汝源团队在“负离子海绵体”发明专利申请成功的第一时间，就在浙江省宁波市宁海县璜溪口一个有上万人口的自然村里请 80 岁以上的老人和身体亚健康的人进行试用，其中，村庄里有一位百岁老人，当时的她已经难以独立行走，走路需要有人搀扶或自己扶墙慢慢前行，所以鲜少出门，邬汝源团队了解情况后便通过村老协会免费送给她一个负离子海绵体，日常使用大概一个月以后，这位老人的走路状况就大有好转，基本能一个人独立地在路上慢慢走；无独有偶，村子里许多老、弱、病、残群体都因为使用了负离子养生包，使得身体更加康健。人们对负离子海绵体保健功能的态度从将信将疑到深信不疑不过半年时间而已。总之，负氧离子海绵体的发明能给亚健康的人们带来更健康的未来，它能降低从亚健康

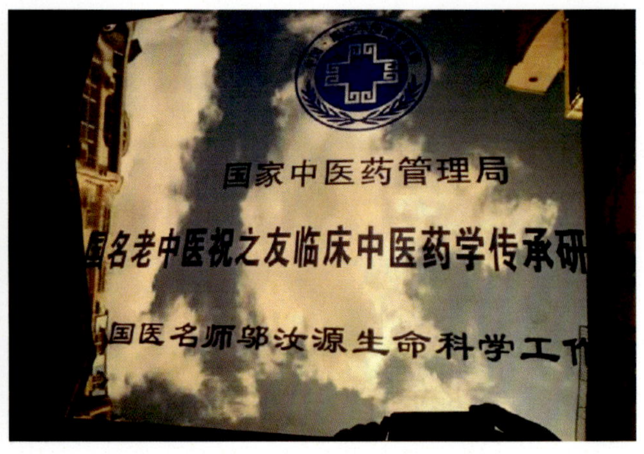

到疾病的发生概率，这样在节省大量医疗资源的同时，也能减少社会对医疗费用的支出。

忧国恤民关疾苦，守正创新救黎民

“神奇草木藏玄机，古法疗愈真灵异。”华夏民族中医诊治、养生之道可谓是源远流长、博大精深。邬汝源将自己与云南大理感通寺第十八代中草药传人释传道师傅学习中草药对人体亚健康与肿瘤的治疗作用的经历和团队研发出中草药——正衡散相结合。它含有的黄连、大黄、丁香、三七、云楼、蒲公英、蛇头草、三叶青、独叶一枝花、冰片等对治疗缓解心脑血管病、肿瘤（癌症）的效果非常惊人，只要脾胃系统还有基础的工作能力就能产生理想的效果。正衡散的主要适应症状为因脾胃系统、肝脏、肾脏的亚健康引起的各种症状，其中后期疾病的表征如心脑血管病、肿瘤（癌症）等，如果按时按量地服用正衡散，一般3天时间就有症状改善的感觉；如果有女性患者被医院建议手术切除乳腺、子宫等，只需要用3天到7天时间服用正衡散，就有可能保住患者的人体器官，对于一般患者而言，50天左右就能见到明显的效果。目前，该药物已经对多例心脑血管病、肿瘤（癌症）、糖尿病并发症下肢水肿溃烂、水火烫伤的水肿、肾病综合征等病人有理想的使用效果，是目前已知的效果最显著的纯中药之一！对因身体疾病引起的，而无法愈合的创口，它也有神奇的疗效，正常服用后，一般会在三天内愈合，对所谓的世界难题——蝴蝶宝贝病也有着患者不可想象的奇效。这种种成绩意味着正衡散破解了世界医学专家公认的医学难题，打破了蝴蝶宝贝病无法治愈的谜面。

与此同时，邬汝源还在人类生活运动筋骨损伤、脊椎空洞，渐冻症，HIV病毒入侵、感染，人体耐药性，疫苗——盲性介入等对人体健康影响、中西医学辨证关系的多方面颇有建树，为医学的发展与疾病的诊治做出颇多贡献。

“君子之为君子也，一人死而万人寿，一人痛而万人愈，一人忧而万人乐，一人劳而万人逸。”为社会谋发展，为百姓谋福祉，离不开像邬汝源这样为国为民、利益众生的君子，以此为标，方能在民族发展、历史进步的道路上越行越远。

徐莉

XU LI

大连国际货运有限公司董事长

大连国际货运有限公司（简称DIT）成立于1993年，是由商务部批准、民航总局核发“许可销售代理人”证书的一级国际货运代理中外合资企业，2014年被我国大连海关评为高级认证企业。多年来，企业致力于通过科技创新提升行业效率，自主研发创建了先进的信息技术系统服务平台，可承办国际海运、空运、快递、铁路以及其他相关的国际运输服务，业务范围涉及滚装船、大宗散杂货、化工品、危险品及特种箱运输的订舱、租船、报关、报检、仓储、中转、保险、报检、跨国贸易代理等，以高性价比和稳定的时效性，赢得了行业和市场的一致好评。

俯首耕耘货代事，巾帼玫瑰绽芳华

——访大连国际货运有限公司董事长徐莉

尽职守责，严纪正风声浩荡

眼神坚定、笑声爽朗、说话从不拖泥带水、做事干净利落，这是大连国际货运有限公司董事长徐莉给人留下的第一印象。“女子今有行，大江溯轻舟。”徐莉，这位杰出的新时代奋斗者，犹如一盏明灯、一面旗帜，挺立起大连国际货运有限公司破浪前行的精神桅杆。在她身上，既见信仰信念，又见人格风骨，更见家国情怀，彰显着为中国梦不懈奋斗的赤诚大爱。

在这个信息洪流时代，能够有一个品读经典的心境，越发显得弥足珍贵。每年定期，徐莉都会带领员工品读国学的经典。使大家从古圣先贤的经典中学习忠孝悌信礼义廉耻的道理，萌生家国情怀，做事忠诚守信，做人干净守节。员工们深切体会到：有一种爱，情深义重丹心可鉴，那是对团队、对员工的挚爱深情；有一份情，秉承于心刻骨入髓，那是对国家和民族的高度认同感和归属感。人民有信仰，民族有希望，国家有力量，这就是民众的家国情怀。而传统文化是中华民族的软实力，是人类智慧的结晶，更是世界为之赞叹的宝贵精神财富。传统文化智慧承载了中华几千年的伟大文明，滋养和教育着中华儿女。在徐莉祈请古圣先贤大智慧的管理下，大连国际货运有限公司内部极其稳定，少有员工离职，每位员工都热爱自己的岗位和团队。无论多么辛苦忙碌，都没有人焦躁抱怨。所有办事处干净整洁一尘不染。这是大家热爱这个家园，主动维护环境的结果。每当有客户来访，员工都会暂时放下手头的工作，微笑着站立迎接，给人一种宾至如归的感觉。国外的客户来访时大为赞叹，说大国际是将整洁和礼仪做得最好的中国企业。“团结、整洁、礼貌、高效”，已成为企业最鲜明的特点。

文以载道，以文化人。在徐莉的身上，总有一股书卷气，那是一种“醉里挑灯看剑，梦回吹角连营”式的豪爽和深情。20 世纪 70 年代，徐莉下乡回城工作后，无意中看到报纸刊登一则大连外国语学院夜大学招生的消息，在父亲的鼓励下，她当即去报名参加学习，风雨无阻地接受了四年与本科同等的授课，最终以优异的成绩毕业。毕业后，一直从事日语翻译工作，并在 1988 年开始踏足国际物流行业，并于 2003 年接手了大连国际货运有限公司。其实，国际物流行业是一个以男性为主的职业，经常要与海关、商检、司机、仓库等人员打交道，要积极协调装卸、仓

储、搬运等各个环节，特别是包货机时，徐莉常常自己装飞机的仓板。业界中都称其为“打不死的铁女人”，看着是小女人，实则是“巾帼不让须眉”的女汉子。平时工作压力虽大，徐莉也会抽出时间读诵儒释道的圣贤书来充实自己。用“无为无不为”来做生活中的取舍，用“天行健，君子以自强不息”来缓解工作压力。也是从那个时候起，原本性格急躁的徐莉懂得了“天下莫柔弱于水，而攻坚强者莫之能胜”的道理，学会了用更智慧的方法来提升磨炼自己。

自 1988 年涉足国际货运行业后，徐莉从最基层做起，一步步赢得了人们的认可。她曾在中国国际航空公司与中国外运总公司的合资企业担任大连公司总经理十年，航空货运业绩一直名列东北三省之首，为大连航空货运事业的发展作出了贡献。也曾在花甲之年创办了“爱迪喵”跨境电商平台，这是专营国际进口优质日化品的平台。承蒙大连保税区管委会的指导与扶持，其跨境电商业务大多数货品原装进口，因其产品的保真和优质性，获得了大众的认可和良好口碑。

自 2003 年接手大连国际货运有限公司以来，徐莉，这位国际货运界的前辈，凭着对物流事业的热爱和执着，克服了各种艰难险阻，不断开发新的领域。如今已把大连国际货运建设成一个多功能综合性的物流企业，可以承接国际国内任何一点的门到门服务，并因海关“AEO”的国际通关资质，精细管理，基本实现“出口直放、进口直通”目标，极大地提高了货物通关效率，降低了客户的生产物流成本，为进出口贸易企业提供强大的支持和保障。

风雨同舟，勠力同心守职责

徐莉笑称自己当年刚毕业属于“误入了歧途”，但既然选择了这个行业，就一定要把这份事业做好。不仅要证明自己的能力，更要带领着大家一起赢取职业的尊严。徐莉说：“之前我们这个行业的确不正规，客户、海关、航空公司、船务公司，谁都可以呵斥我们，就像风箱里的耗子两头受气。我就暗暗发誓，一定要做到正规化规模化，打造物流行业的‘正规军’。”

自接手大连国际货运有限公司以来，徐莉就与骨干员工一道在企业战略布局、组织结构、业务流程以及经营理念等方面狠下功夫。首先大力推动企业的数字化转型，以信息化手段管理业务、各项数据、信息资金等。

货代物流行业，是违法违纪事件频出的重灾区，稍不留神就可能触及法律法规。而三十多年来，徐莉一贯坚持守法经营，绝不为蝇头小利损害祖国的利益，一直严格按照海关的税则申报。同时下企业指导客户配合海关保税产品的在库管理，防止错缴或漏缴关税的事件发生。由此获得海关总署批准的高信任“AEO”企业认证。

早在 20 多年前，就有人找到徐莉，想要进口夹带走私货，徐莉坚决拒绝了对方的要求。这些年来，破产、倒闭、跑路的货代公司不在少数，但徐莉坚信：遵纪守法、互利互助是良性合作

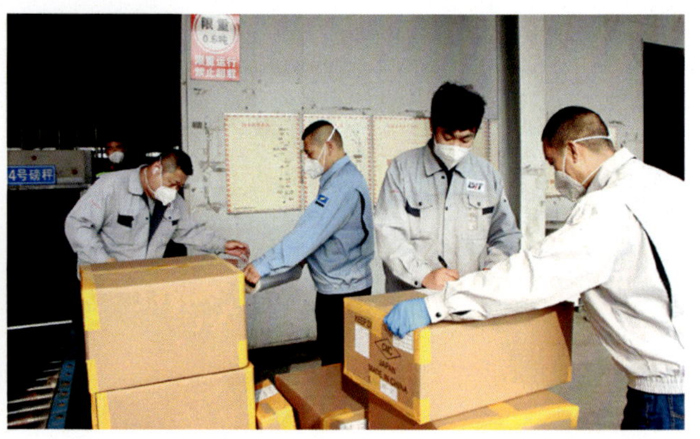

的基本要素。有时为了拿到业务，货代行业也陷入了严重的价格内卷当中，其实这样的恶性竞争并不利于行业的长期发展。毕竟要给客户提供优质服务，还是需要有一定成本的。因此，好的客户还是在意货代的服务质量，而不会一味地追求低价，以避免未知的风险。

企业诚实守信，日积月累就能形成良好的信誉，在商业往来中处于有利地位，成为扩大交往、促进合作、走向成功的通行证。徐莉坚信“富与贵是人之所欲也，不以其道得之，不处也；贫与贱是人之所恶也，不以其道得之，不去也”。人人皆想求富贵，但如果这富贵不是通过正道所得，是留不住的；人人都不喜欢贫贱，但如果不通过正道所得，这贫贱也是无法摆脱的。一直以来徐莉都带着企业走正路，堂堂正正地做事，也赢得了广大客户的一致信赖。曾有一家日本的大企业之前用过很多货代公司，因它们无法提供其所需的服务只好找到徐莉，当与大连国际合作后，再见到徐莉时对其赞不绝口，称相见恨晚，说把业务交给你们太幸福了！在日本文化里，很少有直接夸奖别人的，这位日本客户能用“幸福”二字来表达自己的心情，可见对大连国际货运是非常认可的。

厚德载物，炽怀融爱福蒸腾

货代行业一直以来都面临着多重挑战，而数字化平台正是其应对这些挑战的一种方式。在徐莉看来，进一步加速物流产业数字化升级、提升物流产业效率、降低经济运行成本，既是供给侧结构性改革的重要方面，也是打破传统供应链诸多“瓶颈”，加速现代物流服务业发展的需要。

这些年来，徐莉带领着团队深入实施创新驱动发展战略，紧扣产业发展需求，有针对性地部署创新链，推动教育、科技、人才协同融合发展，不断提高全要素生产率和产业核心竞争力，通过提升企业数字化水平，将多个相关方连接在一起，使大连国际货运有限公司提高了服务质量、提供了更好的运输保障，并增强了其价格稳定性。一方面，满足了客户的个性化需求，通过提供透明的信息和数据分析，帮助货主与货代之间建立信任。货主可以实时跟踪货物的状态和位置，了解运输进展，从而更加信任货代服务。另一方面，增加高效、协调的运输过程，有助于简化贸易链路，提高运输效率，降低成本。

秉承着“先做人，后做事”的原则，大连国际货运有限公司全体员工以诚信为本，为世界500强企业和当地众多的中小企业，提供最贴心的全方位服务，使得客户免于物流方面的困扰。企业严格遵守各项规章制度，遵纪守法，于2011年就通过了德国莱茵公司ISO9000质量管理体系认证。大连国际货运有限公司已经在货代领域建设上取得了长足的进展，走在了行业的前列。相信通过进一步发挥优势特长、补齐短板弱项，一定能够更上一层楼，助力制定规范化、科学化的行业新标准。

在客户和团队眼中，徐莉是一个好管家、好领导，她凭借着先进的管理理念、专业的素养、创新的思维以及宽广的胸怀，让企业各项指标不断攀升；在丈夫和孩子们的眼中，徐莉是个好妻

子、好妈妈。她照顾亲友，乐于奉献，三代同堂，其乐融融；她还给一些单亲家庭的孩子治病，待孩子病情好转直至供养孩子到大学毕业。多年来，徐莉坚持用中华传统文化教育员工，免费到客户企业讲课，带领员工扶贫救灾，资助社会弱势群体，努力弘扬社会正气，传播正能量。疫情三年，企业受到重创，但她没有放弃任何一个员工，而且努力保证员工的生活水平不降低。她在艰难的时刻不断总结反思，努力提高管理水平，收获了企业的良性发展和其乐融融的大家庭。妥妥是大家称赞的“人生赢家”。而这一切，也是她爱心付出的收获。

古人云：“行之以躬，不言而信。”作为大连国际货运有限公司的“灵魂”人物，徐莉凡事以身作则、率先垂范，将继续以传统文化为向导，推动企业的巨轮乘风破浪、扬帆远航，驶向更加美好的明天！

任思宇、朱龙

REN SI YU、 ZHU LONG

浙江羽嘉供应链科技有限公司创始人

随着世界经济的迅速发展，全球化进程加快。中国作为世界经济发展的最强引擎，在推动经济全球化过程中发挥了不容忽视的作用。中国经济的迅速发展得益于其拥有全球最大的消费群体，消费带来的商品交换成为推动经济增长的关键环节，由此衍生出的物流行业成为国民经济和社会发展的重要支柱产业。2022 年，我国公路货运市场约 5 万亿元，物流业总收入达 12.7 万亿元，2023 年，我国物流业迎来了恢复性增长，全年社会物流总额将达 350 万亿元，中国物流业总收入长期占据 GDP 的比例超过 10%，我国仍是全球需求规模最大的物流市场。浙江羽嘉供应链科技有限公司抓住万物互联机遇，推动数字技术与实体经济深度融合，积极建设供应链服务平台，致力于成为全网区域甩挂智汇物流生态服务提供商，通过数字化技术为公路运输赋能。

乘万物互联之势，聚数字智汇物流

——访浙江羽嘉供应链科技有限公司创始人任思宇、朱龙

于高山之巅，方见大河奔涌；于群峰之上，更觉长风浩荡。数字创新成为发展大势，如今的时代唯创新者进，唯创新者强，唯创新者胜。任思宇和朱龙凭借多年物流工作经验，敏锐发觉物流行业趋势，2023年联合创办了浙江羽嘉供应链科技有限公司，创新物流模式，通过定挂模式的改进，提高运输效率，降低运输成本。自创立以来，公司以“打造全网区域甩挂智汇物流生态服务平台，构建高效、环保、智能物流生态系统，助力物流行业的数字化、绿色化、智能化转型”为愿景；以“让承运变成一句简单的诉求传递”为使命；以“坚韧、创新、担当、精进”为价值观，积极搭建完善全网区域甩挂智汇物流生态服务平台，线上以智能算力系统、数字孪生系统为基础打造“一站式”可视化承运模式，线下以共享挂箱实现仓运一体化，努力实现高效、智能甩挂，推动公路货运行业发展。

独具慧眼，锚定行业痛点

百舸争流，奋楫者先，大势所趋，自当奋楫笃行。浙江羽嘉供应链科技有限公司聚焦传统物流行业痛点，提出针对性的解决措施，将阻碍公路货运发展的难点各个击破，建立货运物联网，将便捷高效贯穿至公路货运的各个环节。

物流业是物流资源产业化而形成的一种复合型产业，是集仓储、运输、配送、信息共享于一体的综合性服务产业。作为全球最大的物流市场，运输费用占据我国物流总费用的半壁江山，运输在物流业发展中发挥关键作用。公路货运量占货物运输总量的比重接近80%，得益于其调度与路线的高度灵活性，公路货运方式的使用远超水路、铁路、民航等货运方式，在运输业中占据主导地位。目前，世界上公路货运运输模式主要有定挂模式和甩挂模式两种。定挂运输是指汽车、列车在物流过程中，汽车或者牵引车与全挂或者半挂车没有分离的形式，属于拖挂运输。而早在20世纪40年代，欧美国家就已经开始使用甩挂运输，经过多年发展，甩挂已经成为欧美国家的主要货物运输方式。甩挂运输就是汽车、牵引车将随车拖曳的半挂车、全挂车或者货车底盘上的货物运输至目的地后，再拖挂其他货车驶向下一个目的地，是一种通过牵引车连续输送多个挂车

的运输方式。

浙江羽嘉供应链科技有限公司将甩挂模式的公路货运运输方式作为改革的突破口，推出“雨燕卡班”作为公司在公路承运领域的核心，专注于国内跨区域甩挂运输。通过这种运输方式，提高了牵引车的利用率，缩短单程运输耗时，提高司机运输效率；产品直接进入运输过程，降低仓储和装卸成本，减少装卸损耗；最大限度发挥货车运输能力，合理配置货车资源，大幅降低车辆空载率，提高司机与货主的收益，减少不必要的资金投入，缩短资金周转周期。如今，羽嘉科技采取区域甩挂运营模式，通过智能调度算法模型解决了产业结构带来的单一线路货源不对称问题，实现了货源网络化，促进了运输结构优化。

如果说甩挂运输方式是羽嘉科技的关键一招，那么智汇物流生态平台和新能源货车车后增值服务则为高效运输模式保驾护航。

乘胜追击，抢占数字先机

进入新发展阶段，我国坚持深化供给侧结构性改革，推动经济高质量发展，发展产业新动能，科技创新成为建设现代化产业体系的战略支撑。人工智能、物联网、云计算、大数据为中国物流行业的智能化注入不竭动力，与此同时物流行业的产业链也不断完善，从仓储、设备到运输、管理再到后汽车服务，完整的产业链促进了优质物流发展，推动了现代物流经济体系建设。羽嘉科技通过智汇物流生态平台与车后增值模式打造了完整的物流产业链条。

智汇物流生态平台运用物联网、云计算等数字技术，创建数字孪生系统与智能算力系统，提供大数据商务服务，打通多式联运信息流，实现智能甩挂，推行“一站式”可视化承运；通过前置仓提供区域站点服务，提供共享挂箱，实现仓运一体。线上与线下相结合，实现对车辆和人员运力等资源的及时、准确、全面、高效配置，24 小时的运输过程可视化管理有利于精准匹配车源和货源，规划最优运输路线，极大地促进了运输效率的提升。羽嘉科技打造的供应链兼顾货主端和司机端的效益，降低货主运输费用成本的同时提高司机的收益，打造透明运价体系，规范支付结算。羽嘉 O2O 智慧物流信息平台促进物流信息的实时交换，推动运输上下游的高效协同，构建绿色公路物流生态系统，加快公路货运由传统粗放型发展模式向集约高效、规范智能的发展模

式转变。

此外，羽嘉科技首创“一站式新能源货运车辆服务体系”，提供车后增值服务。公司为客户提供新能源车采购与租赁、充电设施建设与管理、新能源车辆维修与保养、新能源车辆保险与金融服务。羽嘉科技为客户提供多样化的新能源汽车选择与灵活的租赁方案，降低客户的一次性投入；建设覆盖广泛的新能源车辆充电网络，提供充电设备的日常维护和管理服务，保障设备正常运行；及时维修与保养货运车辆，确保车辆的安全性和稳定性，延长车辆使用寿命；未来，公司将与多家保险公司合作，为货车提供全面的保险服务，同时为客户提供各种金融支持方案，帮助客户解决资金问题。

高效甩挂模式、智汇物流生态平台和新能源货车车后增值三位一体，共同成为羽嘉科技的有力抓手。

云程发轫，引领智汇物流

羽嘉科技的成功创办离不开公司核心团队的苦心经营；功以才成，业由才广，人才是企业的核心竞争力，是企业发展的基石，决定企业的成败。有了优秀的人才，企业才能具备创新能力、竞争优势和持续发展能力。浙江羽嘉供应链科技有限公司拥有一支热情洋溢、锐意进取的核心队伍，他们始终保持初心，努力创造价值，不断精进业务能力。在这样优秀团队的不懈努力下，羽嘉科技才能制定正确的发展战略，确保在物流行业地位遥遥领先。

创始人任思宇，浙江大学在读硕士，具备丰富的物流行业经验和高级物流师资格。他深耕物流行业多年，一度担任物流高管。他参与策划公司品质兑现率，展现出其在提升快递服务质量方面的专业能力；成功实施公路甩挂产品的落地和全网管控，打造了单车头月行驶 3.8 万千米的高效运作，使国内首个甩挂网络的全盘运营效率达到了 93%。联合创始人朱龙，南开大学学士，是

羽嘉智汇物流生态服务平台示意图

大数据平台车货匹配
- 一站式全程服务
- 减少中间环节无效成本消耗
- 打通多式联运信息流
- 优先匹配高信用司机

人工智能定价评级体系
- 自动计算最佳路线
- 人工智能定价

24*7运输过程可视化
- 物流全程可视化监控，分享货运信息源

更快匹配
更低费用
更高效率
更多利润
货主端
司机端
更多货主下单
更多司机加入

司机效益提升
- 海量货运信息实时匹配
- 司机月接单量增加20%（预测）
- 裂变C端客户月增长10%（预测）

司机效率提升
- 往返路线与习惯智能管理
- 超载及危险驾驶监测
- 装卸货时间提升50%（预测）

针对公路货运行业痛点，为货主与司机提供解决方案
资金周转、货物信息不对称 运价体系不透明 支付结算不规范

铿锵玫瑰耀游学，壮志凌云创第一

——访深圳市心之梦旅游服务有限公司创始人张利

健康成长，脚步丈量土地

父母是儿童的第一任“老师”，父母的一言一行、一举一动时时刻刻都在潜移默化地影响着儿童。家庭教育是最早期的教育，是一切教育的基础，也是对孩子影响最为深刻的教育。深圳市心之梦旅游服务有限公司创始人张利认为教育要回归家庭，提出了全国家庭定制自由行的概念，让孩子们在游学路上感受祖国大好河山的壮美，也让父母有了更多陪伴孩子成长的时间和空间，感受纯粹的旅行和最真实的风景。

“父母之爱子，则为之计深远。”2015 年，对于张利来说是她人生的一个转折点。这一年，她带着三岁的女儿选择成为一个单亲母亲。也是在这一年，为了不让孩子缺失家庭的关怀，她决定在工作之余，让孩子能够参与更多的社交生活。之后的每个周六日，她都会和三五个家庭一起参加名为“小小梦想家”的公益活动，让同年龄段的孩子们欢聚在一起，让孩子们能够感受到父母高质量的陪伴。在那段时间里，她和女儿也被幸福的氛围治愈着温暖着。孩子脸上的笑容，就是她坚持下去的勇气。就这样，张利在这条道路上坚持了多年，跟在她身边的家庭也达到了七八百家，她的铁杆粉丝也越来越多，她的成就感也越来越深刻。可是到了孩子读小学的时候，张利再一次站在了人生的十字路口，她的人生再一次面临着重要选择。

那时，正值孩子升小学之际，她要考虑的是继续选择做自己的工作，还是继续做“小小梦想家”？

“热爱到极致，就做到极致。”这是张利的座右铭，也是她多年来一直坚持的事情。可这么多年的陪伴，她早已习惯了周末时和其他家庭一起学习和玩耍，加上她多年的活动组织能力，她相信自己一定可以做得更好，最终她选择了创业，要把“小小梦想家”的概念升级，并于 2018 年成立了深圳市心之梦旅游服务有限公司。

从成立公司伊始，张利便将目光放在了深圳以外的地方，她不仅要带着众多家庭在深圳周围学习娱乐，更要带他们感受祖国的大好河山，亲身去感受大自然的魅力。2019 年，她规划了从深圳一路向北，途经北京、呼和浩特、哈尔滨的家庭定制旅游路线，从南到北的风景变化让人流连忘返，收获了一致好评。到 2023 年年底，“心之梦”旅游线路已经遍布了北京、西安、贵州、

桂林、云南等19个省市。

在教育兴国的时代号召中，教育兴，方能社会兴；社会兴，方能国家兴。张利为孩子们提供了一片开心自由的乐土，她以特有的专业经历，深厚的社会经验，灵活的协调能力，处理常人所不能解决的问题，受到了众多家长和学生的拥护与爱戴。她以坚韧不拔、勇于开创的精神缔造了自己的旅游研学模式，诠释了无愧于时代的美好人生！

生命旅程，路上风景更好

瑞典教育学家爱伦·凯曾说过：“环境对一个人的成长起着非常重要的作用，良好的环境是孩子形成正确思想和优秀人格的基础。”父母和家庭环境对孩子的教育有着举足轻重的影响，为孩子打造一个积极向上的成长环境，从小让孩子们见识更多、感受更多，对于他们的生长发育以及学习都是至关重要的。为了给孩子提供一个良好的教育环境，深圳市心之梦旅游服务有限公司通过旅游研学的方式，让家长参与到教育中来，共同关注孩子的成长。

在旅游过程中，能感受到独特的体验，达到舒缓心境、重获力量的目的。在旅游过程中，能够建立孩子们的学习方式、成长方式和生活方式，这也是“心之梦”坚持原创路线和课程，坚持给客户做垂直维度高效服务的初衷和目的。亲子游在张利看来，就是一个种子工程，在土壤肥沃、阳光充沛的地方，让孩子们养成独立自主的人格，全面拓展人文知识，这才是游学的真正目的。每一条线路的开发，张利都会带领团队先行亲自奔赴，去深度开发小众路线，能够更亲近大自然，感受自然中的一切美好。从路线设计，到课程设计，到筛选酒店试住，到试吃餐厅的味道，再到团队导师执行流程，心之梦都会精心挑选，结合当地特色为客户提供最优的选择。这是其打造一条路线的必经流程。而每一条路线，更是聚集了心之梦小众、精品、深度的特色，做到不辜负每一份信任！

做有温度的企业，垂直维度高效服务是心之梦的原则；用高效的服务、真诚的态度取得客户的信赖，是张利的坚持。在旅行过程中，为了让客户有更完美的体验，心之梦团队都是以家庭为单位组成的车队，还有摄影师全程跟随，抓住每一个精彩瞬间；在吃饭方面也会照顾每一个家庭的口味，选择以家庭为单位的单独用餐，避免大聚餐的尴尬和失落；为了让父母能够解放压力，每一组18人到22人的团队，都会有9位工作人员为其提供服务。若是父母在旅游过程中遇到了工作，工作人员会把车子调整到最舒适的状态，让他们能够有地方独立处理工作，而孩子也会有工作人员跟随陪伴，保证安全。在整个旅游的过程中，也会与每个家庭达到高黏度、高频率的沟通，及时了解客户需求，争取照顾到每一个家庭，带给他们100%的服务享受。在旅程中，孩子和家长享受旅行的方式不同，尽力让每一个人都自得其乐，家长和孩子都各取所需，一起舒心地享受这难得的假期，家长们喜欢独处，可以把孩子交给导师；喜欢热闹，可以和孩子、导师一起蹦蹦跳跳。孩子们在导师的带领下看风景、赏人文、听故事、做实践，和伙伴们一起建立团队、管理行程。

“古之立大志者，不惟有超世之才，亦必有坚忍不拔之志。”深圳市心之梦旅游服务有限公司能够达到如今的成就，也是经历了一番艰难。尤其是企业刚成立后，就遇到了突如其来的疫情。2020年春节，张利带领团队要去黑龙江等地研学，却没想到第二天因为疫情，他们所有的计划都成了一纸空文，只能取消计划。而这种情况，在这3年里不止发生过一次，2022年暑期，同时出发的团队太多，为了给客户减少部分机票的支出，却没想到被骗走了120万的机票费，还为此耽误了客户的机票购买时间。这对张利来说是一场巨大的打击。可面对所有的客户，她还是实话实说，并在最短时间内亲自向每一位客户道歉，还提出若是大家愿意信任，企业会把一部分利润让出来，弥补客户的这次损失，赢得了客户的理解。每一次遇到困难，张利都能够化险为夷，疫情不仅没有影响企业的发展，反而让她练就了更多能够应对难题的能力。

“不经一番寒彻骨，怎得梅花扑鼻香。”在企业发展过程中，张利经历过太多太多，在高温的新疆，为了保证孩子们的健康，她甚至在地表70℃时，还要找到一条安全之路，这对于她来说都是经验。只有经历过时间和实践的检验，才能取得满意的成果，才能赢得客户的信赖，找到属于“心之梦”的旅途。她和企业也入选了《闪光的创始人》和《匠心中国》栏目推广。

不负匠心，梦想助力公益

“弱肩挑起千斤重，玉手揽月万山轻。多少辛苦化春雨，浇灌春花遍地红。”

走进新时代，踏上新征程。勇于担当的张利带领着深圳市心之梦旅游服务有限公司在新时代发展的浪潮中，不断创新，砥砺前行。她用自己的实际行动践行着华夏儿女建设祖国的责任；尽自己的能力帮助更多家庭在旅行中收获快乐；用自己的努力让社会看到巾帼不让须眉的新时代女性。

随着互联网时代的发展，张利带领“心之梦”已经拥有了自己的小程序、公众号、订阅号、视频号等。未来，“心之梦”会继续设计新的路线，做更加精细化的亲子板块，并围绕亲子需求搭建相应的服务体系。随着互联网的快速发展，“心之梦”也会更快地飞向全国各个一线城市，利用老带新的模式，让愿意利用闲暇时间赚钱的宝妈成为城市产品顾问，通过分享群的方式进行推广。拥有了自己的客户群体，她们就能够获得收益，让“心之梦”也能够在各个城市扎根下去。

女人不易，女商人更不易，当今社会有无数女性在各行各业中有所建树。张利在逆境中成长、绽放芳华。从白手起家到缔造一座商业帝国，从商数载，她始终不忘回馈社会，不忘建设社会公益事业。在企业发展的过程中，她每年都会从旅游路线上产生的收益中拿出一部分，捐赠到公益

基金会，以此帮助更多人。有时，他们也会选择定点帮扶对象，真正做到取之于民、用之于民。每年的年会上，张利都会分享企业一年的成长历程，也都会将这些告知客户，共同见证企业的发展与成长。

回首过去，光荣与艰辛同在；展望未来，机遇和挑战并存。一言一行彰显人格魅力，一举一动体现匠人风范，一字一句饱含爱国情怀，一分一厘无私奉献青春，这就是张利从创业至今的真实人生写照。她用自己坚忍的毅力带着客户一起奔向幸福的旅程，恰如一轮初升的太阳，正以蓬勃的生机升起在地平线上，熠熠生辉……

刘智江

LIU ZHI JIANG

佳洁福（广州）实业有限公司 董事长

高质量发展是以实体经济为主体，实体经济事关国计民生。在众多实体经济中，日化产品又关系到家家户户的日常生计。中国的日化产品必须保质保量保价，满足人民的日常要求。

佳洁福（广州）实业有限公司（以下简称佳洁福）成立于2011年，专注于日化洗涤用品领域的研发、生产与销售业务。产品类别涵盖了洗衣液、洗衣粉、洗洁精、洗手液、洁厕精、油污剂等洗护用品。公司凭借着先进的生产设备和高科技生产工艺，强强联合、资源融合，致力于为社会提供高端优质日化产品。本着扬中华骨气，打造世界洗护用品行业领军品牌的责任与使命，坚持打造具有独特创新意蕴的工匠品牌。

佳洁福董事长刘智江在日化行业的实践磨炼已达20多年，虽已年过半百，但仍以丰富的实践经验，坚持不懈地奋斗，秉持着守正创新、精益求精的匠心精神，树立起日化行业的新标杆。

筚路蓝缕塑大众品牌，守正创新领日化标杆

——访佳洁福（广州）实业有限公司董事长刘智江

厚积薄发，守正躬行塑造伟业

刘智江先生于1998年进入著名的广州立白集团公司，担任高管职务，开始接触洗护行业，一做就是八年多，2005年刘智江又进入中山榄菊集团公司担任营销总经理，在这两家公司学习到的有关经营模式和营销管理等方面的知识，为刘智江未来的创业历程奠定了良好的基础。亲眼看着这两大品牌由不知名到知名，由知名到全国著名，刘智江便萌生了打造属于自己品牌的想法。2011年年底，刘智江着手创建自己的梦想，到现在已有13个年头了。

纸上得来终觉浅，绝知此事要躬行。与其他创业者相比，刘智江的优势在于其所做的是自己亲身经历、万分熟悉的事情，有着真真切切的实战经验，也是在任何书本上都学不到的能力。创业之路并不是一帆风顺的，而是一条不平坦的曲折之路，时时会遇到困难和挑战，充满了艰辛与坎坷。刘智江相信：在创业的道路上，机遇与挑战、顺境与逆境都是并存的，要学会抓住机遇，迎接挑战，把顺境和逆境都变成自己人生的财富，只有这样才能克服万千困难，逐步走向成功。初入洗护行业，刘智江发现新品牌难以与老品牌的实力与成熟度相媲美，且在互联网飞速发展时代，品牌线上线下价格战进行得轰轰烈烈，加之受全球经济危机与疫情的影响，刘智江面临着巨大的压力。在这样糟糕的外部环境下，一个从零开始的品牌如何能走过13年，并且越走越光明呢？刘智江的法宝就是质量为上、品质至上。

刘智江坚信，没有质量就没有未来。佳洁福产品以经济实惠著称，坚定遵循国家标准，讲求品种精练、规格精准。与同行相比，佳洁福产品不仅便宜实惠，而且好用耐用。就拿洗洁精来说，等量的洗洁精，佳洁福品牌的却能用得更慢更久，收获了客户的一致好评，不仅产品品质优秀，还提供送货上门服务，为出行不便的老人、宝妈或孕妇提供便利，并且保证售后服务无忧。再拿菜籽油来说，许多企业选择浸泡的方式，通过添加其他物质制造调和油，这样会造成该油质不纯正，对人体健康更是有着慢性的危害，而刘智江坚持选择物理压榨的方式制作菜籽油，为人民群众提供高质量原生态的绿色健康食品，为人民的幸福健康生活贡献自己的力量。

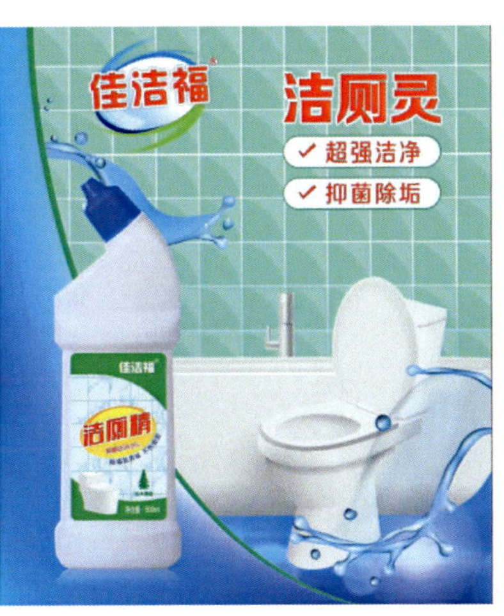

佳洁福的工作中心以市场为重点，有了市场就有了门路。可市场宛如汪洋大海，创业犹如大海捞针。在这个过程中要清楚地看到不同群体的不同需求。刘智江能够敏锐地抓住客户的心思，线上门店均提供送货上门服务，这样一来不仅为顾客提供了实惠的产品，也为他们提供了便利的服务。

走自己的路，也是贯穿佳洁福 13 年发展之路的信条，只有走自己的路，企业才能锚定奋斗目标，行稳致远。刘智江清楚佳洁福的产品定位，他深知，跨越了自己的定位就会导致盲从，一旦盲从就容易产生错乱，就容易犯严重的错误。佳洁福产品多样，从洗洁精、洗衣粉、洗衣液、洁厕精、油污剂、蚊香、杀虫水，到后来的菜籽油，再到即将上市的野蜂蜜，但不论产品如何多样化发展，刘智江也从不搞花样，不跟风搞价格战，他坚守自己的定位，坚持自己的本心。

胸怀大略，智慧引领行业标杆

任何人的成功都绝非偶然，而是需要点滴的积淀、艰苦的开拓和超人的智慧。刘智江的智慧就体现在他的数据性思维，共赢的态度，开阔的心态，清醒的头脑，守正创新，与时俱进。

统计学专业出身的刘智江从始至终都对数据十分敏感，高度重视。不论是聘请员工，还是开会检讨，都以大数据来说话。他指出，在大数据时代，无论从事什么行业都需要数据思维，对于一个企业来说，就是要把整个数字经济纳入企业的各环节与配套产业链，将外界数据和内部数据进行多样化对比分析，以判断自身在哪些方面还有空间，如何规避风险。要凭数据说话、凭数据管理企业，而不是凭着硬邦邦的规章制度。因此，刘智江在与员工、客户交流时，都要先讲数据，先定量分析，再定性分析。

刘智江认为，在企业的运作过程中，管理成本尤为关键，企业要充分利用过剩的社会空闲资源，从而减轻固定资产投资，通过合作互助，进而帮助社会和地方实现就业。充分利用好社会分工，各负其责，各司所长，这就是强强联合、互利共赢的过程。

在开放性发展的时代，尤其是在信息飞速传播的互联网时代，企业要保持开阔的思维，不因循守旧，要守正创新。刘智江常常会与合作媒体、电商平台和各类企业单位进行沟通，尤其是与大学教授、研发机构沟通交流、互换意见，以此来听取外界的声音，打开自己的思维，扩大业务范围，把外界的变化作为对自己的鞭策。刘智江坚信，做企业，必须以开放性的心态思考做事。自以为是，故步自封，必然会导致企业走向灭亡。

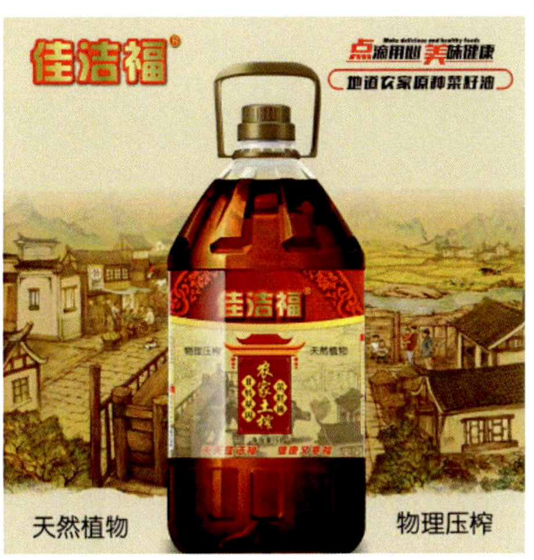

佳洁福能够平稳航行13年，还在于刘智江始终保持着清醒的头脑。例如，在面对企业资金周转不通畅，出现经济危机时，企业究竟是先保员工，还是先保自己呢？刘智江认为，在这一方面，企业一定要先保员工，先利人再利己。这是因为只有员工有饭吃，企业才不至于瘫痪。当员工们看到老板都开始节衣缩食，自然愿意继续坚持，而要是看到老板天天茶楼酒店，不亦乐乎，自然也不情愿干下去了。刘智江认为，许多企业正是由于没有处理好这一点，才导致了最终的崩盘。因此，在做抉择之前，刘智江都要掂量掂量轻重缓急，分清主次，做到心中有数。

刘智江就是用这些方式来武装自己的头脑，越是在困难的情况下，越是冷静，不乱阵脚，做到处变不惊。即使是在发展良好的状态下，也要居安思危。一切事物都是在不断发展变化的，产品总是更新换代，这就要求企业要与时俱进。应当如何研究消费者，跟得上市场变化呢？刘智江认为，要时时刻刻多听多想，多交流学习，即使是跨行业知识，也要通过不断学习来启发自己，打造学习型团队。有时，刘智江带领团队和客户出门旅游，也会带着远景目标，在旅行途中得到启发，而不是为了旅游而旅游。任何时候都不能忘记学习，人要活到老、学到老，不断挑战自己，再超越自己。

心怀天下，匠心打造中国品牌

在刘智江看来，一个企业要想做得好，就要心系顾客，目光放长远，诚信待人，沉得住气。企业要保证产品质量，以顾客为本，这是对企业自身未来发展的保障。要以诚信赢天下，做任何事都要合法合规、合理合情。要保持良好的心态，以良好的心态塑造企业文化，增进团队凝聚力。要实事求是，不能因为自己是老板，就强词夺理，即使有时自己背锅受骂，也要沉得住气，要调和矛盾，而不是选择冲突对抗，对待问题不能斤斤计较、全盘否定。唯有如此，企业才能越做越强，口碑才能口口相传。

作为一位过来人，刘智江告诫年轻的创业者，在创业之前一定要保证手握充足的资金，要量力而行，不要跟风盲从，要做自己熟悉的行业，先易后难，同时做好市场调研，做好数据分析，用知识与智慧武装自己的头脑，千万不要浮躁，千万不要信“猪都能飞”的愚弄人的鬼话，要顺应时代潮流，积极理解、吃透与响应国家高质量发展思想战略的号召，做专、做精、做强，精准定位自己，让青春在建

设美丽中国的火热实践中绽放出绚丽之花。

刘智江的创业思维常常体现出毛泽东思想。佳洁福坚持“以农村包围城市，再以城市反辐射农村，最后夺取城市道路”策略，深度分享现代营销渠道发展之路；在互联网电商平台方面，采取以品牌营销推广为主导，以优质产品为基础，以创优品牌为发展核心；不断增加研发活动资金，并加强与国内外大学及研究机构的合作。佳洁福始终坚持按照国标执行生产，根据群体设定个性化产品，突出与竞品的差异，突出自己的卖点特性。以订单规模效应降低成本，同质价优、同价质优是佳洁福的特点和优势。市场定位既包括线下实体，也与线上平台配合互动，搭建线上互联网平台，充分利用好公域平台和私域平台。目前，佳洁福在全国绝大部分地区都有销售商渠道，全国经销商总数超200多家，未来有望遍及全国乃至全球。到2025年，佳洁福线上销售额要突破一个亿。在刘智江看来，要想让企业走向辉煌，那么优秀品牌、产品质量、企业诚信和老板品德必须全方位兼顾，这是企业生存与发展的硬道理。

士不可以不弘毅，任重而道远。刘智江坚持“写我所想，做我所写，行之必果”原则，用品质铺就佳洁福品牌的康庄大道。这是一种坚守，也是一份责任，更是一种担当和情怀。我们期待着刘智江能够带领佳洁福乘风而起，为中国企业谱写新时代的华章！

梁玉龙

LIANG YU LONG

水曲（北京）体育文化发展有限公司创始人

梁玉龙，FFESSM 中国首批水曲教练、CMAS 中国首批水曲教练、水曲亚洲杯中国水曲国家队队长、水曲北京队队长、水曲全国冠军。梁玉龙创办的水下曲棍球北京俱乐部是中国首家水下曲棍球俱乐部。在创始人梁玉龙的带领下，水下曲棍球北京俱乐部乃至中国水下曲棍球行业都焕发出勃勃生机，在小众运动推广以及市场化建设方面成果显著，从而带动了中国其他俱乐部在水下曲棍球这一领域的探索。运营 IP、发展产业、提升俱乐部商业价值……由于梁玉龙的远见卓识，水下曲棍球北京俱乐部正朝着团队结构科学、运营模式成熟，以及商业影响力日益增长的方向不断发展。

突破极限引潮流，无畏热爱赴山海

——访水曲（北京）体育文化发展有限公司创始人梁玉龙

人生无极限，勇进者常胜

水下曲棍球，英文名称Underwater Hockey，是一种新兴的、在水下进行的、依靠团体协作的球类运动。这种运动融合了闭气游泳和蹼泳，并借鉴了曲棍球和冰球的游戏规则，1954年由一群英国潜水爱好者发明，20世纪50年代在英国及其联邦和南非率先流行起来，随后流传到世界各国。因为其独特的运动方式，水下曲棍球被列为世界十大最奇特运动之一。在水下曲棍球运动中，两队选手佩戴浮潜装置（泳帽、面镜、呼吸管、脚蹼）、手持球棍，在水下通过非肢体接触式对抗，将沉在池底的圆盘推进对方的球门。水曲开始只是潜水爱好者用于训练的游戏，而由于其趣味性强，受到潜水、游泳爱好者的追捧，从而逐渐流行到世界各地。水曲运动诞生60多年来，在世界各地迅速传播，尽管是非奥运会运动项目，它仍对世界水下运动领域产生了巨大影响。然而，在梁玉龙和他的水下曲棍球北京俱乐部出现之前，对于中国来说，这仍是一项新兴运动。

梁玉龙生长于朝阳区双桥的一个普通家庭。尽管少年时没专门练习过专项运动，但他对运动的热爱却是刻在了骨子里。游泳、溜冰、潜水、攀岩……梁玉龙对多种运动项目均有着浓厚兴趣。梁玉龙由心生发的对运动的热爱，自由如风，突破贫富的界限、挣脱俗尘的桎梏，引领着他追逐理想，寻找生命的真谛，如同纷乱人间的一束光，为梁玉龙照亮了一个更美好的世界。2014年，梁玉龙与朋友一同在南宁自由潜水时，第一次接触到了水下曲棍球这项运动，从此便一发不可收拾。水下曲棍球入门并不难，只要会游泳就可以尝试。在水的保护下，球员拼抢时并不像陆地运动一样容易受伤；因为球员需要闭气和爆发力，所以水曲可以极大地锻炼心肺功能；水曲的盘带动作极为优雅，对抗时，对手会从四面八方冲过来，带来陆地二维运动所不能形成的三维空间感，这也是水曲的独特魅力。

“我们当时没什么专业的装备，更别说什么战术配合，就是谁闭气时间长谁就推着球走，没气你就出水。水曲的门槛挺低的，会游泳就可以，说白了就是淹不死就可以，但想玩得好，得通过一定的训练。”梁玉龙回忆道。在水下的默契配合、团队的战术演练、对人体憋气的极限挑战……一次尝试之后，水下曲棍球这项新奇又极具挑战性的运动迅速在梁玉龙心里生根发芽。

出于对水下曲棍球项目的痴迷，回到北京后的梁玉龙立刻联系到了全北京仅有的几个水曲玩家之一——现水曲北京俱乐部的美国教练Nate，开始了他的水下曲棍球练习生涯。正所谓“不疯魔，不成活”。以“成疯魔”态度练习水下曲棍球的梁玉龙，仔细揣摩每一个技术动作，将教学视频烂熟于心，每天两小时泡在泳池里练技术。梁玉龙一次又一次突破自然的束缚，彰显人类不屈服的本性，不断挑战自我，寻找自我存在和生命价值。为了让更多的人一起参与，梁玉龙还拉来了一起自由潜水的同伴，共同练习水下曲棍球运动。

为所痴之事专心致志，方有所得。随着参与水下曲棍球项目的人越来越多，2015年，怀揣“给水曲爱好者提供一个更好玩、更正规的平台”的想法，梁玉龙创办了水曲（北京）体育文化发展有限公司，成立了水下曲棍球北京俱乐部，成为中国水下曲棍球项目赛事化、商业化进程中第一个“吃螃蟹”的人。

脚底乾坤大，心中梦想长

正如黑格尔所言：“一个深广的心灵总是把兴趣的领域推广到无数事物上去。”梁玉龙不仅选择沿所爱之事行进，亦为它的发展付出了十二分的力量。俱乐部的发展、水下曲棍球的训练都需要场地。为寻找合适的游泳池，梁玉龙几乎跑遍了北京大大小小的泳池。一旦发现有适合水下曲棍球训练的泳池，他就再三游说经营者。“但最终谈下来的也就三家。”回忆起曾经的经历，梁玉龙仍感慨万千，“除了周五的个人技术训练在朝阳，大部分时候，我们都得跨越大半个北京城进行训练。”

然而，梁玉龙发展俱乐部的难点不仅于此，招新也是一件令他十分头疼的事情。由于水下曲棍球进入中国时间短，并且大部分人不了解其运动特性，只觉得“有危险”“看不到水下都发生了什么，毫无观赏性可言”，所以俱乐部的新成员发展几度陷入停滞状态。世间歧路无数，艰难无穷行进中，怀揣对水下曲棍球运动的热爱，梁玉龙却总能以昂扬之势努力前进，扫千荆、破百浪。一方面，梁玉龙在游泳群和潜水群里随机发放招新广告，一对一私信鼓励潜在的学员参与水曲运动；另一方面，他开设人鱼课程，为没有水曲基础的学员做准备，让学员能够更快、更好地体会水曲的乐趣；不仅如此，梁玉龙还为俱乐部学员设定了极为低廉的价格——每周三次、训练一年却只收600块钱。梁玉龙称：“我们是真正热爱这个东西，都是大家自己掏钱玩。教学什么都是免费的。”

虽然创办水下曲棍球俱乐部从未得到父母的支持，但梁玉龙却用行动告诉周围人，何为对梦想与热爱的坚守。2015年，当成都和上海的领队向梁玉龙提议组织一次三地联合的水曲交流活动时，梁玉龙却有了更大胆的想法——组织第一届水曲“中国杯”锦标赛，让水下曲棍球这一新兴体育运动项目在中国遍地开花。

然而，梁玉龙没有组织比赛的经验，球门、格挡等比赛设施如何制作，比赛的赛制如何安排，现场的摄影、摄像如何解决，比赛中的医疗和安全如何保障……举办赛事的重重困难就这样横亘在梁玉龙与梦想之间。尽管如此，凭着“中国人自己主办首届赛事”的志气，梁玉龙并未被困难打倒，他首先费尽九牛二虎之力说服中国残联体管中心的领导，敲定了赛事场地；随后，他发动身边的朋友，寻找各种资源，为比赛添砖加瓦。天道酬勤，经过 4 个月精心筹备，梁玉龙振臂高呼，来自全国各地的游泳爱好者、专业运动队、自由潜水员便纷纷积极响应，第一届水曲“中国杯”锦标赛大获成功，中国水下曲棍球项目赛事化、体育产业化的路线日渐明朗。

征程万里路，整装再出发

如今，水下曲棍球北京俱乐部已经成为 FFESSM 法国水下运动协会北京唯一授权培训机构，同时是 CMAS 世界潜水联合会北京唯一一家授权教练员机构。这样的独特性造就了它的核心竞争优势，也令其被誉为“中国水曲界的黄埔军校”。历经萌芽期、规则确立期和快速发展期，现如今，水下曲棍球项目管理竞赛体系也日益完善。时至今日，水曲“中国杯”已经开展了 4 届，国内开展水曲运动的俱乐部也增加到了近 20 个。

尽管如此，水下曲棍球运动在发展过程中仍然存在一定的困难和阻碍。除大众认知度较低以外，费用也是阻碍水下曲棍球运动发展的一个问题。北京市区的泳池经营者一听在水下打球就狮子大开口，要求极高的场地费用。不过，凭着对这项运动的热情和使命感，梁玉龙始终致力于发展中国水下曲棍球运动。“水曲学习门槛低、上手快、乐趣足，是不亚于游泳、慢跑的全民健身好项目，我想将它在中国发扬光大。”他利用自己的休息时间到各地免费教学，帮助地方组队；每到一个地方，梁玉龙都不厌其烦地从零开始，细致又耐心地为当地俱乐部讲解规则、技巧、训练的内容、阵型

分析等。“虽然很累，但一想到祖国大地又有一个地方兴起水曲，并且是我带起来的，那种成就感，很棒！”

千万丈的大厦总要有片奠基石，最初的热爱无可替代。梁玉龙永葆对水下曲棍球纯粹的激情与热爱，如今，正系统开发青年和教练员的发展计划。2021 年 11 月，梁玉龙筹备并成立了水下曲棍球北京俱乐部青少队，并通过与位于城市副中心的本地健身企业中体盛世的合作，成立首支成人水曲队。“目前我们北京水曲队青少年、成年人的训练基本都放在了副中心，未来也希望借助运河 + 体育的发展模式，为副中心体育注入新 IP 内容。”梁玉龙表示。

为梦想而勇战，为热爱而奋斗。在发展中国水下曲棍球这条风雨兼程的道路上，梁玉龙和水下曲棍球北京俱乐部全体会员脚踏实地、坚守梦想，在劈波斩浪中开拓前进，在披荆斩棘中开辟天地，在攻坚克难中创造业绩。未来，期待他们用青春和汗水创造中国水下曲棍球屹立世界的精彩和奇迹。

文正

WEN ZHENG

贵州省聚昌鼎中药材开发有限公司创始人

在华夏文明发展史中，中药和酒颇具渊源，从中医的角度看，酒乃“百药之长”，能行气活血、通经活络，具有非同一般的医疗效果。桑葚，又名桑葚子、桑蔗、桑枣、桑果等，桑树的成熟果实，为桑科植物桑树的果穗。“扫除白发黄精在，君看他时冰雪容”，黄精作为一种补阴中药，具有滋阴润肺、补脾益气的作用。贵州省聚昌鼎中药材开发有限公司创始人文正，便是将“黄精、桑葚、酒”完美地结合在一起的创新型人物，他专注于药食同源类中药酒的研发，精琢苦思只为百姓健康，始终致力于研究中药材为大众健康保驾护航。

黄精桑葚酒，健康养生酒问世；匠心控精品，助力大健康发展

——访贵州省聚昌鼎中药材开发有限公司创始人文正

聚焦中药，关注健康

诸药所生，皆有境界；草木有灵，相逢则生。文正与中医药的故事从他年纪很小时便开始了。文正出生于1958年，于文革期间无学可升，只好下乡拜师中医当学徒，两年后遇上高考恢复，故放弃学医重返学堂。文正大学毕业后从事教育工作，并于1986年加入党组织，1998年时为响应国家“人才引进”政策前往广东支援沿海的经济建设，投身于外贸局机关企业工作。

文正的工作经历十分丰富，他曾担任过党支部书记、工会主席、人事行政总监、注册安全主任等职务，著书《安全知识普及手册》由广东科技出版社出版并在全国发行，他也免费将其赠送给广东全省安全生产部门和众多工会、机关、学校、居委会、村委会等，专注于服务广大人民群众事务。文正对于服务人民的热情总是高昂激越，他的相关事迹曾被广东省工会报、江门日报、头版头条报道，广播电视台多次采访报道。之后文正响应国家“下海经商”的号召，创办了江门市文海进出口有限公司，主要从事中药材出口业务。由于文正有着中医方面的基础知识，外贸出口也都是与中药材相关的方面，然而在互联网风潮兴起时，整个外贸市场难以维持运营。为此他于2017年转行做实体，在六盘水市水城区新街乡创立了贵州省聚昌鼎中药材开发有限公司，从事中药材种植和发展种植、中药材种苗培育和销售、中药材开发加工、食品加工销售、理疗服务以及康养服务等方面的工作。

文正多年来从事中药材相关工作，对于中药材有着深厚的感情，并且作为一名心里时时装有百姓的党员干部，对于百姓的身体健康方面更是尤为看重。文正多年来关注民生健康，他发现现在很多人生病了去医院总是看不好，原来是农业人为了追求高产、高收益，种植的农作物、中药材大都使用了很多化肥、农药、膨大素、催生素等，种出来的作物大多都附带着大量农残，为此一些生产厂家生产加工出来的食品和药品自然也附带着农残。在此之后，文正关注到了人群亚健康层面，并了解到有专家指出现在国内亚健康人群占全国人口的90%。面对此状况，为了解决广大群众的身体亚健康问题，他下定决心要研发出一些产品来造福人类的健康事业，调理亚健康状态及防慢病。

文正说道：“我想研发的调理产品，必须是发展仿野生种植中药材。”2018年，他在云贵川渝发展了10多个专业合作社和种植大户，并分别成立了农民讲习所，亲自研发出了保鲜黄精、蜜汁黄精、黄精蜂蜜、黄精干、桑葚干、黄精桑葚饮料、黄精桑葚酒等系列产品共10款。其中，黄精桑葚酒产品采用土曲酿造，以地处海拔1600

米高山的黄玉米作为基酒，以黄精、桑葚、人参、黄芪、丹参等10多种药食两用类中药材为辅料，经科学配方、精细化加工而成原生态（无农残、无膨大素、无勾兑、无色素、无添加剂）的特殊酒类产品，全国首产，世界首产。以中药材融汇康养，践行药食同源的传统中医理念，守望药魂，文正以追求不凡的匠心、秉持着执着坚守的工匠精神，为百姓健康谋福祉。

研发药酒，精于品质

黄精桑葚酒的主原料为被称为“仙人宜粮”的中药材黄精，不仅如此，还配以含人体所需的18种氨基酸的桑葚与益气养血提升中气的人参、丹参、黄芪等药食同源中药材酿造而成。该酒的主要原料均为文正公司所仿野生种植和发展种植的，严格按照国家食品安全卫生生产规范生产，制作工艺从原料处理到产出共历经十道工序，其中产品质量检验实行严格的三检标准，采用标准化、规范化、自动化、机械化生产线于无尘车间进行灌装。文正对于产品质量的把控非常严格，严筑精控、臻于毫厘，并且他始终坚守初心，以匠心制匠品。

2022年12月接受新华社《中国名牌》节目组记者采访并获得黄精桑葚酒“中国名牌”选品；2023年2月19日与央视17频道成功举行了2023年首届中国乡村成果展签约仪式；除此之外，2018年创始人文正出席了中国科学院在北京人民大会堂举办的“全国首届健康产业大会”，并被特聘为“健康管理专家”。另外，贵州省聚昌鼎中药材开发有限公司从事生产经营多年，获得了“重合同守信誉企业”“中国诚信企业”“中国绿色食品”“国家评定质量信得过产品”“绿色无公害推广产品”“全国推广产品”等荣誉证书。

另外，公司逐渐发展形成了“基地种植＋产品加工＋线上线下营销”的“三驾马车”式发展布局。对此，中央电视台发现之旅频道《美丽家园》栏目组于2019年拍摄了纪录片《种下黄精变黄金》，在多家电视台滚动播出。

筚路蓝缕，玉汝于成。文正一路走来，并不是一帆风顺的，由于当前消费者对于产品外包装的关注度极高，为了消费者满意，单独包装甚至更改了6次之多才达到现在的效果。除产品外包装之外，为使产品生产过程合规达标、安全健康，文正不断地改善单独办公环境和生产环境，经过不懈的努力，当前已经建成了合法合规、标准化、机械化、全自动化的生产车间。据文正介绍：在保障产品安全及优异质量的改善过程中，进行了多轮的投资融资，他将做外贸获得的全部积蓄

都投入产品的制作中，并且进行了加盟合作发展，才实现了如今产品的大生产、大推广、大销售，文正用他不折不扣的执行力、以匠心打磨的专注力，投身于中药材行业，致力于改善人类的身体亚健康状态。

效果优异，维系健康

李时珍曾言："酒，天之美禄也。面曲之酒，少饮则和血行气，壮神御寒，消愁遣兴；痛饮则伤神耗血，损胃亡精，生痰动火。"黄精桑葚酒亦是如此，对于会饮酒者，餐饮时直饮或晚睡前直饮即可，并且用量不超过100mL；而对于不会饮酒者，可以选择用酒泡脚，取50克酒液兑5000克温热水泡脚，以毛细血管吸收营养成分调理身体亚健康状态，或者取100克酒液兑10000克温热水泡澡，以毛细血管吸收营养成分调理亚健康身体状态，同时也可将此酒作为饮食调味品，即在汤或菜出锅时放入少许，以胃肠道吸收营养成分调理亚健康身体状态。

黄精桑葚酒采用中医药材为原料，以匠心打磨保证产品质量，透过内蕴匠人严苛标准的打磨，此酒每滴都力求精益求精，造就了其实力品质。大健康时代背景下，中医药养生逐渐兴起，更显黄精桑葚酒的价值所在。文正用5年时间研发生产出黄精桑葚酒，采用全自动生产线，目前已证件齐全，进入正式生产销售阶段。而文正始终牢记自己的初心，他决意在全国不设总代理，并实行一件无门槛厂价发货、全员推销和全员消费的模式。对于他来说，助力人类健康事业的发展是他的第一目标及信仰追求。

自文正将黄精桑葚酒研发成功并上市后，有消费者反馈回来的意见是"调理亚健康防慢病效果奇好，品质优秀"，获得了诸多荣誉。2019年参加了中国健康产业首次大会并为产品作推介，参会展品热卖，深受青睐；2020年送报相关医药机构等组织对产品进行研究论证，于2022年6月由4家机构10多名医师、专家、教授、研究员联合实名签字并颁发了认证证书，获得"黄精桑葚系列产品 全国推广产品"铜牌。

贵州省聚昌鼎中药材开发有限公司：

贵单位 健康养生绿色食品—黄精桑椹系列产品 项目经北京中西医慢病防治促进会组织专家进行论证，符合要求，已列入本会慢性病康复适宜技术（产品）

全国推广项目

有效期：2022年6月18日—2025年6月17日

北京中西医慢病防治促进会
二〇二二年六月十八日

黄精桑葚酒主要在批发零售店、超市、药店、老年协会、养老院等各机关组织销售，并采取抖音、直播等形式线上线下一体化售卖。文正表示，凡给消费者发货，不仅仅有酒，还附有相关证明证件，并且就算只购买一件也按厂价，并发给相关证件。其中包括"营业执照""食品生产许可证"《质量合格检验报告》《质量检测报告》《纳税文件》《全国推广产品》等资料复印件，

陈世荣

CHEN SHI RONG

江西金泰化工股份有限公司创始人

近年来，国家推行“双碳”政策，大力支持和发展新能源事业，提倡以“挖潜降耗、节能降耗”作为工业企业发展的重要和长期工作。有这么一个人，他积极响应国家号召，毅然决然地辞去了“铁饭碗”工作，坚定不移地迈向了绿色化工创业之路。经历了数年的筚路蓝缕，他终是扶持着自己的公司从仅有雏形一步步发展壮大，成为领跑同行其他企业的标杆性企业。他，就是江西金泰化工股份有限公司创始人——陈世荣。

满腔赤诚付化工之事业，磐石不移履环保之理念

——访江西金泰化工股份有限公司创始人陈世荣

唯精唯质专产品

1957 年，陈世荣生于江西农村。作为家中长子，他不仅需要照顾兄弟姐妹 8 人，还需要承担挑柴、卖炭、插秧等繁重的农活。饶是如此，陈世荣也没有耽误学业，在以优异的成绩高中毕业后，他任职小学代课老师，后因工作表现极佳而被推荐成为工农兵学员，作为第一批工农兵学员进入了江西轻化工业学校石油炼制专业进行深入学习。

经过了两年的学习培训后，陈世荣被分配至中国石化集团九江石化分公司工作。在该公司工作时，陈世荣先后担任生产操作员、班长、技术员、技术组长及车间主任等多项职务，积累了丰富的生产和管理经验。2000 年，已然 43 岁的陈世荣乘着改革开放的末班车，毅然辞职返乡，并一手创办了江西东川化工有限公司。江西东川化工有限公司所生产的主要产品为精制环烷酸，2004 年，公司业务便已粗具规模。由此，陈世荣乘胜追击，带领着团队查阅国外的资料、引进先进的生产技术，率先采用冷冻脱脂技术，成功研发了高端环烷酸，成为长岭石化、茂名石化等央企的航空煤油添加剂稳定供应商。在此期间，“东川化工”在产品产量和种类上连攀高峰，最高年产值达 5000 万元，在国内精制环烷酸市场中以 30% 的市场占有率而一马当先。

尽管已经在业内取得了骄人的成绩，但陈世荣从未停止前进的脚步，而是继续奋进，积极推进产业的转型升级。这一回，他选择了生产和发展广泛应用于玻璃、油漆、空调、医药、塑料、石化等行业的异辛酸，致力于打造能够推动化工企业高质量发展的新引擎。陈世荣及其团队着力研究用于汽车玻璃防爆夹膜和高层玻璃幕墙的特种增塑剂中含有的高品质异辛酸，但这种高品质异辛酸对含脂量要求极为苛刻，这使得陈世荣团队的研究一度陷入了“瓶颈”。然而此时，攻读应用化学专业的陈世荣之子陈熹子承父业，加入了对特种增塑剂中异辛酸的研究。团队人员刻苦攻关，最终凭借着技术优势，打破了进口产品独大的市场局面，而他们所研发的异辛酸产品也成为国产替代进口产品浪潮的先驱。

行远自迩促环保

2012 年，陈世荣凭借着过去数十年间在环烷酸和异辛酸的生产过程中积累的技术与经验，

创办了江西金泰化工股份有限公司，在生产异辛酸相关产品的同时，致力于开发异辛酸全自动化生产设备，以期在提高产能的同时，提升产品质量。基于团队对设备的不断革新与升级，纯度为99.7%的高质量异辛酸产品在“金泰化工”诞生，并源源不断地流向全国。

与此同时，由于“金泰化工”生产的异辛酸产品性能稳定，且“金泰化工”的生产线产能强大，其生产的异辛酸产品的市场规模也不断扩大，产品被广泛应用于各个行业。例如，油墨行业选择“金泰化工”生产的异辛酸作为其油墨增稠剂的成分之一，使得操作过程易被控制，生产出的油墨产品增稠效果好；塑料化工行业选择“金泰化工”生产的异辛酸作为塑料助剂的成分之一，可生产出弹性好、机械强度高的塑料产品；医药行业选择“金泰化工”生产的异辛酸作为抗菌素苄卡青霉素盐试剂的成分之一；空调制冷行业也选择“金泰化工”生产的异辛酸作为第四代空调无毒制冷剂中的润滑剂。

陈世荣深知，自己作为一个工业企业家，肩上担负着沉重的社会责任。因此，自创业初始，他便将工业环保的课题落到了实处。他带领着团队开发了三效蒸发系统，旨在对废水进行处理，并得到副产品元明粉。经过三效处理后的废水可以达到生产用水的标准，并回用到公司的工业用水，切实做到了工业废水零排放；而对硫酸钠废水中的催化剂进行化学法沉淀，并经过离心、分离、烘烤等工艺流程，能够做到催化剂循环使用，确保工业生产过程绿色环保。

为了在绿色环保生产的基础上降低生产成本，2021 年，“金泰化工”与上海陶源钴业有限公司合作兴建了年产一万吨的大型异辛酸盐生产装置。“金泰化工”与合作伙伴强强联合，对现有资源进行了重新整合，以便优化生产。在此过程中，“金泰化工”利用自己本身便主攻生产异辛酸的技术优势，将半成品异辛酸钠与相关金属进行混合，使其发生复分解反应，最直接地制造出了异辛酸盐产品，使得每吨产品的生产成本直接下降了五百元以上。如此突出的生产成本优势，也极大地拓展了“金泰化工”的市场空间。因此，上海华谊集团对“金泰化工”进行了考察，综合考虑其技术、生产、人才、区域等优势后，正在推进对其进行并购的工作，由此实现工业资源的优化配置，推动自身向多领域、多层面发展。

大展宏图迎未来

如今，"金泰化工"秉持着"追求卓越、奉献社会"的发展宗旨，以"技术领先、设备一流、团队高效、管理科学、效果显著"的市场定位，成为一家集研发、生产及销售于一体的现代化中型化工企业。

陈世荣深知，创新是一个企业发展的力量源泉与不竭动力。因此，他每年都会投入 500 万元的研发经费，用于产品的创新，并与科研院校建立了科研协作关系。目前，公司在高碳异构化有机酸系列产品的开发上也已取得了重大进展，如今，公司已有 3 种高碳异构化有机酸产品投产。其中，两项产品为国内首创产品，另一种甚至是世界范围内首创的新产品。目前，该新产品主要应用于高端合成润滑油、化妆品及护肤品润滑脂、汽车轮胎子午线黏合剂等产品的生产。与此同时，"金泰化工"正深入研发异辛酸连续化生产的世界先进生产工艺，以期在 3 年内实现该先进生产工艺从实验室走出去，经过小试和中试，推广至工业企业放大生产，从而与相关技术领跑世界的德国和日本抗衡，进入世界领先行列。如今，"金泰化工"凭借其技术创新能力，已获得近 20 种实用新型专利及发明专利，并于 2018 年获批江西省高新技术企业和国家高新技术企业，2022 年获批江西省专精特新中小型企业。

陈世荣在发展公司经济的同时，也不忘回馈社会。他时刻关注家乡民生发展，曾为七琴镇井下大队捐款五万元，向樟溪村新农村捐赠 16 万元，向大洋洲镇邓家陂村村委会新农村建设捐资八万元，并向县里争资 80 余万元，用于家乡的新农村建设。"金泰化工"凭借着多年来的诚信经营口碑，被当地政府授予"纳税标杆企业"称号，而陈世荣本人也获得了"回乡投资优秀淦商"的荣誉称号，并曾被选举为新干县人大代表。

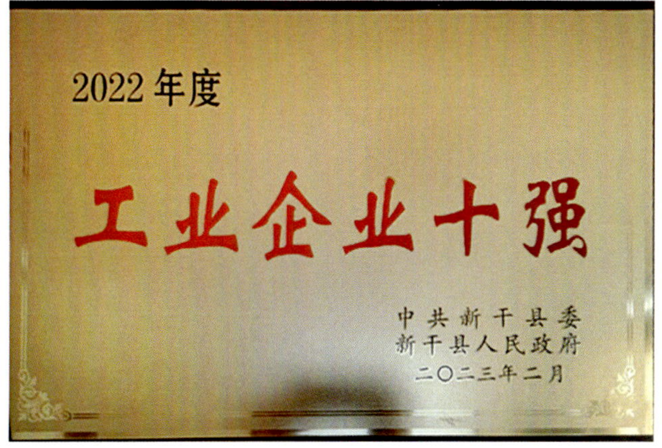

谈及企业未来的发展，陈世荣目光炯炯、心生向往。陈世荣表示，自己十分感恩国家和政府在企业发展过程中给予的指导与扶持。因此，“金泰化工”也会在未来的发展道路中，坚定不移地走中国特色社会主义发展道路。至2025年，“金泰化工”将进一步落实自动化生产模式，并不断完善安全系统自我诊断体系的强化工程。在未来的五年内，陈世荣计划全面提高异辛酸产能，同时整合下游异辛酸盐行业，新建酯化装置，实现“两整合、一延伸、一升级”，全面完成产业链的扩张和产品的更新换代。若规划全部完成，企业的预计产值可达9.7亿—10.8亿元，净利润更是可高达1.6亿—2.1亿元。

“我们的目标，是让国产化工产品走出国门、走向世界。”陈世荣如是说。不以新干为世界，而以世界谋新干。正是因为秉持着赤诚的匠心精神，陈世荣才能够信心满满地将“金泰化工”标准作为全国标准，而“金泰化工”精湛的生产技术、过硬的产品质量、强大的创新研发能力，更让他生出让“金泰化工”屹立于世界工业之林的殷殷期盼。

在陈世荣的带领下，江西金泰化工股份有限公司作为高科技环保型创新企业，响应国家绿色环保的号召，尽管步履维艰，却始终坚守初心，承担起推进全球环境健康发展的责任，在化工生产中实现了“零排放”的工业奇迹，也逐渐成为化工行业中异辛酸生产的标杆性企业。砥砺深耕，行稳致远。我们相信，江西金泰化工股份有限公司定能在陈世荣及其团队的诚心经营之下，使化工行业焕发出如绿洲一般的盎然生机。

祝先潮

ZHU XIAN CHAO

上海瑞宙生物科技有限公司创始人

肺炎链球菌病是由肺炎链球菌（肺炎球菌）引起的细菌感染。它可能导致侵袭性肺炎链球菌病（IPD），包括脑膜炎和败血症，以及非侵袭性PD，包括肺炎、中耳炎和鼻窦炎。通常使用抗生素治疗PD，但一些菌株已对抗生素治疗产生了抗药性。由于肺炎球菌致病血清型多，导致的发病率和死亡率较高，尤其是对幼儿、老年人以及免疫缺陷或某些患有慢性疾病的人群，因此迫切需要更广谱的疫苗。上海瑞宙生物科技有限公司通过自主研发创新，利用公司专有双载体蛋白技术开发出的24价肺炎球菌多糖结合疫苗，适用于全人群免疫接种，有更好的免疫效果和覆盖保护率，是预防肺炎链球菌感染更为经济有效的选择。瑞宙生物创始人祝先潮致力于加速创新肺炎疫苗的开发、临床试验、生产和商业化进程，立志将更优质的疫苗早日推向市场，造福百姓。

厚德载药匠心品质，革故鼎新技术领先

——访上海瑞宙生物科技有限公司创始人祝先潮

卓越不止步，创业拓赛道

改革开放后，我国实行了“支持留学、鼓励回国、来去自由、发挥作用”的出国留学方针，一批批好学上进的莘莘学子背井离乡，踏上了负笈求学的道路，他们甘于寂寞、奋笔疾书、学贯中西，取得了骄人成绩。祝先潮就是其中的佼佼者，他于美国加州大学获得分子生物学及生物化学博士学位，20 多年来一直在国际一流跨国制药企业及国内知名企业从事新药研发、团队建设及项目管理工作，涉及传染病、心血管病、癌症、自身免疫疾病、糖尿病、老年痴呆症等领域的小分子药物、重组蛋白、疫苗的创新药物研发及临床试验等。慎始敬终，行稳致远。祝先潮一步一个脚印，不断积累，持续提升，真正做到了“胸中有丘壑，腹内有乾坤”。这份坚持的动力，就是作为一名饱含家国情怀的人的初心与使命。在经验积累的过程中，祝先潮从一个研发科学家，一步一步成长为疫苗研发中心蛋白质科学部负责人和首席科学家。他是 4 个与原创新药相关的美国专利的主要发明人之一，是 7 个药物候选物进入美国临床试验和 2 种药物得到美国 FDA 上市许可的主要贡献者之一，他 5 次获得了公司的个人成就奖和团队合作奖。

余秋雨曾说：“梦想之所以是美丽的，是因为它是流动的。”“流动”是一种状态，同时是一种积极的处世态度。从出国留学到回到祖国，祝先潮的梦想一直在不停地“流动”，但他从未改变过初心。祝先潮希望能更好地应用所学，为全人类的健康事业保驾护航。因此，当面对国内肺炎结合疫苗领域一直被国外企业垄断，国内技术创新不足，产品上市迟迟落后的状况时，祝先潮毅然地选择了创业，凭借其扎实的专业知识、丰富的实践经验，投身到国内创新技术领域事业中。

终日乾乾，与时偕行。作为一家由资深归国专家领衔创办的新型高新生物技术制药企业，瑞宙生物专注于高质量生物技术制品的研发、生产和服务领域。祝先潮协调统筹整个团队，同员工们一起研发新产品，提升产品品质，解决技术难题，管理整个团队，制定重大决策，保证全流程体系的正常运行。经过多年摸索，不断突破技术壁垒，依靠先进的工艺，瑞宙生物自主研发的创新型多价广谱肺炎结合疫苗——24 价肺炎链球菌多糖双载体结合疫苗（PCV24）成功签约了《匠心之路》栏目。

中国医药未来的创新之路道阻且长，但行则将至。瑞宙生物深耕于国内重磅肺炎疫苗项目的

疫苗临床分会——2023 年成都

第十届海通医药 CEO 高端论坛

研发及产业化，创新型多价广谱肺炎结合疫苗的上市将会打破国外制药企业多年来的垄断地位，提供有国际竞争力的生物药品，并极大降低其生产成本及产品价格，减轻肺炎疾病带给人民群众的沉重负担，将为我国带来巨大的社会效益和经济效益。祝先潮依靠自主研发、技术创新以提升瑞宙生物的综合能力，亦给予了中国医药创新行业更大的信心和动力。

匠心铸品质，创新促发展

肺炎球菌性疾病一直是全球重要的公共卫生问题之一，每年造成超过 160 万人死亡。世界卫生组织将其列为需“极高度优先”使用疫苗预防的疾病。肺炎球菌在自然界中分布十分广泛，可通过呼吸道飞沫或定殖在鼻咽部的细菌在人与人之间引起传播，疫苗的接种是预防和控制该类疾病传播最为经济有效的手段。上海瑞宙生物科技有限公司自主研发的、具有自主知识产权的 24 价肺炎球菌多糖结合疫苗，通过双载体蛋白创新设计，可有效提高对 24 种血清型肺炎球菌的免疫原性，同时可降低载体蛋白引起的免疫干扰，拥有核心创新生产工艺及高效一体化生产体系等诸多优点，可大大提高生产可控性，大大降低生产成本。专业与匠心为瑞宙生物疫苗质量保驾护航。24 价肺炎球菌多糖结合疫苗属于预防用生物制品一类制品，于 2023 年 1 月 12 日获得了国家药监局临床试验批准。I 期临床试验入组 240 例，以评价该疫苗在 18 至 60 岁和 61 岁以上人群接种后的安全性问题。目前临床试验已完成入组，24 价肺炎球菌多糖结合疫苗达到了主要的安全性和耐受性目标，在所有研究剂量下，其安全性与阳性对照药相似。除此次的成人适应证外，瑞宙生物计划在 2024 年年初开展婴幼儿适应证相关的临床试验，计划在未来 4 至 5 年实现临床申报和新药商业化生产目标。

亚太合作峰会

坚持行业领先、不断提升优化的技术工艺以及严格的质量把控为瑞宙生物的发展奠定了基础，也令企业文化从一开始就具备了工匠精神的底色。24 价肺炎球菌多糖结合疫苗是匠心独运的产物。这个产品的主要生产工艺有 1700 多步，主要检测有 1500 多项，复杂程度可想而知。即便如此，瑞宙生物在企业自主研发的发展道路上，用工匠精神把底线思维和创新思维紧紧融合在一起，努力用最少的时间、最低的成本，做出最好的产品。“在使用效果上，它比现有疫苗产品更好，覆盖保护率在 90% 以

公司年会

匠心纪录片采访

上；在技术上，我们运用了现代生物技术手段，生产工艺更简洁可控，成本更低，质量标准设定更加科学严谨，产品质量处于国际先进水平；在创新性方面，通过科学设计及在现有的技术上进一步创新，已能与国际一流疫苗企业一较高下。”祝先潮说。

传统的生物制药生产过程极其复杂，对生产环境、设备精度和操作人员的专业技能要求较高。而智能化工厂可实现生产过程的自动化、集成化和精准化。瑞宙生物采用自动化程度高的生物制药洁净厂房，不仅提高了生产效率、质量、合规性和安全性，还有效降低了生产成本。祝先潮的这一决策，是基于前瞻性、国际化定位制定的，它将为公司的创新产品带来更为广阔的发展前景，也将引领我国在复杂高价疫苗的产业化方面迈上一个新的台阶。

“惟保守也，故永旧；惟进取也，故日新。”瑞宙生物“24价肺炎球菌多糖双载体蛋白结合疫苗”，是全球首创的无毒双载体蛋白PCV24疫苗。该疫苗生产避免了传统载体蛋白脱毒的步骤，工艺更简单、安全性更高。祝先潮研发团队创新性地将多糖通过化学方法偶联到独有的蛋白载体上，制备多糖结合疫苗，可在T细胞的帮助下产生良好的免疫反应和免疫记忆，诱导高水平、高亲和力、持久的抗体应答。该结合疫苗不仅在成年人中可引起高效的免疫应答，而且能为儿童和老年人提供很好的免疫保护。

激流勇前行，聚力攀高峰

著名管理学家彼得提出的“木桶效应”，讲的就是“一只水桶能装多少水取决于它最短的那块木板”。一个人的力量总是渺小的，团队协作精神是企业的灵魂，其重要性不言而喻。自公司创立以来，祝先潮始终带领团队奋斗在第一线，帮助和指导团队对研发实验设计及实验结果进行解读。在他的带领下，瑞宙生物建立完整的研发技术平台，以及一体化生产体系，利用先进的技术，不断提高企业的研发创新及产业化能力，培养出一支专业的、敬业的、优秀的创新创业团队。凝聚共识集力量，团结一致创辉煌。瑞宙生物始终坚持自主创新，努力将产品研发对标国际先进水平。因此，瑞宙生物在第八届中国创新创业大赛生物医药行业总决赛，从全国3700多家生物参赛企业中脱颖而出，晋升决赛，并获得了“全国生物医药20强优秀企业”的荣誉称号。

成功并非一蹴而就，用祝先潮自己的话来说，创业需要“天时地利人和”。目前，境外创新药涉及的靶点，国产创新药基本均有立项研发，但速度一般落后于境外；进口药在境内获批后，相同靶点适应证的国产创新药很难再获得加速审评资格，从而延缓了审评审批进程，加大了国产创新药和进口药境内上市的时间差。关于未来对生物医药环境的期许，祝先潮希望国家和政府能够重视创新药的研发领域，加快国产创新药的审评审批进程。关于企业国际化发展，祝先潮也有着清晰明确的方向。“不仅要在国内上市，我们打算在国外也申请上市，借助‘一带一路’，尽

力帮助发展中国家或贫困国家。”祝先潮说道。

扬帆破浪踏足行，奋发向上勇攀登。未来，祝先潮会不断与时俱进、追求卓越，不忘初心，砥砺前行，持续为人类健康事业的发展添砖加瓦。在祝先潮的领导下，瑞宙生物也将继续顺应生物医药的发展趋势，针对世情、国情、企情发生的深刻变化，着眼新常态、新征程的发展定位、战略定位和管理定位，团结一致、携手共进，不断提高“把风险转化为机遇”的能力，抢抓发展机遇，不负新时代！

叶得琪

YE DE QI

民勤县红叶辣椒专业合作社理事长

当我们站在古代和近代历史的交界点观望，向前追溯，先秦《尚书》有言“民为邦本，本固邦宁”；春秋孟子也云“民为贵，社稷次之，君为轻”；汉朝贾谊也道“国以民为本，君以民为本，吏以民为本”；向后观览，马克思强调“人民群众是社会历史的主体”，毛泽东同志也坚持“为人民服务”的立党宗旨，时光在消逝，四季在轮转，但中华民族人民主体的思想却未曾改变，而历史也向我们证明了这条亘古不变的真理。站在新时代的起点，党和国家一如既往地重视人民群众的生活，尤其是对发展相对劣势的乡村特别关注。治乱世尽显英雄本色，持盛世也靠栋梁奇才，时代总是呼唤勇于冲锋的勇者，他们是社会进步的齿轮。如今，也正有这么一位勇者、一位志士，出现在推进乡村振兴的时代浪潮中，掌一叶扁舟，勇立潮头，推进乡村进步发展，他就是民勤县红叶辣椒专业合作社理事长叶得琪。

辣椒红火盘活农村经济，头雁远谋共赢美好生活

——访民勤县红叶辣椒专业合作社理事长叶得琪

德善仁厚遇新机，慧眼识珠得发展

《易经》曾书“积善之家必有余庆，积不善之家必有余殃”，德行善举是人生唯一不败的投资。叶得琪原本是家居材料方面的从业人员，偶然得知民勤县辣椒出售遭遇低谷，无人购买，百姓资金难以回流，材料尾款便也难以支付。叶得琪知晓后，自力主张起该县的辣椒收购工程，于2010年9月注册成立了民勤县红叶辣椒专业合作社，与他人合作创办了以红叶辣椒为制作原料的豆瓣酱厂，并取得了良好的收益。辣椒滞销问题得以解决，百姓获得了满意的收入，叶得琪也开启了他波澜壮阔的经商篇章，一举两得。然而，好景不长，这场起源于善心与智慧的事业终止于政策的调整——工厂的许可证办理非常严格，豆瓣酱厂自然也便草草地结束了其短暂的“营业生涯”，叶得琪甚至还为此背上了负债。更雪上加霜的是，朋友由于某种原因未及时还贷，为其担保的叶得琪自然受到牵连，也就无法从银行获得贷款。但是，他从不是遇到困难就轻言放弃的人。

叶得琪敏锐地发现近年来城市化发展进程逐渐加快，务农人口正在急剧减少，高辣朝天椒的种植规模也在逐渐缩减，但我国餐饮消费的能力却在不断提升，对辣椒的需求也必然增加，在两种趋势的重合发力下，高辣朝天椒的市场潜力不容小觑。他坚定地相信自己的判断，厘清思路，他知道自己现在要做的就是渡过眼前的困境，将合作社继续办下去，而融资正是眼下最好的办法。叶得琪的坚定与睿智为他吸引到了第一个投资——种植100亩朝天椒，他也确实依靠自己的管理与规划使得效益翻倍，赢得了客户的信任，打了一场漂亮的翻身仗，后续追加的投资自然也是纷至沓来、车载斗量。

到目前为止，民勤县红叶辣椒专业合作社固定资产总计可达3000多万元，主营业务收入3500多万元，利润总额700多万元。合作社产品通过了国家“绿色”认证，并获得了“中国质量信用AAA级示范社”称号。同时，合作社现已被授予“国家级农民专业合作社示范社”“省级农民专业合作社”，甘肃省联农带农“百强农民专业合作社”等荣誉。截至2023年，合作社社员105人，业务范围辐射全县16个乡镇，推广农户种植订单计56000多亩，总产值达4.2亿余

元，处在行业中的领先地位。叶得琪还荣获了“民勤县优秀共产党员”“民勤县首届新时代劳动模范”“民勤县十佳农民”“民勤县诚信企业”“3+1主导产业致富带头人”等个人荣誉，并取得了“农民高级农艺师”证书和华中农业大学“工程化育苗技术结业证书”等，是民勤县当之无愧的致富“头雁”。

先谋后动规划产业未来，创新理念带动产业发展

谋而后动，思而后定。能成大事者往往是走一步看十步，必然得小心规划、处处谨慎。叶得琪对民勤县红叶辣椒专业合作社这份事业也是珍之重之，自然为其费心图谋。叶得琪深知企业立本重在质量，对于农产品来说，育苗是重中之重。叶得琪大力主张建设育苗中心，秉承“品种优新、技术优先、设施配套”的育苗理念，依托于红叶辣椒专业合作社，采取“公司＋基地＋订单＋技术服务＋农户”的模式，打造优质辣椒种苗供应基地和农业设施示范基地。

育苗中心配备安装有自动喷淋系统、智能化自动控温控水、“小喇叭”、水肥一体化、一键卷帘等智能化设施，既节省了人力，又保障了种苗质量。同时，他紧跟时代步伐，引入机械化生产设备，按照规模化、产业化、标准化的发展要求，早部署、早动手，提前购进了1台精量播种机。这台精量播种机的引进实现了从基质装盘、精准播种，到覆土压实的全程自动化操控。装盘、上料、播种、覆土、浇水、出盘，通过这台精量播种机，只需不到10秒钟的时间，一盘辣椒苗就能播种完成，极大地提高了工作效率，缩短了育苗时间，而且点穴精准，深浅一致，出苗整齐，为陆地辣椒种植提供了物质保障；在辣椒加工环节，始终将保证产品品质放在第一位，成功自主研发了朝天椒过风、除尘、除杂的设备，并购置了辣椒色选机、剪把机、烘干设备等。

值得强调的是，高辣朝天椒系列产品是一次采收、自然风干，具有绿色环保、无农残、色价高 、辣度高、成本低等诸多优点，赢得了全国辣椒客商的青睐。在质量之外，合作社还延长了整个产业链条，整合上下游资源，建成集供种、育苗、种植、回收、加工、储存、销售于一体的完整的辣椒全产业链。在现有的模式下不断发展、不断完善管理理念，提升辣椒加工技术，研究深加工技术，严格把控产品品质，提升辣椒附加值，不断开拓创新渠道，依据现有的大数据背景，预计实行代理销售，扩大销售范围，利用“互联网＋”和交通便捷的优势，把产品通过代理的方式、线上线下相结合的方式销售出去，不断扩大市场影响力。

不忘初心利百姓，乡村振兴正当时

进入辣椒产业之初，叶得琪凭借的便是一股惠及百姓的气势。在政府接连出台惠农政策、将乡村振兴事业进行到底的时代背景下，叶得琪与党和国家的目标不谋而合，这股时代的东风终是吹到了他的身边，可以说合作社能发展到如今的规模，离不开国家和政府的扶持。民勤县红叶辣椒专业合作社借助优惠政策，争取到了政府的资金扶持、技

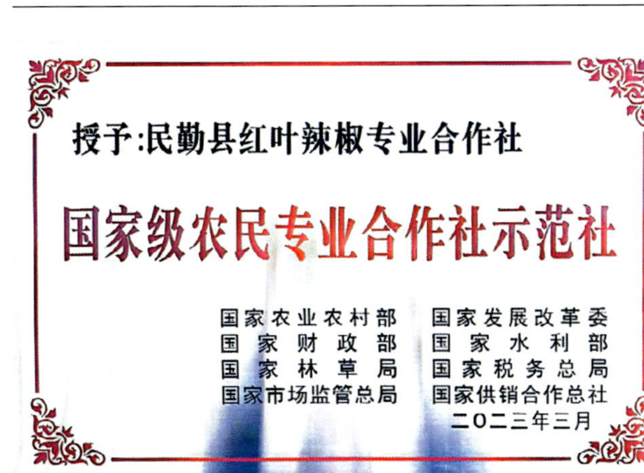

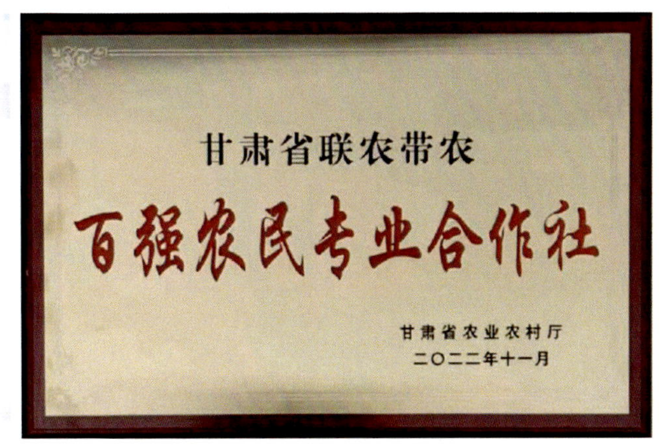

术培训、能力提升等实际便利，这为合作社后续发展规划的开展奠定了一定的物质基础。

在政府的扶持下，根据当地昼夜温差大、日照足等适宜辣椒生长的气候优势，叶得琪按照“合作社＋农户＋基地”的发展模式，采取了订单农业方式，建成了万亩辣椒种植基地，并与种植户签订了供销合同，采取统一育苗、统一施肥、统一病虫害防治、统一管理、统一收购销售的“五统一”运作模式，使农民用苗不出村、技术咨询在田头，足不出户就可把辣椒销往全国各地，开辟了村民致富的好“钱”景。同时，合作社还采用了政府扶持、高校助推、院校合作、自愿加入、规模化管理的模式，以及为其他合作社、涉农公司、家庭农场、种植散户等提供育苗技术实训基地、技能培训、病虫害防治、移栽技术指导、田间管理、产收培训、订单回收、为种植户代加工代售的模式，带动小辣椒产业蓬勃发展。种植小辣椒，不光富了种植户，而且在育苗、移栽、田管、采摘等过程中，还能带动闲散劳动力就业，为其他涉农企业提供借鉴与指导，带动大家一起奔赴丰收富裕的新未来。

以 2019 年为例，合作社争取到了财政支农资金 200 万元，分拨到了集体经济薄弱的 6 个村，以入股的形式注入红叶辣椒专业合作社扶持产业发展，各村按入股比例 8% 进行分红，每年可得分红资金 16 万元。截至 2023 年，分红共计 80 万元。目前合作社的经营规模能够带动 800 户以上农户，实现户均增收 5 万元以上；未来计划将带动 2000 户以上农户，实现户均增收 6 万元以上，所以合作社是当地当之无愧的致富带头人。依靠种植小辣椒，当地农民的钱袋子鼓了起来，脸上的笑容多了起来，有效地带动了当地群众增收致富，为乡村振兴战略发展奠定了坚实的基础。

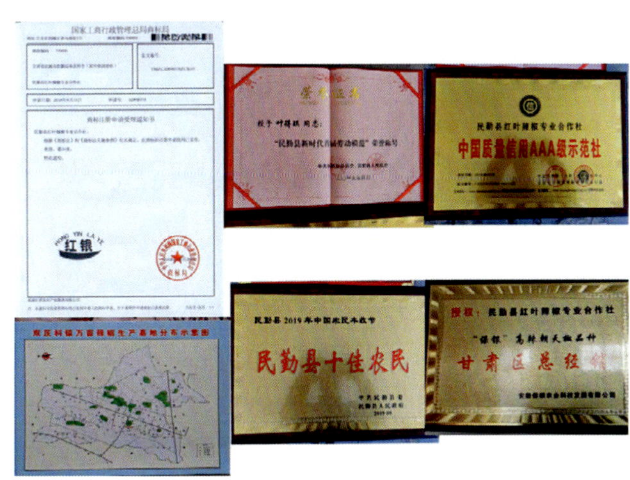

纵然“欲渡黄河冰塞川，将登太行雪满山”，困难重重、令人低迷，也要秉持着“长风破浪会有时，直挂云帆济沧海”的雄心壮志，不畏艰险，砥砺前行。这就是叶得琪——时代浪潮下一叶飘摇的扁舟，始终不曾溃败于风浪之下，反而借势高升，勇立潮头；是寂寥旷野中的一只鸿雁，永远强壮、永远指引、冲在最前线、顶着气流、乘风破浪，为后面的同胞们创造出一片相对安稳的空间。“千磨万击还坚劲，任尔东西南北风”从来都不是说说而已，英雄孤高而悲悯的灵魂是叶得琪对时代的回音与反馈。

韩兴斌

HAN XING BIN

青海青稞玉液酒业有限公司负责人

在中国，酒的发展历史悠久，自出现至今已经历了数千年的历史沉淀，具有鲜明的时代烙印。不同的地域，不同的民风民俗，经过漫长的岁月积淀，形成了特殊的中国酒文化。在那遥远的青藏高原上，人们的生活离不开酒，经过长期发展，在饮酒的过程中形成了一套独属于青海酒的文化习俗。青稞酒又名“高原美酒”，青海青稞玉液。

青海青稞玉液酒业有限公司负责人韩兴斌跨越千山万水，从齐鲁大地走到了青海高原，在雪域王国书写着青稞美酒的故事，在高原上留下属于自己的浓墨重彩。公司以青稞美酒为中心，传承古老酿酒工艺，酿造出“玉液千里一路香，开坛十里游人醉”的青稞酒，让青稞酒独特的手工工艺、宝贵的民族传统文化在世界之林散发芬芳，让青稞酒飘香青藏高原、飘香中国大地、飘香环球世界。

千杯万盏斟青稞玉液，千山万水赴天地之约

——访青海青稞玉液酒业有限公司负责人韩兴斌

千年醇香，青稞酿造

“喝一杯青稞酒，便记住了雪域高原。”著名藏学家谢佐说。青稞酒，藏语叫“尼琼”（安多语），是用青海本地出产的一种高海拔主要粮食——青稞制作而成的。它是藏族人民最喜欢喝的酒，在藏族民间有着极高的地位，既是日常食品，也是祭祀、婚嫁、宗教等重要场合的必备品。在青海，尽人皆知的青稞酒是当地一大招牌，清香醇厚、绵长爽净、甘洌回味的佳美口感，在我国强手如林的酒类行业中独树一帜。

雪域琼浆青海青稞玉液酒，是中国驰名品牌酒，品味这美酒，仿佛穿越了时空隧道，走进了历史长廊，让人回溯起唐朝文成公主入藏和亲，促进汉藏民族团结的千古佳话，追寻青稞美酒的历史起源，寻觅青稞玉液酒辉煌的酒史轨迹，感受着每一滴酒液背后的故事。

唐朝建立后，天下安定，四海升平，边远地区部落和民族全都归顺唐朝统治。吐蕃是一个位于青藏高原的古代王国，从松赞干布到达摩已经延续了200多年，是西藏历史上创立的第一个政权，也是企盼迎娶唐皇女儿最积极的一个王国。贞观十四年（公元640年），唐太宗接到松赞干布求婚于大唐的文书，文成公主毅然应征做和亲公主嫁于异邦，承担起促进唐蕃睦邻友好的政治任务。贞观十五年（公元641年）正月丁丑这天，文成公主一行离开长安，经凤翔、秦州、河州向龙支城（今青海民和县）进发；再进西宁、海南、玉树。随着文成公主入藏，中原的各种工匠、文化和技术都随着文成公主传到了青海、西藏两地。文成公主带去的工匠以当地青稞为原料，开始生产青稞酒。为满足广大藏族人民的需求，文成公主又从青海、西藏选派人员去唐朝长安学习制酒工艺，并聘请汉族工艺师入藏地酿造青稞酒，精工改良，逐步提升了青稞酒的酿造工艺，使青稞酒的纯度、口感及产量都获得了大幅提升，而文成公主成了青藏地区酿酒权威第一人。

自古佳境出美酒，青海平均海拔2700米，属于温带大陆性气候，得天独厚的自然环境以及周围所形成的特殊微生物圈，成就了酿造青稞酒所需的优渥条件，青稞玉液酒的产地位于青海东部农业区。青海青稞玉液酒业有限公司探寻着青稞酒的秘密，传承百年青海文化，酿酒师们选择

守仁匠心听民音，以机兴农护国基

——访杭锦后旗长盛机械有限公司董事长李锋

投身于农

李锋上大学时就读于农业专业，同时深受身为农民的父母影响，他从小就对土地有着不一样的感情。对于他来说，田地更像是家乡的象征，内心隐藏的乡土情结也让他的命运在冥冥之中与土地紧紧地联系在一起。

李锋的求学之路较为坎坷，中途辍学后尝试进入社会寻找适合自己的工作，但几经辗转均无结果。在频频碰壁之后，他不禁生出了一个大胆的想法，为何不自己创业呢？西奥多·罗斯福曾言：“失败固然痛苦，但糟糕的是从未去尝试。”1993年，李锋拿着当时家里仅有的8000元，毅然决然地投身于农机创业之中。而之所以升起要进入农机行业的念头，很重要的一个原因是在他小的时候，家人在烈日之下辛苦收割的一幕场景一直深深地印在他的脑海之中。在当时那个年代，小麦、玉米、向日葵的收割都完全需要依靠人力，劳累的体力劳作带给人们精神和身体上的双重疲劳，都深深地印在了李锋的心中。

国外早在20世纪40年代就已实现了农业机械化改革，而同期的中国在农机方面的发展十分有限。因此，当时李锋进入这个行业之时，国内市场竞争并不激烈。虽然面临很多挑战，但也随之获得了显著的收益。1993年他投入的8000元在当年就收获了8000元的盈利。而当时与他同龄、选择在外工作的同学一年才赚2000元，他在农机行业的成功，使他收获了诸多赞赏，同时让他在农机领域发展的热情更加高涨。1994年、1995年，随着农机行业发展越来越强盛，李锋在农机行业的收益也水涨船高。农业机械和现代科技不断融合创新，在给农业发展带来众多便捷的同时，也给农民的劳动生活也带来了诸多改变。尤其是让农民的种植效益实现了最大化，作为提供机械的厂家，农民们也对李锋表达了最真挚的感激之情。来自多个方面的正向反馈，让李锋在农机建设上的开拓激情不断增长，也让他逐渐感受到了自我价值的实现和升华：他的研发切实地在改变着农民们的生活和收益。

原来的农田一亩地可以收获大约2000斤粮食，但在使用了李锋的农业机械后，产量可达到每亩地2200斤到2400斤。一亩地增收200斤，看似不多，但若是将几十亩地的增多产量叠加起

来，田地总增收可达到几亿斤粮食，甚至更多。

机器能达到如此高的效率，与李锋及其团队夜以继日地伏案研究农机有着密不可分的关系。刚开始李锋只是独自进行学习，学习内容终究有限，1997 年他开始自己做一些小型的适用于农民的农业机械产品，后面随着科学技术的不断更新发展，2010 年李锋带领着他的团队走向了中型农机产品发展之路。他们团队的成长也见证了中国农业机械化发展之路。2016 年以前，中国的农机事业发展得相对较为缓慢；2016 年之后，中国农机事业发展快步行进，并逐渐开始同发达国家比肩。

为顺应时代发展趋势，李锋的公司改变了策略，从两个方向不断提高自己的产业竞争水平，他们的研发工作，一方面聚焦于自主研发，研发出了背负式葵花收获机、气吸式精量播种机、免耕播种机、清凉机四大系列 18 个品种的产品，在农业层面涵盖了播种、收获、耕种、植保等一系列的智能化服务。他们的核心研发团队从 3 个人的小团队发展到了 5 个人的小集体，再到现今由 6 个核心人员带领、4 个徒弟辅助的完备核心团队，至此研发人员团队基本完备，从事生产的有 40 余人、销售人员有 10 余人。厂区占地面积 11000 平方米，建筑面积 4000 平方米，拥有各类相关设备 80 余台。公司对核心团队的不断培养扩展，使得杭锦后旗长盛机械有限公司获得了诸多独一无二的荣誉。目前，他们主营的气吸式精量播种机和背负式葵花收获机均处于国内农机领域的领先地位。公司拥有十多项专利，获得了“国家高新技术企业”，杭锦后旗农牧和科技局授予的“优秀农机制造企业”等荣誉称号，被巴彦淖尔市农牧业机械行业协会授予“农机用户满意品牌”。其中使用核心技术之一的 4KBZ—1800 型葵花籽半自动背负式收获机在《2020 年第三届中国农机那达慕》现场演示活动中表现突出，被授予了“优秀演示奖”等多项荣誉。

另一方面在销售上，公司发展的成绩也十分显著。杭锦后旗长盛机械有限公司将农机销售作为发展核心，以拖拉机、收割机、打孔机等产品作为销售名片，对包括无人打药机、无人播种机、导航、全自动驾驶拖拉机等在内的产品进行重点宣传，不断提高产品的知名度，拓宽发展领域。同时，公司还与国内国外拥有农机需求的公司进行深度合作，打造出广阔的市场前景，也为中国农机产业的长远发展提供了模范蓝本。

李锋深谙销售作为工厂农机产品保质保量完

成后的重要环节，利用互联网等新型网络媒体进行宣传推广是促进企业发展的重要步骤，同时是行业发展大势所趋。2017 年后，企业将销售模式改为接受订单的方式进行销售，按照订单数量进行生产，这也使得公司的收益更加稳定，公司在研发产品方向上也更加具有针对性，同时可以为公司未来的长远发展提供指向性建议。

诚挚守时，人仁为本

杭锦后旗长盛机械有限公司在两个方向上的纵深发展促使它拥有了市场上其他农机公司所没有的生命力、创造力和竞争力。目前，公司主营产品向日葵收割机在国内市场占有率高达 40% 以上。截至目前，李锋公司研发的产品经常会成为引领国内农机发展的新潮流和趋势。与同行相比，他们的电气吸式精良播种机作为中国农机产品的创始先锋，具有连通率高、噪声小、吸力大等多种优势，种子收割率可达到 98%—100%，因而获得了众多客户的一致好评。受疫情影响，李锋公司也曾面临着无法调货、产品积压等诸多问题，然而事实证明，“酒香不怕巷子深”。在疫情基本稳定、生产生活开始恢复正常之后，他们以前积压的产品一下就销售一空，产业发展前景可期。但李锋也不急功近利，他深知农业机械行业不是一个可以挣快钱、挣大钱的行业，生产农机需要考虑人工工资和生产费用，因而尽管农机产品销售的利润点十分低，他也依旧在这一行业坚守了几十年的时间。

他们的坚守不仅体现在时间上，还体现在生产过程中。他们始终坚持保证产品的质量和优质的服务。“做产品的过程也是一个做人的过程，我们把产品当作我们的孩子一样，”李锋说道，“我们对产品的各个方面都会进行全方位的评估，并且我们不会超额揽单，确定可以做才会接单，否则会给农民的收益带来直接损失。”

“想农民之所想，急农民之所急。”农作物生长不等人的道理没有人比李锋和他的团队更加了解。向日葵收割晚三五天或许可以，一旦超过 10 天，向日葵就会自动脱落，一旦因为机器问题耽误了农时，将会直接损害农民的利益。因而，他们在制造机器的过程不仅要守时，还要对产品的生产质量进行极为严格的把控；不仅要把产品做好，还要把用户服务好。通过在田间地头的认真观察，他们切实了解农民真正需要的农机设备，以生产出最准确、最贴合农民需求的农机产品。为了保障农机的后续使用体验，他们还专门设立了专业的售后团队，对产品售出后的使用情况进行深入调研。一般情况下，农机设备的质保期是一年，但在杭锦后旗长盛机械有限公司，只要不是易损件，类似于主机等核心零件出了问题，他们公司都设有三年之内的保修服务，力求让客户安心使用。

目前李锋公司的业务来源，稳定经销商占比 70%，还有 30% 来自对李锋公司产品认可的客户。随着公司业务范围的不断拓展，凭借着优质的技术、可靠的质量以及良好的信誉，李锋的公司已

成为内蒙古、新疆、山西、江苏、甘肃等地多家企业的稳定供货商。

农机行业发展的不断壮大并没有让李锋迷失自己，他始终牢记回馈社会的初心和使命。自国家2015年脱贫攻坚战略提出后，李锋时刻关注着脱贫攻坚的相关信息，在他的带领下，他及其团队已经帮助内蒙古两个村子成功实现了脱贫。通过资金扶持以及赠送农业机械设备，让村民们的生活逐步向好。与此同时，他们还捐赠了如公共场地椅子、健身器材等公共设施设备，提高当地居民的基础生活设施建设水平。

内蒙古自治区科学技术进步奖

证 书

为表彰内蒙古自治区科学技术进步奖获得者，特颁发此证书。

项目名称：食用向日葵高产高效养分管理及全程机械化技术研究与应用

奖励等级：一等奖

获 奖 者：杭锦后旗长盛机械有限公司

202[illegible]年9月4日

证书号：2022-J-1-09-D05

在开发农机产品的过程中，李锋和他团队中的每个人都会倾自己全部力量到开发研究当中，不断地把农机生产使用的火炬传递到一代又一代的年轻人手中，实现了农机产业的良性循环，为中国粮食产业的发展累积了扎实的基础。同时李锋也呼吁更多年轻人不要因想象农机行业的困苦而放弃了进入农机领域奉献自身的机会。目前，世界局势瞬息万变，还需要更多年轻有为的人发扬不怕苦、不怕累的精神，为民族农业发展、国家粮食建设、综合国力不断增强，作出自己的贡献。

自1992年成立以来，杭锦后旗长盛机械有限公司始终秉持着“质量第一、用户至上、共同双赢”的经营理念，广交社会各界朋友，为中国农业机械化事业的开拓创新不断努力着。近年来，李锋和他的团队凭借着企业信誉、独特的经营风格和较强的市场开拓能力，收获了《信用中国》栏目的大力支持，越来越多的人关注到了农业机械的进步对粮食产量增长的重要作用。希望中国能有更多像李锋一样可以从田野间抬头望向世界的人，用自己的努力让更多的目光聚焦于中国的农业发展，让更多年轻的血液进入农业机械的研发事业中来，夯实中国粮食基底，为世界的粮食安全输送中国助力！

翟奇愚

ZHAI QI YU

河南省力博桥梁安装工程有限公司创始人

鹤舞千年树，虹飞百尺桥。中国素有“多桥古国”之誉，以赵州桥为代表的中国古代桥梁在世界桥梁史上占据着重要地位。随着我国经济的飞速发展和自主创新能力的不断提升，一座座现代化大桥将祖国的河湖山川连接起来，向世界展示着“中国建造”的非凡实力。现代桥梁不仅是百姓高效幸福生活的展现，更是一个国家科技水平和综合国力的重要体现。河南省力博桥梁安装工程有限公司成立于2009年，主要经营范围包括桥梁安装及维修、桥梁设备销售及租赁、房屋租赁等。作为河南省力博桥梁安装工程有限公司的创始人，翟奇愚扎根桥梁建设行业将近30年，他见证了中国桥梁建设从无到有、从小到大的全过程，以“择一事终一生”的匠心精神为中国桥梁事业添砖加瓦。

匠心铸造桥通途，精益制胜行远达

——访河南省力博桥梁安装工程有限公司创始人翟奇愚

新元肇启立潮头，华章日新簇薪火

江山代有才人出，各领风骚数百年。时势造英雄，不同的时代有不同的要求，而对于翟奇愚来说，时代需要什么他便成为什么。在教育落后、师资匮乏的年代，翟奇愚选择成为一名“四季耕耘育桃李”的人民教师，他在三尺讲台上讲授着他最爱的力学知识，用勤劳和智慧为国家培养了一批又一批人才。1995年，随着高速公路建设的热潮在中国掀起，大批公路建设材料亟须进行安全性能检测。而当时在翟奇愚的力学教研实验室里，正好有所需的检测设备，他便开始接触工程上相关材料的安全测试工作，如钢筋混凝土的性能试验。为了能在国家交通建设上贡献自己的一份力量，翟奇愚白天守着讲台教书育人，晚上又挤出时间完成钢筋材料的质量检测工作，慢慢地也和很多施工单位建立了密切的联系。

随着经验的不断积累和相互之间信任的不断增强，施工单位不再仅仅要求翟奇愚进行试验室材料的性能检测，而是开始向他提供施工机会，这也是他第一次真正地进入国家建设事业中来。当翟奇愚顺利完成了郑州到新乡一级路的桩基检测项目，施工单位便将洛阳到三峡高速公路建设项目中混凝土梁的预制和安装任务交给他来做。由于缺乏现场施工的条件，翟奇愚便从最基础的“三通一平”做起——通路、通水、通电和平整场地。对此，他乐此不疲：“当时给我的成长条件还是很不错的。”1998年，翟奇愚惊奇地发现在当时刚起步的市场里缺乏大型设备，于是他便在工地旁租了一个钢结构车间专门制造龙门吊架桥设备。这对于力学专业出身的他来说并不复杂，他先完成了结构设计，再将一些必要的标准件组装在一起，便完成了龙门吊和架桥机等设备的产出。2000年，随着施工进程的推进，翟奇愚再没有精力兼顾教学任务，他便离开了讲坛专注投身于设备制造行业和桥梁安装施工，先后成立了河南省力博桥梁机械制造有限公司和河南省力博桥梁安装工程有限公司。

2005年，国家开始对特种设备进行管理规范，龙门吊和架桥机设备不再隶属于大型临时设施。在制定架桥机相关指标参数规范时，翟奇愚在其中起到了重要作用。他作为行业领头企业的创始人，凭借着多年成熟的相关经验给出了客观合理的建议，使得规范参数既能满足刚度要求又能满足运输安装需求。翟奇愚的魄力是其能勇立潮头的关键，在当时，公路的混凝土梁多采用双导梁

架桥机进行施工，铁路的混凝土梁多采用单导梁架桥机进行施工。国家有专门的铁路基建制造厂家及固定的生产标准，但是随着中国高速铁路的快速发展，单导梁架桥机已不能满足32m标准铁路T梁的使用规范，同时因开发太早存有缺陷，单导梁架桥机的结构呈窄而高状，这是因为早期设计过程中考虑到隧道的使用，但这也带来了其不稳定的弊端。而翟奇愚当时做的双导梁架桥机，重心低比较稳固，适用于新时代发展下铁路多、弯度大的现状需求，单导梁架桥机的不适用便给了公路架桥机替代铁路架桥机的机会，这也是双导梁架桥机架单线铁路孔的首次应用。2008年北京奥运会前后，翟奇愚先后参与了铁路轻轨建设，以及受邀到西安参与架桥机架钢结构梁的设计生产工作，这在中国铁路发展史上又是一次成功的创新。

唯实励新添活力，踵事增华正当时

“苟利于民，不必法古，苟周于事，不必循旧。”宜威高速竹海枢纽互通线位于长宁县龙头镇南侧，该枢纽建设完成后可实现宜威高速L线与宜叙高速铁路线之间的交通快速转换任务，进而达到北连宜宾、南接兴文的目的。钢箱梁的互通常使用的是传统的千斤顶推法，是指当结构物要在既有线的上方通过时，为了不扰动既有线，能够在即有线一侧将结构物分段建成，再用千斤顶顶推使之上跨穿过即有线的办法。可由于竹海互通上跨宜叙高速公路建造工艺复杂，施工难度大，大吨位钢箱梁拼装以及跨高速公路顶推施工安全风险高等因素，传统的千斤顶推法已不再是最优方案。大桥总长300m，需顶推长度为60m，以往用千斤顶推法合龙至少需要3天。翟奇愚则选择尝试一种全新的工法——反托轮工法，挑战用10小时完成以往72小时的任务。这个工法相比于传统的千斤顶推法，则极大地节省了过孔时间，特别是对弯道过孔，还能够自动地行走弯道。采用传统的施工工法一般是过50m的孔需要2—3天，而采用反托轮工法则可以将过孔时间压缩到3—5小时。时间的压缩满足了高速公路对施工要求安全封点的时间，减少了封点的时间也就意味着降低了施工成本，一方面给高速公路建设减少了损失，另一方面也帮施工单位争取到了更多时间。仅用5小时，大桥便可顺利合龙，为全线顺利建成通车打下了坚实的基础。

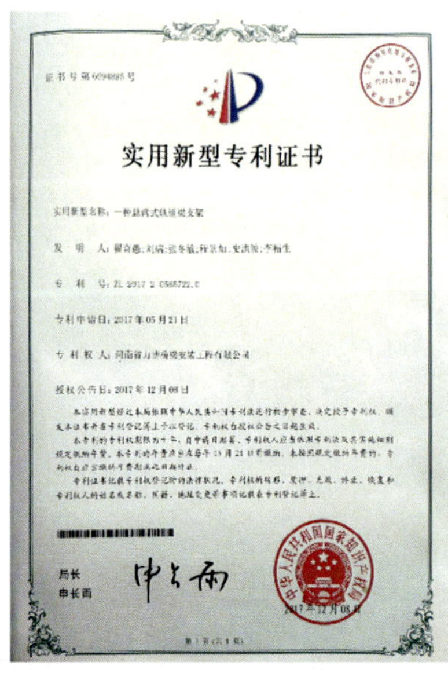

实用新型专利证书

专利申请日：2017年05月21日

授权公告日：2017年12月08日

局长 申长雨

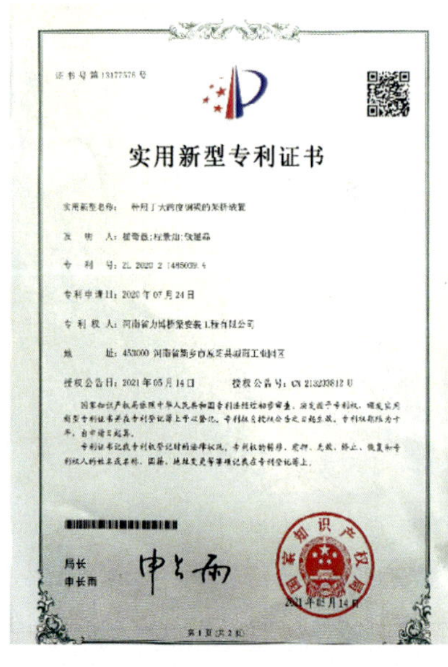

实用新型专利证书

专利申请日：2020年07月24日

授权公告日：2021年05月14日

局长 申长雨

“谋度于义者必得，事因

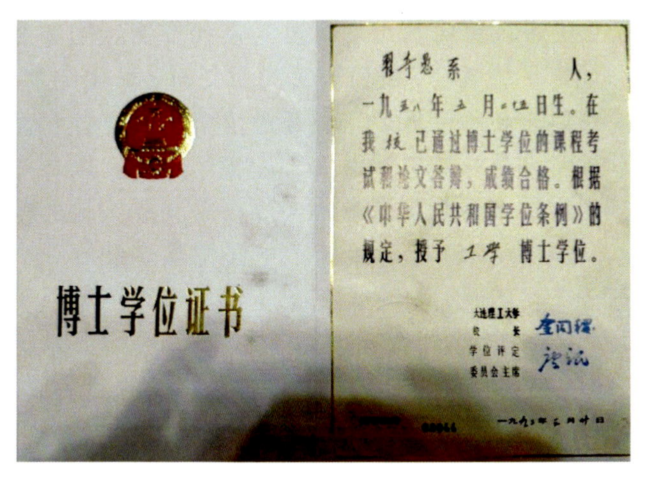

于民者必成。”几十年来，翟奇愚一般在完工后就会日夜兼程地赶回河南原阳大本营，只为第一时间能对工作建设项目进行总结复盘。桥梁力学是翟奇愚几十载人生里最为熟悉的词汇，从学校任教到工地实践，身份从一名循循善诱的教师转变为孜孜不倦的学习者、创造者，他将自己热爱的专业融汇到自己的事业当中。而河南省力博桥梁安装工程有限公司便是他的研究基地，一个个创新实用、充满想象的工法皆诞生于此，这是匠人翟奇愚在用热爱与坚守助力一座座巍峨壮观的钢桁梁大桥拔地而起。在那个年代，毕业找工作是很容易的，大多数人都会选择在待遇条件、退休条件都可观的高等院校或者国家机关任职，可翟奇愚却选择了扎根在国家桥梁建设事业上。翟奇愚谈道：“回过头来想，自己干了快 30 年，确实是很充实，也是看着国家一些高速公路、高速铁路等大型建筑设施一步步发展起来的。可以说国家这二三十年的发展历程，我们是亲历者。我把自己的专业所学融汇到国家建设当中，我是无怨无悔的。”对于学者翟奇愚来说，他愿将毕生所学、毕生所研都奉献于社会；而对于建筑匠人翟奇愚来说，他将用一片匠心、无限热情去浇灌中国桥梁建筑事业的发展。

云程发轫犹未歇，万里可期还复来

“沉舟侧畔千帆过，病树前头万木春。”20 多年来，翟奇愚带领力博桥梁安装工程有限公司承前荣启后誉，以匠心守初心，先后完成了延黄高速钢混叠合梁安装工程、宜彝高速公路 1 标段钢箱梁安装顶推、玉环漩门湾大桥安装焊接、肇庆新区地下管廊系统钢箱梁工程等重点建设项目，收获了大家的一致好评。人才是企业的核心竞争力，翟奇愚在用人机制上并不追求大规模，而是选择优化人才配置，确保人岗匹配，着重培养懂专业、会管理、善经营的骨干人才，突出打

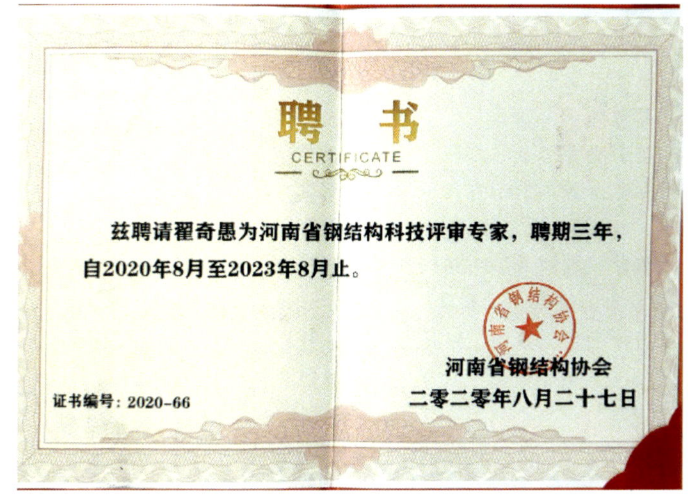

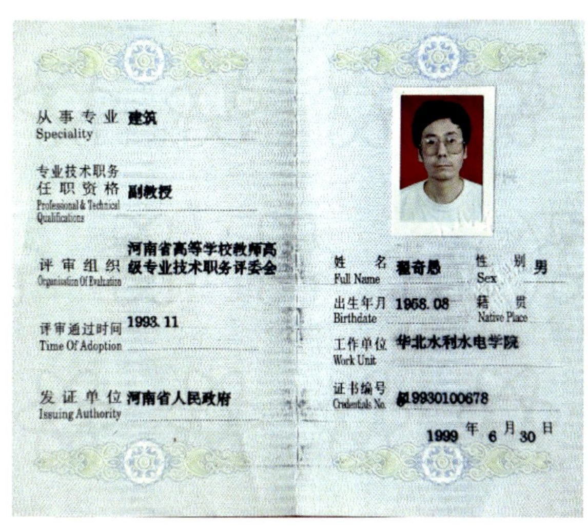

厚植文化根源，赓续浓香新篇

——访醉窝酒业创始人许力

许力先生以匠心精神打造醉窝有限公司，使公司在竞争激烈的市场中脱颖而出，迈向更高的发展境界。他的成功故事，不仅彰显了企业家的辉煌成就，更体现了军人的坚忍与执着。他的故事将激励我们要勇往直前，不断追求进步与成长。

细心打造品质，匠心传承文化

“酒盈山色，香飘万里，怡情养性之妙品。”传说黄帝让杜康在桑树洞里酿造出了中国第一滴粮食酒。酒成之时，原本静谧幽深的空桑涧成了动物的乐园，野猪、山羊、野鹿……都围着装粮食的桑树干舔食。杜康发现香气来自树干渗出的液体。那液体晶莹剔透，如玉如珠而出，珠珠相连成丝成流缓缓而泻，融入涧水，这便是粮食酒。它也随着后人的不断传承，现在已然成为人们生活中最不可或缺的一种东西。

1487 年 2 月，太子朱祐樘娶了张氏，张氏奉上一坛贵州宣慰司的美酒，朱祐樘品尝后赞不绝口，并将其命名为“醉窝”。好酒求于细节，细节见于酒香。弘治小酌醉窝酒以缓解忧愁，最终将其定为皇家御用酒。陆深据此作诗《醉窝》以记之——“爱酒不爱醉，酒深如有神。同来送日月，无奈独醒人。”从此，醉窝酒在民间广泛流传开来，跨越历史长河，流传至今，为我们带来需要共同传承真正的酒文化，它以诗词歌赋为载体，让世人感受酒香中的情怀。

醉窖系列是醉窝酒业的主打品牌，以下是醉窖系列的一些特点。

传统酿造工艺：醉窖系列采用传统的固态酿造工艺，精选红缨子糯高粱和冬小麦高温大曲为原料，经过多次发酵、蒸馏、陈酿和勾调，最终酿造出正宗地道的纯粮酒；定制化服务：醉窖系列提供定制化服务，消费者可以根据个人喜好和需求，选择不同的包装、瓶身设计、酒标等，打造专属的醉窖酒。这种定制化服务为消费者提供了更多的选择和个性化的体验；中高端市场定位：醉窖系列主要面向中高端市场，品质卓越，口感醇正，是消费者追求高品质酱香型白酒的首选之一。

醉窝酒以其独特的酿造工艺和卓越的品质而闻名。醉窝酒选用茅台镇的高粱等粮食作为原料，采用独特的发酵和蒸馏工艺，酿造出了口感醇厚、香气浓郁的美酒。首先，醉窝酒的原料选用十分考究。当地特有的高粱种类经过精心挑选，确保了酒的原料质量。茅台镇采用本地特有的红缨子糯高粱，其籽粒坚实饱满，淀粉含量高达 65% 以上，支链淀粉含量占总淀粉含量的 88%—93%。这种高粱耐蒸煮、耐翻糙，且出酒率高，酒质优良，为酿造出优质的酒提供了坚实的保障。

其次，醉窝酒的酿造工艺——酱酒坤沙传统工艺独具特色。酿酒师们秉承着传统的酿酒工艺，将高粱经过多道工序进行发酵和蒸馏，使得酒液中的香气得以完美地释放出来。同时，醉窝酒在储存过程中还注重陈酿，使得酒体更加醇厚细腻。大曲酱酒的酿造工艺确实需要较长的时间，一般来说，完成一个酿造周期需要大约一年的时间。在酿造过程中，按照 1 ∶ 1 的比例加入新的高粱是为了保持酒的质量和口感。高粱蒸煮环节中新的高粱会被蒸煮，这个过程循环进行九次，它有助于充分释放高粱中的淀粉和糖分，为后续的发酵提供充足的营养。高粱和酒曲混合后，会进行收堆发酵。这个过程也要反复进行八次，让酒曲中的微生物开始分解高粱中的糖分，产生酒精和香气。共需七次取酒，增加发酵时间以裹挟更多的香气。这种酿造工艺需要耐心和细致的操作，确保酒的品质和口感达到最佳状态。

醉窝经典系列是醉窝酒业推出的一系列酱香型白酒，包括醉窝经典·当运、醉窝经典·雅运和醉窝经典·鸿运等。这些产品在市场上备受欢迎，具有以下特点。卓越的品质：醉窝经典系列采用传统的酿造工艺和独特的勾调技术，以优质原料酿制而成。独特的包装：醉窝经典系列的包装设计独特、精美，彰显了品牌的高端形象。这些产品的瓶身和包装盒都经过精心设计和选材，采用了高档陶瓷、木盒等材料，彰显了产品的尊贵气质。丰富的文化内涵：醉窝经典系列不仅是一款高品质的白酒，还蕴含着丰富的文化内涵。这些产品与传统文化相结合，通过包装设计和产品名称等元素，传递出吉祥、祝福等文化寓意，具有很高的收藏和赠送价值。多样的产品选择：醉窝经典系列推出了多款不同规格和包装的产品，满足不同消费者的需求。消费者可以根据个人

喜好和场合选择合适的产品,无论是自饮、聚会还是商务赠送,都有非常合适的产品供消费者选择。

古韵悠长，历经沧桑，深藏地底，等待风光。琥珀色液，入口芬芳，浓郁酒香，舌尖留香。山水相连，传承百年文化薪火。

最后，醉窝酒的品质卓越。醉窝酒以其琥珀色的酒液、浓烈的酒香和绵长的回味而备受赞誉。入口醇厚细腻，余味悠长，让人回味无穷。同时，醉窝酒的酒精含量适中，使得其成为家宴、聚会的理想饮品。

千年的繁华沉淀在酒香之中，亦如黎明中的花朵。醉窝酒业集团自古以来就以“爱酒不爱醉”为宗旨，继承着千年的酿酒传统，将酒文化与时代精神相结合。总之，醉窝酒无论是其独特的口感还是酒香，都让人为之倾倒。这种传统的美酒不仅是当地人民饮食文化的重要组成部分，也是中国酿酒文化中的一颗璀璨明珠。

酒香溢中华，诗酒暖人心

“常怀感恩之心，品酒之美，方能全身心沉浸在酿酒文化之中。”醉窝酒业集团的创始人许力先生，怀着感恩之心，品味着酒香的美妙，将身心沉浸在酿酒文化之中。自公司成立以来，他一直致力于公益事业，以回报社会，传递爱的力量。许力先生深信，企业不仅要谋求经济效益，更要承担社会责任，回馈社会。因此，他在创办醉窝酒业集团的同时，也成立了专门的公益团队，积极参与各种公益活动。

“好食抚慰人心，暖酒最解寒冬。”许力先生为孩子们提供帮助，资助他们完成学业，改善他们的生活条件，让他们能够拥有更好的未来。许力先生表示，教育是改变命运的关键，每一个孩子都应该有平等的受教育机会，而这正是公益事业所要实现的目标。除此之外，许力先生还积极参与各种慈善活动，为社会做出自己的贡献。例如，他曾经多次为弱势群体送去温暖和关爱。壶中天地，酒香四溢，正如光阴匆匆，他以酿酒之美和感恩之心，引领着醉窝酒业集团走向公益之路。

醉窝酒业集团的公益之举，正是许力先生深深怀着感恩之心，品味酒香之美的真实写照。他坚信，企业和社会是相辅相成的，只有承担起社会责任，企业才能更好地发展，同时能为社会作出更大的贡献。

2020 年，醉窝酒业被中国质量检验协会评为“全国质量诚信标杆企业”和“全国质量检验稳定合格产品”。2023 年，在全国知名品牌调研活动中醉窝酒业荣获“中国白酒百强企业”称号，这表明他们在国内白酒行业中的地位和影响力得到了进一步提升。同年，醉窝酒业荣获“中国历史文化名酒”和“中国消费者可信赖品牌”以及“中国自主创新最具影响力品牌”称号，成为诚信认证企业，这表明醉窝酒业在打造个性化、特色化的品牌形象及推广白酒文化方面取得了显著成效。

这些荣誉充分展示了醉窝酒业在产品质量、环保理念、品牌形象和市场地位等方面的卓越表现。醉窝酒业集团的创始人许力先生勇于肩负起时代的责任，携手社会，共筑梦想。这条公益之路，心手相连，以酒香为引，温暖无数的人心，传递爱的力量。执着坚守，不懈前行，慈善之举，永放光芒。诗酒同行，温润人心，携手未来，共创辉煌。

“醉后不知天在水，满船清梦压星河，这一杯酱香，让你跨越历史长河，与酒来一场百年的浓醇之约。”珍藏时光，历久弥香，醉窝酒窖在无数个酒桌上见证着城市和人的满怀希望，它是见证者，更是亲历者。

古时候的状元红、女儿红，是为孩子封的酒，待孩子赶考或出嫁时用以践行。封坛酒的概念至今仍然延续，用来纪念特别重要的时刻，或招待至关重要的人。这份尊重与情义远远超过产品本身的价值。加入醉窝酒业集团，成为酱酒体验馆代理，将获得全程帮扶，包括获客和变现，实现双方共赢。通过文化封坛，传承酒文化，让顾客有机会参与传统酒文化的传承和发展，同时能够分享醉窝酒业集团的产品和文化，为更多人带来美好的酒文化体验。醉窝酒业重视酒文化的传承和弘扬，尊重传统的同时不断创新。努力做到让人人有机会成为传播酒文化的使者，将醉窝酒业集团的产品和理念传播给更多的人，让更多的人感受到酒文化的魅力。

作为“醉窝”传承者，醉窝酒业集团不断探索、坚守初心，斥巨资打造万亩绿色酒原料生产基地，确保高质量原材料。以部队的高标准、严要求组建了品酒、调酒专家团队，携手贵州黔庄酒业集团共创一杯好酱酒。一切在变，唯有品质不变。醉窝酒每一粒粮食都经过精挑细选，每一道工艺都精益求精，以独特秘传酒曲配方结合古老酿酒工艺酿造品质好酒。醉窝酒业集团凭借厚重的文化积淀，辅以现代科技研发，独创独特“优雅酱香型白酒”，被各界所惊叹。

醉窝酒业集团一直秉承着“传承古老文明，创新未来发展”的理念，致力于将传统的酿酒工艺与现代科技相结合，不断探索和创新，以打造更为优质的产品和服务。公司的每一瓶酒都是经

过严格筛选和深度加工而成，不仅保留了传统的酿酒工艺，还加入了现代科技的元素，使得公司的酒品更为醇正、醇厚、醇香。

醉窝酒业集团的产品深受广大消费者的喜爱和认可。他们将继续秉持“品质至上，服务至诚”的经营理念，不断提升品质，拓展市场，为更多的消费者带来更为优质的酒品和服务。同时，醉窝有限公司也将不断加强自身的品牌建设，加强与各界的合作和交流，以更加开放的心态和姿态，推动酒文化的发展和创新，为世界奉献更多美酒佳酿，让更多人感受到醉窝酒业集团的精湛工艺和卓越品质，为中华酒文化的传承和发展作出更大的贡献。

王书发

WANG SHU FA

中国烹饪大师、中国烹饪艺术家

在浮躁的时代中冷静地沉淀，择一事、终一生，一生只为一事来。家族烹饪，代代相承，奋斗一甲子，烹饪几十年。真诚热爱烹饪，一双手、一把勺，碰撞出一道道人间珍馐美馔，他便是中国烹饪大师、中国最受瞩目的烹饪艺术家王书发。

王书发，1963年生，贵州省安顺市人，曾参与编写中国烹饪文化大典，获得过多项个人荣誉，在贵州省首届烹饪大赛中荣获金奖；在国酒茅台杯中国伊尹奖中华烹饪技术创新大赛比赛中荣获热菜项目金奖以及组织工作项目贡献奖全国总冠军；曾被授予“全国技术能手”和江泽民主席亲笔题词的金匾、“贵州省金牌工人”的荣誉称号、中国黔菜研究开发贡献奖、贵州省五一劳动奖章；2020 年王书发被选为中国烹饪协会名厨委员会委员，同年被聘请为中国饭店协会特色菜系与地标美食专业委员会西南区域主席团荣誉主席；2021 年被授予“贵州黔菜发展创新展示奖”；长期受聘担任全国和省烹饪技能大赛评委和裁判长。

中华美食越千年，文化传承永不变

——访中国烹饪大师、中国烹饪艺术家王书发

承黔菜之魂，扬烹饪文化

纪录片《舌尖上的中国》里提到“中国人对食物的感情多半是思乡，是怀旧，是留恋童年的味道”。自古以来，中国便是一处地大物博的丰饶之地，这片土地孕育出了很多种沉淀着几千年悠久历史文化的美食，每一种美食都令人魂牵梦萦。同时，中国也是一个非常注重“吃”的国度，苦辣酸甜的食物里凝结着广大劳动人民对生命五味杂陈的感受。民以食为天，食物是人类赖以生存的最基本需求，要生存先饱腹。随着当代生活条件的不断提高，人们对食物的要求不再是止于“果腹”，更是追求“烹饪的艺术”。

贵州是个多民族省份，各种民族特色菜具有不同却又相似的特征，黔菜融会贯通了各大菜式，吸纳了这些民族风味。狭义上的黔菜是采用贵州本地原料，在各民族中长期认同、流行的，具有本地调料特点的菜肴；广义上的黔菜是指原材料不问出处，只要符合贵州人的口味习惯、烹饪方式就是黔菜。黔菜是贵州本地正宗的菜肴，由民族菜、民间菜、土司菜三大部分组成。具有辣醇、香浓、酸鲜、味厚等特点，因为贵州古来少盐，有句谚语叫“三天不吃酸，走路打窜窜”，所以说明少数民族人民多以食酸来增补体能，吃了酸走路就不会打“窜窜”了。其中具有代表性的黔味佳肴有宫保鸡、阳朗辣子鸡、凯里酸汤鱼，等等。

铸奋斗之剑，铸成功之刃

中国美食文化亟须寻找传承人将其传承并发扬光大，而王书发似乎正是为了传承和发扬黔菜文化而生。1963年他出身于厨师世家，作为第四代传承人，1979年他便开始向父亲学习黔菜烹饪技艺并进入了餐饮行业，1980年正式在贵阳师范学院（现贵州师范大学）的后勤集团工作，1982年公派到贵州省第一教学餐厅系统学习烹饪技术，1984王书发就职于贵州省教育厅创办的高校厨师培训基地，成为一名助教、讲师，并于1994年使用家族祖传字号“万顺酒家”开店，前后共持续了10年左右时间。

张晓风曾说：“倘有荷在心，则长长的雨季何患？”人生的境遇有起有落，生命的状态时起时伏，但只要心怀理想的火种，绵绵发力，久久为功，这份生命的热忱则风吹不熄、水浇不灭，最终在厚积薄发中，绽放出夺目的光彩。20世纪80年代初期，王书发离开学校后选择了烹饪专业，他怀揣着对烹饪的热爱，以金石为开的诚心、孜孜不倦的耐心、全情投入的精心去烹饪食物。但由于当时学厨并非师父言传身教，而是先跟师兄学习，导致他学得不专不精，无法顺利解决实际操作中所遇到的问题，

豆豉辣椒酱蒸翘嘴鱼

宫保罗氏虾

王书发也曾无奈地说：脑子里一片茫然，基本上很多东西都是模棱两可、不知所云。他迫不得已只能常常去师父家求助师父，汲取经验。功夫不负有心人，长此以往，王书发收获颇丰，学有所成，师父也很赞赏这个积极进取的学生，毫不吝啬地把自己的烹调经验悉数传授给了王书发。王书发也不负众望，以持之以恒的态度向师父虚心讨教学艺了三四年。拼搏的道路总是有很多艰难险阻，但认真学做菜始终是王书发内心最坚定的目标，矢志不渝地在追梦的道路上攻坚克难，砥砺前行，为学习好厨艺狠下了一番苦功夫。这种对烹饪事业的热忱，在几十年脚踏实地的磨炼中得到了升华，他处理食材干练利落，刀工娴熟有力，滑锅翻勺流畅自如，这都证明烹饪已经成为他得心应手的真功夫。小有成就后，王书发亦不骄傲、不浮躁，兢兢业业，不忘初心，牢记传承黔菜文化的使命。王书发老师的代表菜有鲍鱼辣子鸡、绣球蹄筋、八宝盗汗甲鱼、宫保鸡等，同时王书发老师更是成了安顺旧州辣子鸡的第四代传承人。

借创新之风，传承黔菜文化

文化的传承不能仅仅依靠家族内部传承，更应该对外推广传播，培养出更多优秀的传承人。众人的力量不容小觑，聚是一团火，散是满天星，大众传承可使其薪火相传、生生不息。经贵州省人社厅批准，王书发成立了技能大师工作室，前后共收了100多名弟子，以传承黔菜文化，可谓是“桃李满天下”。名师出高徒，弟子不必不如师，王书发培养的弟子个个青出于蓝而胜于蓝，长江后浪推前浪，他门下的弟子现如今都能独当一面，很多都成了贵州省贵阳市的名店名师。比如他的弟子杨武松，“武松醉鹅店”掌门人，目前已经开了60多家分店，在贵州贵阳能叫得响的品牌有“鹅生菌”“黔贝”等，诸如此类的弟子众多，他们共同努力，推动着黔菜文化的传承、发扬和向前发展。王书发不仅花费心血培养术业有专攻的专业型人才，每年还带着弟子们到外省

八宝盗汗甲鱼

宫保鸡

等诸多金属材料，但这些材料都不能同时兼顾两种性能，有些材料介质甚至会产生严重的共振频率，极大影响了数据采集的真实性。终于，他们在经过几十种材料的测试对比后找到了合适的材料，但测试结果依旧不太理想。如果不能够在材料方向有所进展，那么支架结构可能还会有调整空间。于是李建华将目光转向了支架结构的合理性，他从一次又一次的试错测试中不断吸取经验教训，最终成功做出了一款兼备轻量和耐用性的坠落装置。

随着民众安全意识的提升，对于出行头盔的需求量不断增加，质量成为挑选头盔的主要考虑因素。为了提升民众的出行体验，李建华深稽博考，查阅了大量的规范、标准和资料，通过对中国人头型的数据收集，重新修改了头盔头模的数据，让鸿图仪器生产出的头盔头模与中国人的头型更加契合，提高头盔的护头性能，也让民众在佩戴的过程中更加舒适。鸿图仪器整理的头型数据也为其他多个行业提供了参考依据，为各个相关行业的发展作出了重大贡献。他们夙夜匪懈地努力不仅仅是为了生存，更多的是因为心中对于行业的热爱与坚守。正是对所从事行业的肯定与认可促使他们不断自我激励、奋勇向前。他们反复推敲、研究产品研发生产中的每一个步骤、细节，不断对头盔进行吸收能量碰撞测试，终于打破技术屏障，突破了领域内早期依赖国外进口的局限。他们用自己的奋斗弥补了行业的缺陷，见证并亲历着行业的发展与成长。

良士优培，公益为心

鸿图仪器有限公司的发展成长不仅依赖于团队成员之间的良好合作，还离不开李建华独特的人才引用理念。作为国民经济中活力最强的小微型企业，李建华充分利用企业优势进行人才的管理培养。他们不要求员工高学历，给员工提供在行业试错的机会。通过试错知晓自己的不足、吸取经验、成长沉淀。就是在这样的不断尝试、不断试错中进步成长，员工才逐渐形成自己的阅历，真正在工作中完成个人技能的提升和成长，积淀属于自己的知识财富。正是鸿图仪器给予了员工广阔的成长空间，从而赋予了员工更多的创新动力，让公司的产品生产也拥有了更多层面的创新可能。

在这样的人才培养政策下，鸿图仪器有限公司团队拥有着同类企业中少见的创新活力，逐渐成为整个行业中无可替代的存在。作为头盔行业恒定质量检测的专家，李建华积极协助公安部门一同制定了《摩托车、电动自行车乘员头盔》标准，这个标准于2022年10月开始发行，规定发布出来则意味着头盔制造企业拥有了较为完善的参考标准。李建华强调：拥有标准不仅能够提示广大民众佩戴头盔的重要性，更为市场监管部门的审查提供了法律依据，让市场监管部门执法时能够有法可依，对因头盔质量参差不齐而带来的头盔市场乱象有一定的整肃作用，能够进一步促进市场对不合规头盔进行质

高新技术企业

证书

企业名称：东莞市宏图仪器有限公司　证书编号：GR202144009212

发证日期：2021年12月31日　有效期：三年

批准机关：

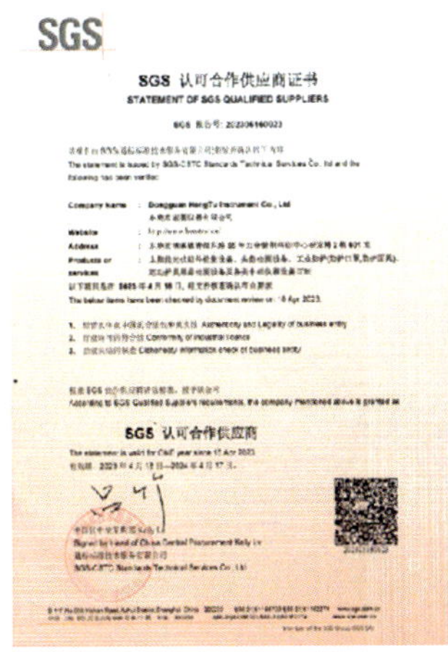
SGS
SGS 认可合作供应商证书
STATEMENT OF SGS QUALIFIED SUPPLIERS
SGS 认可合作供应商

ISO 9001
质量管理体系认证证书
东莞市宏图仪器有限公司
广东质检中诚认证有限公司

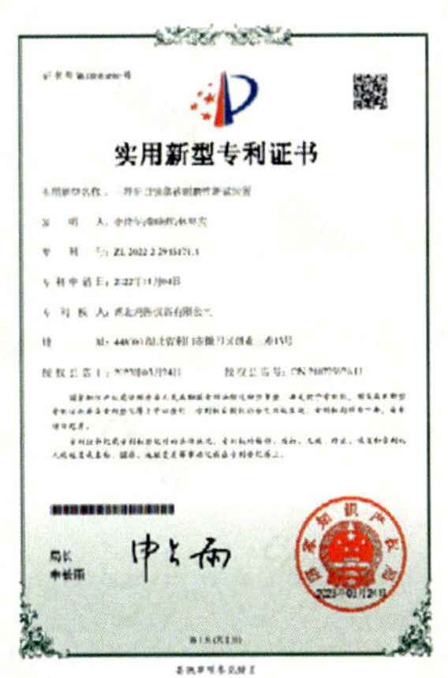
实用新型专利证书

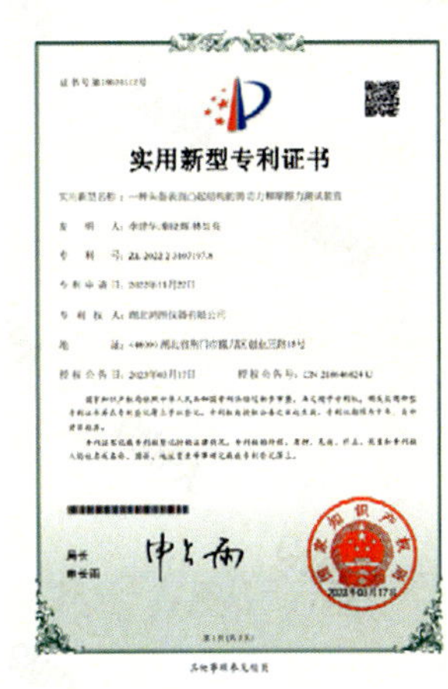
实用新型专利证书

量检测、加大监管力度。

除了是践行政策上的开路先锋，在社会公益事业方面，李建华和他的团队也遥遥领先。为了提升人民群众佩戴头盔的安全意识指导他们选择质量检测安全合规的头盔，同时提高人民群众对于头盔安全性能的认知，李建华联合当地交警部门免费在社会上进行了一系列的社会公益宣讲活动，教导民众认识在日常出行中佩戴头盔的重要性，以及在选购头盔时如何通过目测观察来选择一款安全合格的头盔。李建华的公司分设在东莞和荆门两个地点，目前他的公司已合计向社会捐赠了 10 万余元的头盔；与此同时，他还主动出资 5 万余元，在城市主要交通枢纽、十字路口等地定点放置交警小熊的立牌，用温馨的方式提示每一个行走在路上的奔波者。种种行为、桩桩件件无一不体现着李建华的社会责任感及其企业的社会担当。

目前，李建华的企业正在向研发出更好的测试设备这一方向不断迈进，通过技术层面的革新与创造，以及不断了解国际头盔质量相关检测仪器的标准，尽快实现让企业走出去，和国际相关行业标准接轨的目标。李建华还对企业未来的发展方向有着更加深入的畅想，他和团队希望未来能够通过技术研发实现在出行中对个人安全防护的提升，除头部以外，颈部等其他脆弱部位的保护也需要引起重视并加以实现，进一步保障人民群众在出行过程中的生命安全。

在自身发展不断精益求精的过程当中，李建华还希望市场能够加大有关佩戴头盔安全防护出行的宣传力度。曾参加过诸多国家交通政策会议的他，清楚地知道市场监管对于民众日常出行安全的重要作用，市场监管部门精准打击行业乱象的行为，不仅能为企业发展带来良好的正向促进作用，还能够真切地从市场角度提高人民群众的生活质量，为人民群众带来真正高质有效的市场环境。

作为目前头盔测试行业的佼佼者，在谈到自己的相关感悟时，李建华明言：做好一个企业的关键不仅在于拥有敏锐的市场洞察力和核心技术条件的支撑，更要有“达则兼济天下”的社会企业家胸怀，积极主动承担企业的社会责任，在实现自我价值提升的同时，也要实现企业价值的跃升，对于其他企业的发展形成良好的带动作用，进而形成良性的社会创新环境，为社会创造出更多价值，产生更加正向有利的社会效益和社会影响力，激发出小微企业蓬勃的生机和巨大的市场潜力。在细分领域已获得的数一数二的成就，并没有令李建华和他的团队停下开拓探索的脚步，他们仍在不断努力用自己的力量填补行业空白，创造出属于自己企业的传奇。除了十年如一日地埋首解决着如光伏组件低温动态载荷测试等诸多专业难题，他们还昂首将目光投向全国乃至世界，通过不懈努力，致力于打造出更加温馨、安全、规范的社会氛围，为广大人民群众的生命安全保驾护航。

刘洁

LIU JIE

湖北工艺美术大师武汉面塑传承人

刘洁——武汉面塑非物质文化遗产代表性传承人，拥有“湖北省工艺美术大师”的称号。他还拥有一级工艺美术品设计师、湖北省职业技能竞赛裁判、湖北省工艺美术协会常务理事、湖北省文联中青年人才库人才、武汉工艺美术协会常务理事、武汉市国际文化交流中心理事、武汉民间文艺家协会理事以及中国工艺美术学会会员等多重身份。秉持着对传统文化的敬仰和传承技艺的责任感，刘洁以塑造荆楚文化人物、演绎湖北故事为创作之源，逐渐融入了现代雕塑技法、国学历史等元素，赋予了武汉面塑更为深刻的文化寓意。

非遗雕刻古老文明，匠心捏塑千年文化

——访湖北工艺美术大师武汉面塑传承人刘洁

一面之初缘，捏塑万千戏

纵古今万象，横荆楚风华，传奇的演义与戏说，以玲珑之形变化呈现。三国风云，豪情扬世间；楚汉争雄，英雄当如是；神话传说，祈福于天地。华夏大地的造化神秀，奇人逸事，在塑刀与色彩之中一一舒展开来。万象形于“面”，百态展于“塑”，一个表情就是一段鲜活的故事，一尊面塑便是一部厚重的春秋。在这样充满魅力与魔力的艺术领域，有一位专注于面塑技艺数十载的工艺大师——刘洁，他用双手和面团叙述着人生百态、历史传说、世界万象，凤目虬髯的关公、须发皆张的钟馗、握卷沉吟的屈原、出塞和亲的昭君……一件件面塑作品栩栩如生，让人置身其中，细品一个又一个关于历史、关于文化、关于生活的不凡韵味。

有所执，有所为，有所成，乃人生之幸。刘洁与面塑的不解之缘，还要追溯到2000年一个清风明朗的秋日，当时刘洁还是一个五星级饭店里的美工设计师，他自幼便喜爱传统工艺美术作品，当时面塑世界于他而言还相隔甚远。或许是缘分当真妙不可言，也或许是一方水土养一方人，在长期的民俗文化和精神熏陶中形成的民俗心理，总会很容易地被地方特征明显的艺术形式唤起心中的乡土情感。身为白族人的他（出生于张家界），在白族文化的影响之下拥有不凡的动手和学习能力，更对地方民俗符号——武汉面塑，有了不一样的感情。也是那一年，刘洁开始钻研面塑技艺，常到各地寻师访友，用行走采风的方式领悟中华传统文化的精髓，同时十几年的工艺美术设计之旅，也让他拥有了颇深的面塑造诣功底。

“守正创新，师古而不泥古。”为探索“一团面”上的更多可能性，尝试为老传统引入新变量，刘洁于2010年至2019年，在原湖北美院刘政德教授门下系统地学习了雕塑理论及技法。不易变色的唐卡颜料运用，加以现代雕塑方法（人体结构学、色彩学、透视学等知识）作为强化支撑，面塑的传统魅力与现代雕塑便完美契合，交相辉映，让街巷记忆历练成大家巨作，使坊间玩物进阶为殿馆藏品，更铸就了一尊突破面塑材料限制的高约2米、重达200余千克的关公像。

在这个世界上，每个人都有自己的追求和梦想，而能够坚持自己的信念并为之而奋斗，则是

一种难能可贵的品质。而今，刘洁已从一介小白成长为带着面塑作品游走世界各地的一方大师，独树一帜的作品迅速地为他汇聚了大量人气。《关公》《四大天王》《门神》《水浒108将》《三国》《昭君出塞》等带有荆楚文化特色的代表作品，多次在中国香港、中国台湾地区，以及法国、美国、俄罗斯、德国、丹麦、波兰、意大利、捷克、匈牙利、韩国、柬埔寨等地参加艺术展出，斩获多项荣誉奖项，并被很多国际友人、友邦及国家领导人收藏，惊艳中外，享誉八方。

匠心须守艺，传人当自精

面塑，起源于先秦，发展于唐宋，繁盛于明清，取材于天地万物，融汇着世间百态。在面塑世界里，大千世界、花草鸟兽，无所不捏，却一直有一个俗称叫“捏面人儿”。相传三国时期，诸葛亮征战南蛮胜利，班师回朝的路上途经泸水，但是渡河的时候狂风大作不能行船，为顺利过河，便令厨子用面捏了七七四十九个人头当作供品，举行了一场隆重的祭奠仪式，大军才得以顺利渡河。也因此，诸葛亮便有了“捏面人儿”祖师爷之称。“礼从宜、事从俗”，因地域不同，面塑的捏制风格也不尽相同。黄河流域的捏制风格表现为古朴、粗犷、豪放、深厚；长江流域的表现为细致、优美、精巧；而兼容北派面塑的朴实豪放、南派面塑的精致优雅，诞生于清朝同治年间的武汉面塑，则以灵动浑厚的风格自成一派，荆楚文化的底蕴浑然天成、深入人心。

作为武汉市首批非物质文化遗产名录之一，武汉面塑已经有三百多年的历史。起初，它只是流通于街头，以面粉、糯米粉、甘油或澄面等为原材料制成面团后，用手和各种专用塑形工具，捏塑成花、鸟、鱼、虫、景物、人物、器物、动物等简单形象的手工技艺。经由时代变迁，匠人的修为化作指尖的造诣，柔软的面团，在刘洁一双巧手的塑造下，化身为脚踏大地的撼、气冲霄汉的凛、衣冠楚楚的风雅。揉、捏、压、搓，游刃有余，是对人物“神”和“势”胸有成竹的拿捏；塑刀灵巧地点、切、刻、划，是纤毫毕见的匠人精神的体现。物似主人形，面塑在刘洁的“调教”之下，刻上了独属于他的烙印，小到盔甲鳞片，细到纤羽毛发，以及气吞山河的刚劲风骨，均以细腻的雕琢完美地呈现出来。

威武的关公、骑马的昭君、舞剑的花木兰、降妖的天师……从一捧普通的面粉，到一件件栩栩如生的面塑作品，这些活灵活现的荆楚文化代表人物考验的不只是捏面人“胸有成竹”的美术功底，还有手上的细微功夫。在微小的间距里走刀舞墨，在有限的时间里描摹刻画，每一个呼吸、每一个动作都要十分谨慎小心。刘洁称：“面粉的特殊性导致它具有一定的速干性能，基本上从头做到尾的工夫，面的表皮已经干了，所以面塑作品不适合反复修改，要一次成形。这就要求我们在做的时候不仅要屏气凝神，心静手稳，更要对人物的神态动作得心应手。比如关公，他是千里走单骑的孤胆英雄，有傲有义也有忠，所以我们在为他填充黑白眼珠的时候，就一定要注意他的性格眼神，得把他这种气势给做出来。”

为了还原这份细致入微，刘洁和其团队提前做了大量的研究和琢磨工作。在制作之前，他们总是认真地研究人物的背景和性格，从书中寻找线索，并巧妙地借鉴戏曲中的亮相姿势，将细节和神韵这些元素融合进创作之中。从最开始满箩筐废掉的泥头到最终捏造定型，从手艺生疏时的呆滞僵硬到反复琢磨、推敲后的栩栩如生，他们付出的是“十年磨一日”的极致匠心精神，也是对传统工艺的尊重和热爱，以及对完美的追求和执着。

2021 年，在“百年百艺·薪火相传”中国传统工艺邀请展上，刘洁携参展作品《四大天王—风调雨顺》亮相在众人眼前。其作品的灵感来源于神话故事，不仅有着美好的寓意，也寄托着他的个人情感，那便是希望祖国风调雨顺、国富民强。刘洁自豪地表示：武汉面塑作为一项传统工艺，流传至他这一辈，已是第五代。这种历经岁月沉淀的技艺，一代又一代地流传下来，每一次传承都是对前人智慧的尊重和发扬。而他作为“承上启下”的一代，也承担着继续传承和发扬这项文化瑰宝的责任和使命。

因时而制动，面塑传千年

面塑之所以被称为艺术，并且以它绝美的身姿备受世人青睐，正是因为它所注入的世代文化积淀和创作者绝无功利思想的热情和才思，使得它成为一种出于俗而脱于俗的朴素文化表现。也正是借助于世代少有的“重视”，落身于广大的民间，才使得它有了自由地按照自身规律生存和发展的条件，有了它少受污染的乡间特色，才得以在今天的雅俗文化对流中，以其独特、完整的形象俏立于民间艺术之林。随着逐步踏入国潮风行的时代，老手艺们正借助这一风口，通过“见人见物见生活”的活态传承方式，重新活跃在世人面前。然而，对于擅长在面塑创作中展现刀马武将、历史人物、民俗传说、戏曲人物、佛道造像等题材的非遗传承人刘洁来说，他更加注重的是面塑技艺的传承。

所谓新旧交替、革旧弥新，是世间万物不断变化的自然法则，科技如此，文化如此，面塑技艺亦是如此。为了传承和发扬面塑技艺，刘洁在2013年以字为名创建了面塑研学基地“壹粟坊”。在这里，他与多所小学、中学、高中及大学开展合作，开办面塑课程，传授这一传统技艺的经验和技巧，面塑作品成功地走进校园，走进年轻人的心间。从 2016 年开始，刘洁的面塑技艺便被更多人所熟知和认可，他成了湖北美术馆的志愿者培训老师，用自己的知识和技能培养了一批又一批的面塑爱好者，他的教学足迹遍布全国各地，为更多人打开了一扇了解和欣赏传统文化遗产

的新窗口。

随心而动，随着新时代的变迁和网络平台的广泛传播，“云上”似乎成为主流，越来越多的年轻人开始关注和购买非遗作品。为了适应这一趋势，刘洁与学生徒弟们开始了创新融合的新筹谋。科班出身的“徒弟”徐杨，巧妙地融合当下年轻人喜爱的动漫、游戏手办等元素，将面塑与翻糖技艺相结合，所出作品曾蝉联两届英国国际翻糖蛋糕大赛金奖。“桃李不言，下自成蹊”，2019 年，“壹粟坊”被华中农业大学挂牌为学生社会实践基地，致力于传承和弘扬中华优秀传统文化、技艺中持续深耕的刘洁也被聘请为指导老师，更深入地参与到年青一代的培育工作中。

花开蝶自来，德馨人自敬。时至今日，刘洁已经拥有了超过 2 万名学生，其中既有来自湖北十几所高校的面塑选修课堂和实习基地的学生，也有来自世界各地的学徒。他的影响力和贡献不仅体现在对传统文化的传承上，还为推动中外文化的交流搭建起了一座桥梁。他的成就不仅是对自己无私奉献和辛勤努力的肯定，更是对中华优秀传统文化在世界范围内的影响力和传播力的有力证明。刘洁相信：“借助数字藏品机构，武汉面塑将有望走向更大的舞台，塑造出更多作品与观众‘云’上见。”

武汉面塑，这项武汉地区的非物质文化遗产项目，承载着当地深厚的传统文化根脉，其以一种独特的方式融入了人们的骨血。刘洁的创作作品，就像在诉说着一段沉醉于技艺传承的悠远故事，弹奏着一曲被岁月遗忘的文史高歌，传递着一袭湖北文化的灵魂内涵。敬物、惜福，用双手缓慢创作出精美的作品，也许一块小小的面团，就是抵达刘洁内心深处最好的忠良之物。

戴跃生

DAI YUE SHENG

深圳市用必法生物科技有限公司董事长兼技术开发主管

中国企业家是一群具有高瞻远瞩眼光和坚定执着信念的群体。他们以迎难而上、锐意进取的姿态书写着属于自己人生的辉煌篇章。无论是在波澜壮阔的市场竞争中，还是在日新月异的科技浪潮中，他们始终保持着敏锐的洞察力和坚定的信念，谋划着企业的长远发展，为员工谋幸福。戴跃生，深圳市用必法生物科技有限公司的董事长兼技术开发主管，拥有近20年的化学领域开发经验，深谙行业内外的动态，并带领着公司一路披荆斩棘，不断探索创新，为大健康产业发展注入源源不断的活力。

创新引领发展，信念铸就辉煌

——访深圳市用必法生物科技有限公司董事长兼技术开发主管戴跃生

不畏长夜，砥砺前行

当金色的阳光洒满大地，生命在这片肥沃的土地上茁壮成长，繁衍生息；当健康成为人们心中至高的追求，大健康产业便应运而生。它如同一座巍峨的金字塔，以民众的健康需求为坚实基底，历经风雨，稳扎稳打，不断向更广阔、更高远的层次迈进。在这个充满希望与挑战的时代，大健康产业如同一道横跨天际的彩虹，五光十色，魅力四溢，吸引着无数有志之士和企业家的目光。他们带着梦想和热情，纷纷投身其中，寻求着发展的机遇和突破的路径。在这些人中，有一位传奇人物以其卓越的领导力和技术实力，带领着深圳市用必法生物科技有限公司（隶属深圳市沙特尔工业材料有限公司旗下子公司）深耕此领域近十年。他就是戴跃生——一位不断追求卓越、勇于创新的传奇人物。

在中国这片广袤的大地上，1962 年 1 月 13 日，贵阳的一座普通民宅迎来了一个新生命——戴跃生。他的成长历程犹如一部跌宕起伏的史诗，从机械工业部第 35 号信箱的普通职员，到市艾克化工有限公司供应管理部门的经理，再到深圳市用必法生物科技有限公司的董事长兼技术开发主管，以及深圳市摩通投资控股有限公司的监事长，他的人生充满了传奇色彩。戴跃生，这位时代的弄潮儿，不仅在化工领域展现出了其卓越的领导力和技术实力，更在人生的道路上不断寻求创新与突破。

每一份付出都会化为丰硕的果实，每一段历程都会谱写属于我们的辉煌篇章，在生命的长河里，偶然的发现往往会成就伟大的契机。一次偶然的机会，戴跃生发现了化学物质的神奇奥秘，当这种物质轻轻碰触到皮肤后，烧烫伤后留下的疤痕竟然奇迹般地逐渐痊愈了，这项发现宛如漆黑夜空中一颗闪亮的星，一道黎明的曙光，照亮了他心中探索烧烫伤治疗的未知旅程。他坚信，这种神奇的化学物质能为护肤（烧烫伤后疤痕修复）行业带来颠覆性的突破。于是，近十年的探索与磨砺，他与团队历经无数次试错与挑战，终于成功研制出了这款“针对烧烫伤后疤痕的肌肤

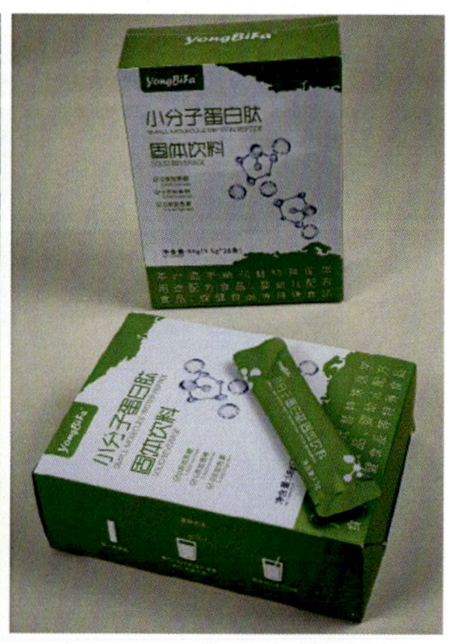

修复精华素”。虽经历了研发时间长、推广不顺畅、生产资质不全、没有背景资源、没有权威认证、人才紧张稀缺、国家政策监管力度不够等重重荆棘，但他们心中的信念却坚如磐石。因为他们深知，只有持之以恒地追求真理，才能在大健康领域中开辟出一条崭新的道路。

从研发到生产，从市场到服务，戴跃生及其团队的经历和对大健康领域的执着让我们领略到了一个充满激情、追求卓越、匠心研创的团队和一个不断进取、勇于创新的中国企业家的精神风貌。在快速发展的今天，大健康产业正如日中天，深圳市用必法生物科技有限公司（2014年6月11日成立）已经成为该领域中的一颗璀璨明珠。这家位于深圳前海蛇口自贸区的老字号企业经过近十年的辛勤耕耘，已发展成为一家集原材料基地建设、研发生产、多渠道营销于一体的生物科技产品深加工龙头企业。凭借其卓越的品质和创新的理念，用必法生物科技有限公司成功入围央视新媒体直播盛典，走进了世人的眼中、心里。

精益求精，深耕健康

一串串冰冷的数字，诉说着烧烫伤的严重程度和影响。根据2022年新华网的调查数据，我国有超过2600万人曾经深受其害，其中0岁到5岁的儿童占了30%，而这个年龄段中，又有49%的孩子因此成了残疾人，8%的人终身残疾。这些触目惊心的数据背后，隐藏着一个个被烧烫伤困扰的家庭和孩子，有的甚至因为高昂的医疗费用而放弃了治疗。戴跃生深知，他的使命就是为这些患者带来福音。他希望通过推广“针对烧烫伤后疤痕的肌肤修复精华素”，帮助那些遭受烧烫伤痛苦的人重拾生活的信心和勇气，让他们重新拥有健康和美丽的肌肤，让他们的生活重新焕发出新的光彩。他知道，这是一项艰巨的任务，但他相信，只要他不放弃，就一定能够实现这个目标。

时间无情又斑驳，在它的洗礼下，疤痕成了肌肤的遗憾，纹理与色泽成了久远的记忆。然而，“烧烫伤肌肤修复精华素”，这一独特的“祛腐生肌”技术的化身，却能赋予肌肤新的生机，让美丽得以重塑。它的效果不仅在于恢复肌肤的毛孔、纹理，更在于滋润肌肤的色泽，让岁月的痕迹逐渐消退，让肌肤重现青春的光彩，让人重拾生活的信心和勇气。在贵阳，一位戴跃生老同学的妻子，她在婴儿时期就因意外烧伤而留下疤痕，然而在烧烫伤肌肤精华素的滋养下，半年时间里，她的肌肤已经恢复了99%的生机。那些曾经的疤痕，如今已经不再是她的困扰。

这款产品的问世，让我们看到了希望和可能。它不仅是一款产品，更是戴跃生赋予人类健康事业的一份厚礼。他以自己的智慧与汗水，为这款产品注入了生命与灵魂，使之成为人类肌肤伤痛的克星，为无数患者带来了希望与新生。它的奇效不仅体现在治愈肌肤上，还体现在对各种皮肤疾病的疗效上。无论是牛皮癣、皮肤瘙痒等常见疾病，还是其他更为复杂的皮肤问题，它都能发挥出惊人的作用。曾经有一位化妆品行业的人物马总，他的头发脱落严重，但是在使用了烧烫伤肌肤精华素后，新的头发便开始生长，他表示要将这种新的精华素加入洗护发、牙膏等日常护理产品里，大力生产，这无疑是对该产品神奇效果的最好力挺与证明。

创业之路犹如攀登一座无巅之峰，它充满着无尽的坎坷与挑战，每走一步都需要付出巨大的努力和毅力。而戴跃生，就是这样一个勇敢的探索者，他毫不犹豫地

踏上了创业的征途，勇往直前，挑战未知。也许这条道路曲径通幽，也许充满荆棘，每一个转角都有可能遇到困难和阻碍，但戴跃生凭借着他的执着追求、不懈努力和创新精神，一次次跨越难关，勇闯大健康领域。

持续创新，引领发展

在全球化的大背景下，深圳市用必法生物科技有限公司希望能成为连接中国与世界的桥梁，通过创新的产品和服务，向世界展示中国企业的实力和创新精神。在戴跃生的领导下，用必法公司秉持着“创新是必经之路，创新是企业的灵魂”的理念，严格按照国家法律法规和行业标准，致力于成为质量和创新的监督者，积极推动大健康领域的技术创新和产业升级。戴跃生表示：用必法生物科技将会在可持续发展、科技创新以及企业社会责任等多个方面继续取得新的成就，为行业标准的制定和全球生物健康科技的发展作出更大的贡献，为更多消费者带来健康福音，为我们的健康美好生活注入更多的阳光与活力。

指纹洁净剂与球蛋白肽的诞生，正是为了满足人们对健康与美丽的深切渴望。指纹洁净剂只需轻轻一抹，便能清理指纹感应器上的污垢，消除其表面油脂，解决手指头烧烫伤导致的指纹模糊不便等问题。这款产品源于烧烫伤精华素的创新理念，专为指纹门锁、手机、保险柜等设备开启不畅的人群而生，为他们提供便捷有效的解决方法。而YBF免疫球蛋白肽产品，凭借其卓越的认知度和良好的销售前景，宛如一位优雅的推销员，将人们的目光引向了健康与美丽的交汇点。

这些创新产品的成功问世，不仅为消费者带来了福音，更彰显了科技创新与健康理念的完美结合。它们如同明灯，照亮了人类追求美好生活的路途，是我们对未来充满信心的坚实支柱。在未来的征途中，戴跃生将以科技创新为动力，继续带领深圳市用必法生物科技有限公司深耕于大健康领域，推动公司在烧烫伤修复精华、球蛋白肽的技术研发、生产制造、市场营销等方面取得更加辉煌的成就，并积极与国内外同行进行交流合作，实现共赢发展，为全球大健康产业的繁荣发展贡献力量。随着公司对创新的持续追求和对美好愿景的坚持不懈，我们有理由相信，用必法生物科技有限公司必然会成为大健康领域冉冉升起的一颗璀璨明星！

梁力

LIANG LI

南京佑卫医疗科技有限公司总经理

南京佑卫医疗科技有限公司是一家位于江苏省高淳高新技术产业开发区的创新型现代化专业医疗器械科技企业。凭借着深厚的技术积累、敏锐市场洞察力和专业的技术团队（包括北京大学第三医院主任医师、教授，北京航空航天大学长聘教授团队），该公司在医疗器械领域独树一帜。公司自成立以来，始终坚持“创新驱动、制造精品、创造财富、服从大局、服务员工、为国人健康事业作贡献”的经营宗旨，致力于突破医疗技术的固有界限，为广大鼻塞患者研发出更为舒适、全面、人性化的医疗器械产品，协助构建耳鼻喉科预防、诊断、治疗、康养新体系。

以初心点燃健康之火，以坚守护佑美好呼吸

——访南京佑卫医疗科技有限公司总经理梁力

和梦而舞，创新引领

当太阳冲破浓厚的云层，日光如银河般倾泻而下，那些曾经遥不可及的梦想，不再如镜中月、水中花般那么虚无。希望，如今已化作触手可及的现实，让人在蓦然回首间领悟到，梦想本身并不会发光，而是我们追逐梦想的决心与毅力，让梦想熠熠生辉。在这样波澜壮阔的新时代，梁力凭借其出类拔萃的领导力、敏锐的行业洞察力以及不懈的创新精神，引领南京佑卫成为医疗行业的一抹亮色。他们以卓越的能力，为医疗行业注入了新的活力，展现出对医疗行业的深深热爱和坚定承诺。他们的故事，是勇气、智慧和坚韧的交响乐章，是梦想、挑战和机遇的探索旅程，是一曲赞美医疗创新的奋斗之歌，也是对“健康中国 2030”战略的积极响应和贡献。

不是所有的鲜花都盛开在春天的怀抱，就像不是所有的河流都流向大海宽阔的胸襟。然而梁力这位满怀激情与执着精神的创业者，却以他的热爱与坚持，打破了这些界限，用自身的经历诠释了“山海皆可平，无处不风景”的平凡中的非凡。那一年，生于军人家庭的他，凭借着自身的不懈努力，考上了位于广州的第一军医大学的生物医学工程专业。在大学期间，他不仅对医疗设备行业产生了浓厚的兴趣，还对发生在中国大地上轰轰烈烈的改革大潮充满好奇。大学期间的努力不仅为他日后的创业之路打下了坚实的基础，更为他的人生之路描绘出了一幅精彩的画卷。

成功的背后，隐藏着无数次的尝试与坚持，凝聚着梁力的领导与团队的砥砺奋进。随着“健康中国 2030”产业规划的推行，耳鼻喉科诊疗市场已经步入了一个崭新的大健康赛道。在这个充满挑战与机遇的时代，梁力凭借着其勇往直前的精神、追求卓越的决心和承担责任的担当，积极响应南京的招商引资政策，凭借着在医疗行业 26 年的深厚积累，深入洞察医疗行业的脉搏。他从卫健委、医院、厂商、代理商到金融工具等各个角度深入了解医疗行业，把握市场的风云变幻，于 2020 年带领南京佑卫在高淳区医疗器械产业园落户，踏上了一段崭新的创业之路。

“关关难过关关过”，创业之路犹如一条曲折蜿蜒的山径，路途荆棘丛生，并非一帆风顺，但梁力凭借着其坚定的信念、杰出的领导力以及大无畏的精神，点燃了医疗创新的火焰，使得南京佑卫成为医疗器械行业的一匹黑马。他们联合北京大学第三医院和北京航空航天大学，以创新为引擎，以品质为核心，以解决鼻腔疾病临床治疗中的痛点和需求为己任，率先将目光聚焦在鼻科器械和医用耗材的研究上，持续探索突破，共同设计开发了一款新型鼻腔支架产品。这款鼻腔支架产品不仅为鼻腔疾病的治疗提供了更有效、更安全、更经济的临床解决方案，亦充分展现了梁力及其团队对医疗科技的深度理解和创

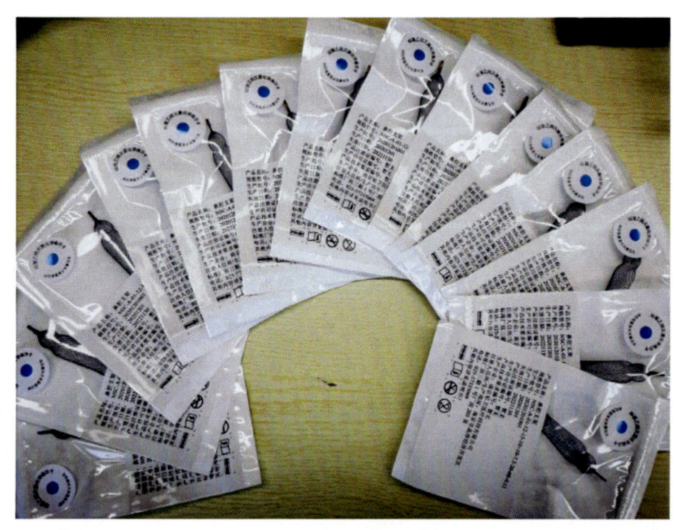

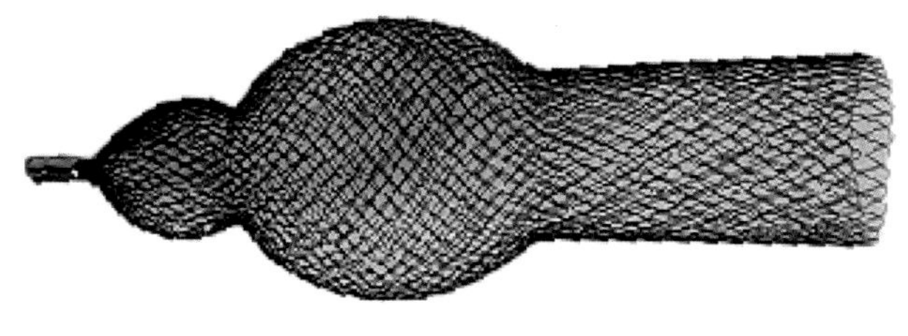

新应用，更为医疗科技的整体发展注入了新的活力。

梁力曾说："我们不仅期待通过我们的产品和服务，为当前的医疗环境带来积极的改变，更憧憬着未来医疗科技的无尽可能性，期待着我们的技术和产品能在未来的医疗领域中发挥出更大的作用，为推动医疗事业的发展贡献我们的力量。"或许，南京佑卫的存在，不仅仅是一个商业机构的存续，更是一份对医疗事业热爱和忠诚的延续，是一腔守卫鼻腔患者的孤勇，是一颗潜心打磨精品的大国工匠之心。

护佑呼吸，守卫健康

在中国，鼻腔堵塞患者的数量十分惊人，患鼻炎人群高达3.5亿。而在全国范围内，有2500万鼻中隔偏曲患者、4000万腺样体肥大患者、1.7亿睡眠呼吸暂停综合征患者，其中有3750万患者需要接受医疗干预。南京佑卫，正是为了解决这一群体的痛苦而诞生。在长夜的尽头，他们坚守着希望的火炬；在寂静无痕的夜晚，他们用执着的努力打破黑暗的束缚。一如那成千上万被鼻腔堵塞困扰的患者，他们的内心世界如同繁星般闪烁，光芒四射；他们的坚韧与希望，隐藏在每一个冷酷的数据背后。这些因素，正是南京佑卫坚持研发创新款鼻腔支架产品的初心。

鼻内镜下鼻中隔偏曲矫正手术是治疗鼻部疾病的常见手术类型之一，由于鼻腔的生理学解剖结构独特，术后需要给予鼻中隔一定的压迫和支撑，以保持鼻中隔的稳定，防止血肿和再次偏曲等术后并发症。目前，鼻腔填塞是鼻中隔矫正术后最常用的处理方式，合理使用鼻腔填塞可以限制鼻中隔的活动，防止术后出现鼻中隔血肿、再偏曲及鼻腔粘连等并发症。通常，医生会在鼻中隔矫正术后使用凡士林纱条或膨胀海绵（主要以美国、德国产品为主）等材料填塞双侧鼻腔并留置48小时，但此处理方式价格较高，临床适用度较差，术后复发率高。

与之不同的是，南京佑卫与北京大学第三医院、北京航空航天大学联合精心打造的这款划时代新型鼻腔支架产品，是一款基于高弹记忆合金材料的手术器械。这款鼻腔支架，不仅完美结合了经典膨胀海绵的压迫、重塑与止血功能，还可通过搭载药物，为鼻腔类疾病提供及时的预防和治疗。其设计精巧，被压缩后可轻松伸入鼻腔，而后可自动回弹，并牢固地附着在鼻腔内壁，术后填塞不影响患者的正常通气，极大地提升了患者的舒适度。此外，它还能减少鼻腔黏膜损伤，加快黏膜愈合，可有效地防止术后鼻中隔血肿、再偏曲及鼻腔粘连等并发症的发生。

鼻腔支架，作为鼻中隔术后填塞的崭新成果，其医学价值宛如明珠般熠熠生辉。这款原研创新产品，不仅是科技与医学的完美结晶，更是人性化关怀的深度展现。它既填补了该领域的技术空白，又为患者带来了全新的治疗手段及策略。同时，它也为部分不能手术或者不愿意手术的患者提供了一种全新的手术替代方案，满足了许多鼻腔堵塞患者的医疗需求。它的出现，犹如春日的阳光，为无数鼻腔堵塞患者带来了希望与温暖。

截至目前，南京佑卫母公司已完成多轮融资。同时，其核心产品已取得医疗器械产品注册证，这标志着公司在获得融资和科技成果转化方面，取得了重要的阶段性成果。

漫漫征程，初心守卫

"帆得樵风送，春逢谷雨晴。"在这个充满生机的时代，南京佑卫医疗团队凭借着前瞻性的

研发理念和优秀的产品性能，在科技创新的征程上取得了丰硕的成果。他们扬帆远航，破浪前行，先后在SCI期刊上发表了5篇具有影响力的文章，获得了20余项专利授权，并现有20余项在申请专利。

学术的繁星如同闪耀的珍珠，撒满了他们在勇攀知识领域的夜空。而创新，则如同璀璨的宝石，在他们的手中绽放出独特的光彩，这些宝石不仅点亮了他们在实践应用领域的道路，更为他们在科技创新的征程上增添了明亮的勋章：斩获“第二届中国健康长寿创新大赛一等奖”等奖项；然而，当提及那项“工信部生物医用材料创新任务揭榜挂（第一批）入围企业”的荣誉时，我们不禁要为南京佑卫医疗团队喝彩。这一崇高的荣誉，如同晨曦中的第一缕阳光，温暖而耀眼。它不仅是对他们过去辛勤付出的肯定，更是对他们未来创新发展的期许与鼓励。

近日，南京佑卫成功完成了“鼻腔支架用于鼻内镜下鼻中隔偏曲矫正术后鼻腔填塞有效性和安全性的前瞻性、多中心、随机、开放、平行对照临床试验”。这项研究携手国内众多知名医疗机构，共同探索了该支架在术后鼻腔填塞中的实际效果。通过积累超过228例患者的临床数据，实现了试验的预期目标，并获得了极佳的临床反馈（预计2024年开展鼻腔支架项目扩展适应证临床试验）。该鼻腔支架不仅实现了鼻腔支撑塑形、防粘连、减少并发症、改善通气等医疗目标，还对一系列其他鼻部疾病如鼾症、结构性鼻腔堵塞、睡眠呼吸暂停综合征和小儿腺样体肥大等病症具有一定治疗和改善作用。

南京佑卫医疗团队坚信：只有关注当下，才能更好地着眼于未来。他们始终保持对科技进步的敏锐洞察力，以科技创新为引擎，不断驱动着对鼻腔类疾病治疗和康复领域的探索。他们深知，每一个进步，每一个创新，都直接关系到鼻腔堵塞患者的健康与福祉。因此，他们加大科技投入，精心研发出一系列围绕鼻腔支架的创新产品，还根据不同患者的需求，针对鼻腔前中后不同部位以及鼻窦部位的不同疾病，设计出了多品种、多型号的支架与辅材。

这些创新产品在满足了专业医生治疗需求的同时，也充分考虑到了患者的自我管理需求，让患者在家里也能轻松应对鼻腔问题。目前，创新产品包括药物缓释鼻腔支架（基于鼻腔支架基础上的纳米涂层药物缓释技术）、前鼻孔支架、腺样体支架、不含镍的钛金属支架、金属可降解鼻窦支架、镁镓合金板/网、耳鼻喉科专用可变频谱实时成像系统&可穿戴设备等。

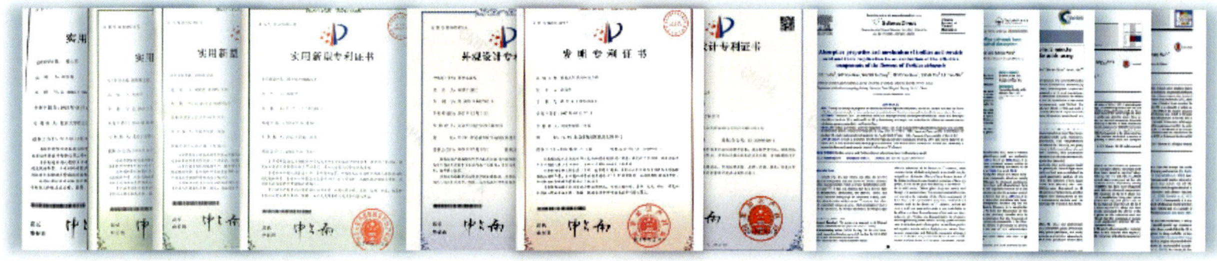

美好呼吸，呼吸美好。未来，南京佑卫将以前瞻性的视角，继续秉承“为鼻腔疾病治疗提供更有效、安全、经济的临床解决方案”的企业使命，融合结构力学、材料力学和临床大数据应用研究等先进技术，推出一款创新的医疗器械产品，帮助国内医生探索和施行更精准的治疗方案和全新的治疗策略。同时积极拓展医疗器械海外市场，立志成为创新医疗器械领域的领跑者，为全面推进“健康中国”战略的实施及人类健康事业的发展贡献自己的力量！

蔡佑达

CAI YOU DA

深圳市家味康食品有限公司董事长

始于1810年的蔡氏腊味，具有200多年的深厚历史底蕴，在蔡家后人的代代传承下，蔡氏腊味不断创新发展，赓续奋进。自揭阳至光明，腊味传承技艺因时因地制宜，在保留原始风味的同时融入当地的特有口味，终发展成深圳公明地区家喻户晓的著名品牌。这离不开蔡氏腊味第六代传承人蔡佑达先生匠心独运、兢兢业业的创新精神，以及其“一生只做好一件事”的可贵匠人品质。

青矜之志，笃行致远。蔡佑达先生顺应时代发展潮流，创办深圳市家味康食品有限公司（以下简称家味康食品），专注于腊味美食制作，矢志不渝地让广大消费者能够品尝到正宗的公明腊肠，并被消费者赋予“公明腊肠，一根难求”之美誉。立足于技艺传承，蔡佑达一力守护和发扬腊味技艺，在传承中寻求腊味创新之路，以觅得蔡氏腊味在新时代的发展新途径。

奋楫笃行终坚守，腊味飘香传匠心

——访深圳市家味康食品有限公司董事长蔡佑达

信念如磐，赓续家族技艺

“秋风起，食腊味”，每到金风送爽的时节，一排排腊味就开始登上各家院落窗台，鲜香四溢的腊肉、红亮紧实的腊肠，吸收满满阳光味道的腊味，是食客们记忆中熟悉的秋冬味道。作为深受广大人民喜爱的民间传统美食之一，腊味在我国已有上千年历史，在此期间经过不断的实践与改善，最终形成了当下的风味。腊味魅力十足，不仅令国内的食客流连忘返、念念不忘，还传播至海外，名扬世界。

在众多地区的腊味之中，广式腊味更是美名远扬，如果我们走到广东人的餐桌前，将会发现腊味的踪迹随处可见。腊味已然是广东地区街头巷尾一道必不可少的美食，它凭借着独特的口感俘获了众多食客的味蕾与芳心，也奠定了广式腊味在国内美食界的重要地位。

谈起蔡佑达先生与腊味的缘分，就不得不追溯至其久远的家族代际传承史。蔡氏腊味，自1810年义昌行腊肠始，到如今的家味康腊肠，已有200多年的历史。时节如流，到蔡佑达先生这里，蔡氏腊味已传承至第六代。200多个春秋，历经风风雨雨，蔡氏家族几经飘摇，蔡氏腊味却始终被代代传承了下来，这背后离不开蔡氏家族数代青年人的坚守，更离不开蔡氏腊味每一位传承人的质朴匠心。

1995年，伴随着改革开放的春风吹遍神州大地，蔡佑达跟随父亲从家乡揭阳来到了深圳公明，并将祖辈延续下来的蔡氏腊味制作技艺带到了深圳的广阔土地上落地生根。来到深圳后，蔡佑达先生遍访名师，学习腊味制作技艺，博采众长，综合各家所长融会贯通。最终，在继承了先辈古老腊味制作技艺的同时，融合深圳当地口味配制调料，创造出了味道兼容并包、独树一帜的深圳广式腊肠品牌——“家味康”公明腊肠。

在20世纪时代巨变的大背景下，蔡氏家族一度因躲避战火，下南洋谋生而致家族生意没落，但是蔡氏腊味制作技艺的传承并未中断。在蔡佑达先生兢兢业业的不懈努力下，百年老字号重现往日荣光。家味康公明腊肠，早已不再是简单的工艺做法的传承，而更多的是一种精神，是一种

文化，是一份对传统美食的执着和坚守。

凭借卓越的品质、独特的口感和广泛的市场认可，家味康食品被深圳市光明区授予“非物质文化遗产”保护单位的荣誉称号，公明腊肠被广大消费者公认推举为“公明三宝”之一，家味康食品荣获第十届“深圳老字号”品牌，其代代相传的《蔡氏腊味制作技艺》也被列为非物质文化遗产保护项目。

驰而不息，腊味独树一帜

家味康食品是一家专注于高端腊味研发、制作与生产的企业，旗下经营有“家味康公明腊肠”“公明腊肉”“西式火腿”“纯肉烤肠”等众多系列产品。其中，最负有盛名的当数家味康公明腊肠了。一直以来，家味康公明腊肠凭借着其咸、香、脆完美融合的独特口感而深得广大民众的欢心与喜爱，曾被媒体誉为“一肠难求”。如今它已是深圳著名的特色伴手礼、传统美食，更是见证了深圳在改革开放的浪潮下，历经经济变迁与历史发展。

制作公明腊肠，首先在选材上就要严格把控。公明腊味精选新鲜猪肉，瘦肉约 70%，肥肉约 30%，肥瘦适合，柔和不腻，将其切碎并经过一系列深加工工序，随后将处理好的猪肉与配料充分搅拌均匀。选用上等的汾酒是家味康公明腊肠的特点之一，52 度的浓香白酒香味浓郁、持久，和其他配料能发酵奇妙的口感。一级酱油、上等白糖、食盐等的选材都是按照特级标准，在广式腊肠制作工艺基础上融入深圳人喜欢的咸、香、脆口味。灌肠是从凌晨 4:00 开始，选料生产到 8:00 制作完成，每天只做四个钟头，确保肉质新鲜。如此繁杂、严谨的工序，只为让购买家味康公明腊肠的食客们尝到最正宗的腊肠，并体验极致美味！

在整条制作链上，无论是选材、配料，抑或是灌肠、烤制，蔡佑达始终秉持初心，坚守匠人本色，严格执行国家食品安全生产标准，精准把控每一环节，承诺不使用色素、防腐剂等化学添加剂，将腊肠最原本的味道带给更多的消费者。

在传承中深化，在深化中创新。每一个百年老字号都是一块响亮的招牌，也是一座城市的重要名片。自家味康食品成立以来，蔡氏腊味便站在新时代的起点上，为腊味制作技艺的传承与发扬付出满腔热血。为了能够生产出令更多民众喜爱的腊味产品，蔡佑达在制作工艺上精益求精，守正创新，不只调制出满足当地民众口味的调料，还借助现代工业的发展，通过使用先进的科技来提升腊味生产过程的卫生环境、生产标准等，从而推动腊味产品品质的提升、行业生产标准的

严格化以及腊味品牌生产技术的现代化与规范化发展。

“最清晰的脚印，踩在最泥泞的路上。”30余载的履践致远，日复一日地坚持不懈，家味康食品终成为深圳市一张闪亮的名片，也成长为腊味品牌产品的行业标杆。提高行业把控力，推动腊肉制品行业的高质量发展，让更多人能品尝到属于舌尖上的非遗，蔡佑达先生为此一直在不懈努力着。

踔厉奋发，寻觅发展新路

商汤盘铭曰：“苟日新，日日新，又日新。”在这个日新月异的时代发展大背景下，只有创新才能为蔡氏腊味这项非物质文化遗产带来源源不断的新的发展活力。蔡佑达先生立足于蔡氏腊味制作技艺之根，在保持腊味天然正宗口味的同时，着力把握当地人的口味变化与饮食习惯，以求觅得不同地区间口味的契合点，让本土的美食品位与文化含蓄隽永地渗透蔡氏腊味制作的技艺中，为食客们提供一份舌尖上的盛宴。

“盖踵其事而增华，变其本而加厉。”非物质文化遗产是一个国家和民族历史文化成就的重要标志，是优秀传统文化的重要组成部分。蔡佑达先生为弘扬蔡氏腊味这一非物质文化遗产，积极投入蔡氏腊味制作技艺的非遗传承和发扬工作中，并参与深圳老字号、深圳手信、深圳特产等项目评选活动，为蔡氏腊味制作技艺的传承与发展做出了巨大的贡献。蔡佑达先生还曾多次作为深圳著名品牌产品的创始人，受邀出席参与全国及省市级大型文化活动，向更多地区的民众推广蔡氏腊味、广式腊味。

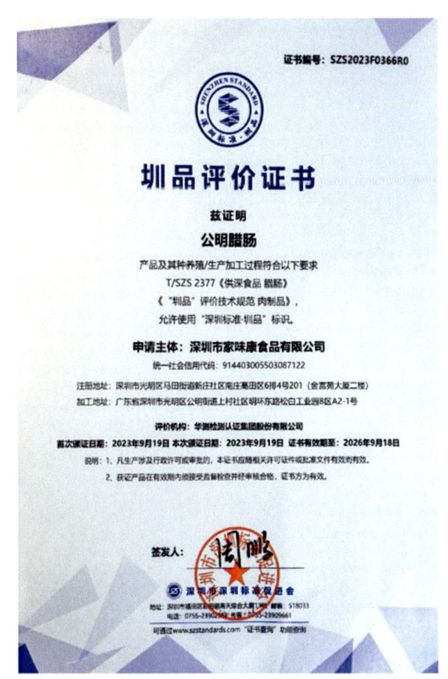
证书编号：SZS2023F0366R0

圳品评价证书

兹证明

公明腊肠

产品及其种养殖/生产加工过程符合以下要求
T/SZS 2377《供深食品 腊肠》
《“圳品”评价技术规范 肉制品》，
允许使用“深圳标准·圳品”标识。

申请主体：深圳市家味康食品有限公司

统一社会信用代码：914403005503087122

注册地址：深圳市光明区马田街道新庄社区南庄嘉田区6排4号201（金富苑大厦二楼）
加工地址：广东省深圳市光明区公明街道上村社区明环东路松白工业园B区A2-1号

评价机构：华测检测认证集团股份有限公司

首次颁证日期：2023年9月19日 本次颁证日期：2023年9月19日 证书有效期至：2026年9月18日

说明：1、凡生产涉及行政许可或审批的，本证书应随相关许可证件或批准文件有效而有效。
2、获证产品在有效期内须接受监督检查并经审核合格，证书方为有效。

签发人：

深圳市深圳标准促进会

可通过www.szstandards.com“证书查询”功能查询

诚信孕育爱心，奉献彰显情怀。在公司创造价值和财富的同时，蔡佑达始终保持初心，支持社会公益事业。家味康食品一直在参与“光明爱心粥”慈善团体活动中，为广大群众及工作在一线的环卫工人免费提供可口的爱心粥；家味康食品向深圳多个社区基金会等捐赠现金物品，并被多个社区商协会授予“爱心企业”称号；多年以来，蔡总带领家味康员工从深圳驱车几百公里到乡下开展“新春扶贫敬老慰问”活动，为乡下贫困家庭送上大米、食用油、家味康礼盒等节日礼品，让他们过上一个温馨祥和的新年；新冠疫情期间，蔡总带领员工慰问中山医院和社区工作人员，为防疫工作人员送上家味康年货腊味礼盒，向坚守在隔离点辛勤工作、无畏坚守的一线人员表示诚挚慰问……蔡佑达先生以实际行动，彰显了企业家致富不忘回报社会的崇高精神境界。

精诚所至，金石为开。三十多年来，蔡佑达先生对腊味事业保持着从一而终的专注与热情，立志将蔡氏腊味这项非物质文化遗产传承下去。伴随蔡佑达先生矢志不渝的努力与精益求精的匠人精神，蔡氏腊味终将极尽魅力，以傲人之姿，在世界美食的大舞台上步步生莲！

马林

MA LIN

临夏市穆羊客品牌管理有限公司创始人

美食如诗，韵味无穷；中华美食，诗意人生。用美食为生活添彩，让味蕾记录生活中每一刻美好。火锅是中国独创的美食之一，历史悠久，流传广泛。它以烹饪方式多样、食材丰富、口感独特而闻名，并且以其独特的魅力，吸引着无数食客前来品尝。在不同国家和文化背景下，火锅历经变异和创新，形成了多种变种和风格，成为多个国家和地区人们喜爱的美食。

临夏市穆羊客品牌管理有限公司，是一家专注于冰煮羊火锅的清真火锅连锁企业。自诞生至今，它始终致力于带动一方地方经济、不断推动地方餐饮行业的发展。穆羊客品牌始终秉承着“天然好羊肉，涮出好味道”的经营理念，以真材实料的产品品质赢得了广大消费者的认可与喜爱。

色味俱佳塑品牌，创新致远攀高峰

——访临夏市穆羊客品牌管理有限公司创始人马林

砥砺深耕创实业，庖者匠心谋发展

随着数千年来的不断发展，火锅如今已经成了人们日常生活不可或缺的一大美食，不论天南海北，几乎在有中国人的地方，都会看到火锅的影子，且无论任何季节都不受影响。穆羊客作为一家专注于冰煮羊火锅的餐饮品牌，始终走在火锅行业的前沿，不断打磨品质，创新发展，一路走来，可谓是艰难险阻、饱经风霜。

回首往昔岁月，马林感慨道，自进入餐饮行业以来，从开第一家加盟店到第二家自营店，再到穆羊客的创立，一共历经了5年时间。从赤手空拳闯荡社会，到今天一手建立了临夏市穆羊客品牌管理有限公司，经历了数不尽的人情冷暖与世事跌宕，走了很多弯路、踩了很多坑，但也在长年累月的磨炼中收获了许多经验。在强烈的热情感染下，他一路战战兢兢、如履薄冰，在失败中不断学习、打磨、沉淀，尽管他非常清楚，在清真餐饮这条道路上一直走下去会非常困难，但他还是凭借着对餐饮业的喜爱与不服输的精神，一步步坚持，走到了今天，以“用清净真心，做一世火锅；修利他之心，成就你我他”的经营理念，打造出了独属于临夏特色的穆羊客冰煮羊火锅。

品质如金，纯如白雪，昭示着牧羊人的高尚与纯粹。“穆羊客”之名便取自放羊的人，在马林看来，在他所能见到的临夏土地上，放羊的人都简单纯粹，心无杂念。他们把羊赶出去之后就只有一个想法，就是让它吃饱。所以，品牌名称选用“穆羊客”是因为想把牧羊人的这种简单纯粹、心无杂念的精神带到企业当中，想用简单纯粹的想法、简单专注的方式，去追求简单坦诚的信任。因为心无杂念，所以简单纯粹；因为简单纯粹，所以无所畏惧；因为无所畏惧，所以一往无前。这不仅是马林一直以来所欣赏的品质，更是他通往成功道路上所信奉的圭臬。

精选 牛上脑

吃肉不将就，就吃上脑肉

作为临夏地区优秀的创业领军人物，马林引领着穆羊客品牌，抓住了临夏地区食品的最大优势——“清真”特色，并顺应餐饮转型的发展趋势，致力于带动地方经济的发展和推动清真餐饮事业的发展。如今，临夏市穆羊客品牌管理有限公司以旗下品牌管理、门店赋能培训等为主营业务，逐渐向着品牌孵化、清真产品研发、供应链为主体的三大业务方向发展。为了使穆羊客走出临夏，成为大众的品质选择，马林不仅以现代餐饮企业发展需求为导向，促使三大主体业务相辅相成，更从消费者需求的角度出发，以完善的运营体制、数字化管控系统赋能，以及从产品开发和食品安全等领域强化穆羊客的产品层面、服务层面、安全层面、文化层面、价格层面的内容，贴近当下人们的生活主张，契合了现代大部分人的消费理念。除此之外，为了

满足各个年龄段人群的口味要求，公司更以“火锅＋干锅”“大锅＋小锅”“有料锅底＋无料锅底”的形式做出了一套产品组合，不仅在原本的搭配基础上做出了别具一格的创新，还能够更好地应对夏季火锅业绩下滑的行业通病，以及满足多民族聚居的地方用餐需求。其中，菜品也从传统的点单式，改成了盘式自选模式，极大地降低了人工成本，减轻了高峰期后厨出品压力，解决了顾客点菜选择困难的痛点，提高了上菜效率，缩短了用餐时间。干锅全品类也满足线上销售的条件，能够极大程度地带动门店业绩，从而保障门店的存活率。在马林及其团队的努力下，穆羊客品牌以先进的建设理念、全套的品牌形象以及强大的市场策划宣传能力赢得了广泛好评，更多人也因此加入了穆羊客品牌的商业团队中，用坚持不懈的精神铸就新的辉煌。

精益求精控品质，继往开来载匠心

随着人们生活水平的提高和消费观念的改变，火锅行业发展迅速，火锅市场规模亦不断扩大。火锅消费已经成为人们日常饮食消费的一部分，不再只是过年、过节或聚会的特别选择。根据中国烹饪协会数据统计,2019年全国火锅连锁店数量已超过10万家,营业额突破了7000亿元。同时，火锅品牌数量也在不断增加，从小而美的本土品牌到国际知名连锁店，火锅市场呈现出多元化的竞争格局。方寸之间，四海食材沉浮起落，热气之中，滚动的是人情来往。火锅，成为中国人生活里的江湖，而冰煮羊火锅，于这座江湖中自成一派，谱写着独特的“冰与火之歌”。

在激烈的市场竞争中，品牌不仅是一个企业形象和声誉的标志，也是消费者对企业认知的来源。而品质是一个品牌的核心竞争力之一，产品品质和服务质量都直接关系到一个企业品牌的口碑。在各种火锅种类如火如荼的竞争态势下，穆羊客作为清真火锅连锁品牌，始终秉承着“天然好羊肉，涮出好味道”的产品经营理念，以天然饲养的宁夏滩羊和东乡贡羊作为食材原料，它们每日食用新鲜青草、饮天然泉水，奔走在宁夏这片广阔的土地上，其肉质也更加细嫩鲜美、营养更加丰富，不仅肥瘦相间，更没有膻味。在食材的运送过程中，他们也坚持每日鲜送、只用当日鲜羊，以真材实料的品质去赢得广大消费者的认可。另外，在经营过程中，为保证产品风味正宗，他们一直坚持采用传统的冰煮制作工艺，以冰块布满锅底，还原冰煮羊肉爽滑鲜嫩、Q弹精致的上等口感。从选材、进货、加工到配料，穆羊客坚持严把质量关，真正做到将健康卫生的理念贯穿到生产的每个环节，以绝对醇正的口感味道，来满足食客们的味蕾需求。

清真标准是穆斯林信仰文化中的一种自律机制，对食材的要求极其严格，要求真正地实现绿色、安全、放心饮食，而火锅该有的麻、辣、鲜、香，不仅一样也不能少，还得让顾客吃出健康感和仪式感。在众多清真餐饮品牌间，穆羊客用特优级的品质与精湛的烹饪技术，给予了顾客最实惠的价格与多元化的饮食选择，从回归食材的本质与还原最新鲜的味道出发，践行着清真美食品牌“回归火锅的初心，做最健

甘肃省饭店协会名厨专业委员会

授予“穆羊客”

甘肃名厨委员会理事单位

甘肃省饭店协会名厨专业委员会
2021年9月10日

甘肃省饭店协会名厨专业委员会

授予“穆羊客”

最佳合作单位

甘肃省饭店协会名厨专业委员会
2021年9月10日

甘肃省饭店协会名厨专业委员会

授予“穆羊客”

2020年年度点评最佳清真火锅底料

甘肃省饭店协会名厨专业委员会
2021年9月10日

甘肃省饭店协会名厨专业委员会

授予“穆羊客”

甘肃省餐饮品牌形象工程示范店

甘肃省饭店协会名厨专业委员会
2021年9月10日

甘肃省饭店协会名厨专业委员会

授予“穆羊客”

甘肃冶厨斯吉祥火锅研发中心

甘肃省饭店协会名厨专业委员会
2021年9月10日

康的品牌”的宗旨，传承着清真美食的灵魂与底蕴，引领着中国清真火锅店独树一帜的新风尚。

有的团队只追求速度和数量，有的团队则注重质量和效果，而穆羊客始终坚持精益求精，努力提升工作质量和效率。马林自创办穆羊客以来，团队上下每一位成员都竭尽全力与穆羊客走同一条道路，以“不破楼兰终不还”的决心，使穆羊客在清真火锅餐饮行业有了自己的一席之地。正所谓好企业离不开好团队，穆羊客的成功便离不开团队每一位成员的努力，而马林也秉持着“有福同享，有难同当”的团队精神，以提升每一位员工的生活质量作为自己的企业责任，不断增强企业的凝聚力，提高员工工作的积极性，为穆羊客的长久稳定发展提供了重要保障。在如今的互联网媒体时代，穆羊客以“餐饮＋互联网”的形式，以与各类平台短视频合作的方式，加大了品牌宣传力度，解决了门店流量问题，使得品牌影响力在江浙沪一带也日渐增强。未来，马林表示，他将团结一切可以团结的力量，整合一切可以整合的有用资源，合作一切可以合作的关联企业及个人，以加盟、托管、联营等模式，力争在3年内完成开200家门店及以上的目标，创造就业岗位3000个以上，带动创业者500人以上，并且拉动以牛羊肉及副产品消费保守估计每年约1500吨，用200家门店带动近10亿元的GDP增长。

正所谓宝剑锋从磨砺出，梅花香自苦寒来。马林顺应时代发展潮流，将毕生的精力都奉献给穆羊客品牌，用真材实料诠释了匠心品质，用抱诚守真实现了合作共赢。在今后的发展道路上，马林必将继续引领穆羊客团队成员一起携手同行，走规模化经营路线，打造绿色健康的清真火锅品牌形象，让一个带有地方特色的清真火锅全国连锁品牌在全国的火锅餐饮行业中开启新的征程！

赵安华

ZHAO AN HUA

赵氏四鲜米线创始人

自古以来，民以食为天，历经岁月积淀的中华饮食文化，物种流转，食材碰撞，风味交融，造就了不同地域多样的饮食面貌，满足着人们对于美食的无限遐想。重庆米粉作为传统地域美食，具有浓郁的地方特色和悠久的历史文化底蕴，且口味多样，而随着社会的发展，人们对于美食的追求也越来越高，在流连于色香味的同时，还注重对新型美食的探索。为此，赵氏四鲜米线创始人赵安华用非遗传承技艺推出全新四鲜米线，不断创新研发出多种风味，并且以品质至上、执着求精的匠心精神，服务于大众。

灼灼匠心鲜风味，道道工序烹佳肴

——访赵氏四鲜米线创始人赵安华

延续，板车上的品牌

年轻的心，永远勇敢无畏，赵安华年轻时便有一番雄心壮志，他想做出一番大事业。赵安华自当兵退伍后，从事过装饰行业，还做过粮油、火锅、串串、中餐、江湖菜馆等，几乎重庆一半的餐饮品类他都做了个遍，然而天不遂人愿，每一次的尝试最终都以亏本了之，赵安华表示：自己印象最深的一次是一个月亏了十几万元。

前路漫漫，自此后赵安华陷入了迷茫，然而机缘巧合之下，赵安华发现了新的创业机会。赵安华回到老家重庆大足国梁镇后，父亲为他端上了一碗用爷爷辈传下来的手艺做的米线，他的爷爷是民国时期的厨师，而这碗看似简单的米线，虽然只用了最简单普通的食材，但里面的酸菜和汤却是用赵家真正的祖传工艺做成的。赵安华在吃下第一口时，就感受到了对于味蕾的强烈冲击，他感觉自己从来没吃过这么好吃的食物，于是便开始思考自己以前为什么没想过要把祖辈传承下来的工艺味道，做成一个品牌产品呢？于是在父亲的鼓励下，赵安华敢想敢干，重整旗鼓再出发。即使没有启动资金，赵安华也没有畏难，他在重庆大渡口的夜市街区摆摊，用一辆小小的板车，传承起了赵家味道。

随着客流量越来越大，赵氏味道被口口相传，考虑到消费群体的增加，赵安华便开办了门店，于是第一家赵氏四鲜米粉店正式开业。

赵氏四鲜米线品牌中，较市面上的三鲜而言，其多了一道非物质文化遗产非遗烹饪技艺，该技艺为赵氏祖传的独特炒料技艺，包括秘制酸菜、辣子鸡、泡椒、野山椒、酸萝卜等主要底料的炒制。而对于不同的配料，赵氏四鲜都有着近乎苛刻的标准，只为做出最具材料原始风味的美食，做到美味，做到“鲜”。

赵安华不仅想要做出现代创新的口味，还想还原出民国时期的馥郁风味，而这不仅仅在于技艺，更在于选材，其中，酸菜作为四鲜米线的灵魂所在，其选材更是讲究。酸菜，单看食材似乎并不难寻，无非就是老坛酸菜，然而想要真正还原出百年之前的民国风味，还须采用防空洞老坛腌制的酸菜，且不能选用其中的酸菜叶子，而是要选用比较厚实有嚼劲的菜头。菜头经过多次清

洗，沥干水分后，切成厚度均匀的片，再经大火与祖传配制的十几种香料一起炒制三小时至四小时，这样，酸菜的酸香与辛香料的香味更能充分地融于一体。不仅如此，赵氏四鲜的泡椒选用的是当季新鲜的红色灯笼椒，清洗干净后再放入老坛泡制数月，历经时间沉淀，泡椒的鲜辣味被充分地释放出来，最后再经赵家祖传技艺炒制，出品色泽明亮，味道鲜香有辣劲。对于一碗米线，赵安华以精益求精的工匠精神，严格把控食材品质，做到烹炒得当，“厨”心不改，传承祖辈技艺，出品的四鲜米线碗碗营养丰富、口感美味，让美食实现传统与现代的有机结合！

求精，坚守着的匠心

赵安华传承祖辈技艺，不断打磨创新，使得赵氏四鲜米线成为拿手招牌爆品，也让普通的酸菜不再普通，成为店里的人气来源。赵氏四鲜米线品牌主打酸菜系列、番茄系列、野山根系列、泡椒系列、酸萝卜系列等不同系列口味的米线，做好一份米线，不仅仅要在选材上精益求精，汤底熬制更需要独具匠心，米线的汤底均采用文火爆汤熬制工艺，力求每一个工艺环节都能还原祖辈留下的传统技艺，作到美味的延续，而这汤底的背后，是复杂食材的慢慢过滤、精心分离，更是一名厨艺人坚守着的匠心精神。

而口碑的打造在于品质的塑造，赵氏四鲜品牌除传统米线外，更是推出了菜品系列，其中辣子鸡便是一道广受赞誉的菜品。赵安华认真对待每一道菜品，无论是从选材上还是从制作工艺上，都以超越前一次的味道为宗旨，力求菜品能够带给消费者一场味觉盛宴。在辣子鸡的制作上，其选材非常讲究，赵安华会选用喂养百日即将成年的童子鸡，因为这种鸡的肉易入味，而成年老鸡肉质较柴，且不易入味，对于辣子鸡，不仅仅要保证肉质，还要保证香辣、辣得好吃。对于此，赵安华选用海椒作为辣子鸡的配料，其由三四种海椒配比而成，保证辣度适宜、辣味醇正。

运用之妙，存乎一心，中国餐饮美食除备料选材讲究之外，火候掌握更是制作工艺的重中之重，辣子鸡便是这样一道十分注重火候的美食，火大易煳，火小不易炒出香味。赵氏四鲜非遗美食烹饪技法历经四代传承，其经验技法已非常成熟，赵安华将时间的把握系于瞬间，手心同时默契配合，对每一分火候的把控均体现了非遗技艺的精妙。

随着赵氏四鲜品牌的口碑相传，为了更好地服务消费者，让产业规范化，赵安华于2019年创立了重庆赵氏四鲜餐饮管理有限公司（以下简称赵氏四鲜）。自创立之日起，赵氏四鲜便将产品研发、技术创新、团队提升作为发展核心，海纳行业精英，合理打造品牌经营管理体系、财务体系和人事管理体系，设立了研发部、市场部、运营部、物配部、财务部及行政人事部六大部门，致力提供完备的技术支持保障及贴心的服务。

而赵氏四鲜旗下品牌赵氏四鲜米线品牌源于1933年，凭借其独创的四鲜美味秘籍，每天均可卖出五六百碗米线，外卖接近400单。经过多年的发展，现已成为重庆知名连锁品牌，在市场上拥有良好的口碑及品牌号召力。截至2023年3月，赵氏四鲜在重庆已有大大小小90多家门店，在湖北武汉、河南、河北石家庄、贵州、四川、宁夏等地均有门店分布，在餐饮市场上有着巨大的发展潜力。

当前，赵氏四鲜米线品牌在赵安华的带领下，凭借着独创的“四鲜”非遗技艺，公司已荣获舌尖上的网络美食第一名、品牌商家、“2018年网友推荐招牌菜、特色美食”“最喜爱的米线前十强”“大渡口区非物质文化遗产”等多项殊荣。而赵氏四鲜米线品牌始终秉持“用心做，放心吃”的品牌理念，依托公司强大的产品研发技术与品牌运营能力，紧抓市场空白领域，凭借其长期积累的餐饮经验和对餐饮行业发展趋势的掌握，不断创新米线的口味模式。

“赵氏四鲜米线”作为四鲜米线开创者，坚持使用新鲜食材、传统工艺，致力于为消费者提供地道正宗的四鲜米线，创始人赵安华矢志不渝，始终坚守“厨”心与匠心，带领着四鲜米线走向全国，让它被更多人熟知与喜爱。

创新，商业模式的赋能

重庆市当地为推动米粉行业的发展，提升米粉的品质和市场竞争力，创办了米粉专项委员会，而赵氏四鲜作为知名米线品牌，其创始人赵安华应邀担任专项委员会的会长，并表示将带领委员会着重加强各方之间的相互联系，架好企业与政府之间沟通的桥梁，并坚持以服务为本，努力为会员企业排忧解难，抓好协会自身发展，不断增强协会的凝聚力，促进米粉行业发展方面的工作开展。同时，专项委员会的创办，提升了赵氏四鲜品牌的品牌影响力，同时赵氏四鲜也为带动重庆米粉行业走向全国市场，起到了积极的带头作用。

为进一步扩大品牌影响力，赵安华创新运营模式，以企业加盟的形式，扩大生产规模，让赵氏四鲜米线的味道飘香全国。为此，赵氏四鲜采取新媒体营销思路，打造全新经营理念，定期在各大电视台、网站、自媒体等平台举行营销推广活动，增加曝光量，并且企业构筑了全新的技术创新体系和高素质研发团队，设立专业的外派团队，从前期选址到后期开业，会选派专业人员对加盟新店的各种事项进行辅导，帮助加盟商更快、更有效地做好品牌店。由于赵安华本身是一名退伍军人，他时刻记得自己曾经的军人初心，为此，他专门制定有对于退伍军人的加盟优惠政策，为社会不断创造价值。对于新进入餐饮行业的人来说，缺乏门店管理经验，而赵氏四鲜品牌目前不仅企业内已建立了一套门店运营管理系统和完善的连锁标准化体系，还会对加盟商传授管理经验，使其迅速成长。不仅如此，赵氏四鲜还会根据当地的实际情况，与加盟商协商营销活动方案，

帮助其策划运营活动。

时代瞬息万变，当前互联网行业的兴起，也让消费者的消费观念发生了新的转变，线上门店的开设已成为时代之必需，赵氏四鲜在不断进行产品研发的同时，还采用了线上线下同时发力的运营模式。同时公司设有专业的管理系统模式，在不断发展的同时，还能为加盟商提供包括商品采购、物流配送、商品管理、会员管理等信息管理系统的支持。

赵安华扎根于餐饮行业，一路走来十分坎坷，然而他以顽强不惧的心不断尝试，同时不断总结经验，最终柳暗花明，带领着赵氏四鲜米线品牌逐步走向全国。回望来路，他认为，要想做好餐饮行业，不能盲目增加新品，要先开发出自己的特色产品，将其做精做细，随即丰富生产线。而随着社会的不断发展，人们的消费需求也在逐步升级，顾客看重的不再是产品本身，还有产品背后的服务、环境、营销等，为此要多方考量服务、环境和营销方式，并且要注重线上门店的门面塑造，及时与客户进行交流沟通，提高整体评分。同时赵安华建议：餐饮行业新手可以选择一个可信任、有实力的品牌做加盟，依托于加盟总部对其的指导帮助和品牌已有的知名度，迅速发展起来。

赵安华以匠之心技，精研菜品，唤醒千年饮食文化基因；以传承为基，创新坚守，不弛于浮躁，把握好每一种食材的选取和烹制，不断探索美味密码。同时，他将敢为人先，不断更迭创新，打造赵氏四鲜米线品牌，使其香溢四方！

叶剑青

YE JIAN QING

葛仙翁职业培训学校创始人

百年养生精华，千年中医中药。中医是一门传承了数千年的中华民族传统医学，而刮痧疗法作为中医的一种治疗方法，主要以中医经络腧穴理论为指导进行治疗，从而达到调理身体、治疗疾病的目的。

传千年绝技，承百年养生；妙手通经络，德心理乾坤。他，秉承自然疗法与绿色医学的主旨理念，一手创立了葛仙翁职业培训学校，该学校集创业指导培训、刮痧、吸痧、康复护理、小儿推拿于一体，让普通百姓也能掌握简单易学的养生方法，获得在家就能“已病自调，未病预防”的新希望。他立志将古法刮痧自然疗法传授于大众，将葛仙翁抱朴守真、悬壶济世的行医理念发扬光大。他就是葛仙翁职业培训学校创始人——叶剑青。

承载岐黄薪火，弘扬古法痧道

——访葛仙翁职业培训学校创始人叶剑青

为母学医以济世，大爱无疆暖人心

中华医药传承悠悠数千年，包罗万象、博大精深，学说不可谓不丰富，功绩不可谓不伟大，集中体现了中华文化之精髓，民族之魂魄。张仲景曾在《伤寒论·序》中言道："上以疗君亲之疾，下以救贫贱之厄，中以保身长全，以养其生。"如今，葛仙翁职业培训学校的创始人叶剑青正是在这样浓厚的兴趣与迫切的渴求下，与中医传统文化结下了不解之缘，更由此决定了他一生的理想走向。

谈及最初与中医的结缘，身为民间土中医的父亲无疑给了叶剑青中医兴趣的启蒙。叶剑青的父亲虽出身于农村，医术也并不十分精通，但叶剑青自幼就深受父亲的影响，对中医医术及其文化底蕴产生了特别的兴趣。然而之后真正让叶剑青决意要学习中医的，还是多年前祖父的身故与母亲的病痛。回忆起从前，叶剑青感慨道：曾经的自己真是艰难困苦、家徒四壁，乃至祖父身患疾病也没钱去大医院治疗，只能让赤脚医生在家为祖父做手术，结果在手术过程中，祖父未能得到妥善的治疗，终究因为感染，在几天后就去世了。也正因如此，当母亲深受老寒腿等病痛折磨，却又无人可医、无药可治的时候，叶剑青当即便下定决心，要自己学技术，凭借自己的力量真正做到"上以疗君亲之疾，下以救贫贱之厄"。至此，叶剑青耗费了一生的心血，独自踏上了这段并不轻松的中医征途。

从去全国各地拜师学艺，到开始独自开店，其间叶剑青经历了数不清的挫折与不足为外人道的辛酸，但也正是他这份走别人之不愿走、决常人之不能决的坚持不懈的精神，才使他逐渐打开了人生发展道路的新局面。在学习的道路上，叶剑青逐渐深入地感受到了中医学是一门探求天人之"道"的医学，即一门探求人体与天地之间相互关系的医学。中西医学都是探讨研究人体生命运动规律的科学，但中西医学探讨研究人体生命运动规律的层面却是不同的，西医学是一门还原医学，是单纯地从人体形态结构的层面上来探讨和揭示人体生命运动的规律；而中医学则是一门整体医学，始终把人体与环境看成一个整体，把人体放在环境中去加以研究，研究人体与环境之间的相互关系，研究环境因素的变化对人体生理与病理的作用与影响。中医药学汇集了人与自然和谐的整体观念、动静结合的哲学思维、理法方药有机统一的治疗艺术、形神统一的个体化辨证论治诊疗模式及"医乃仁术，大医精诚"的职业道德，它不仅在防治瘟病、伤寒等常见病、多发病等方面作出了重大贡献，更在中国历史上多次天花、鼠疫、霍乱等重大传染病方面，发挥了无可替代的作用。

中医于叶剑青，恰同鱼不能失去水一般。一直以来，只要一听说哪位中医师傅有精湛的

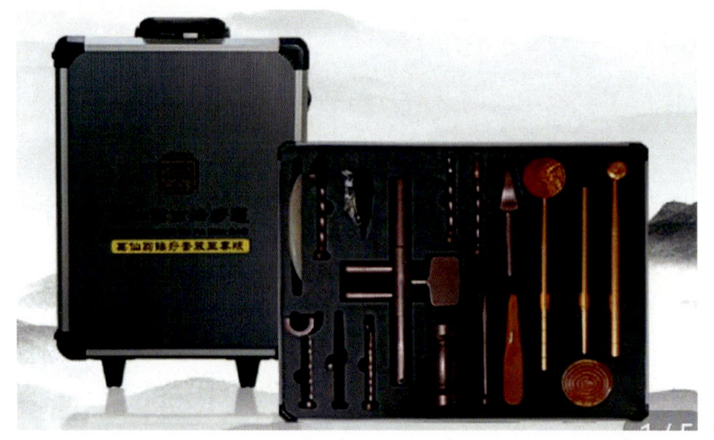

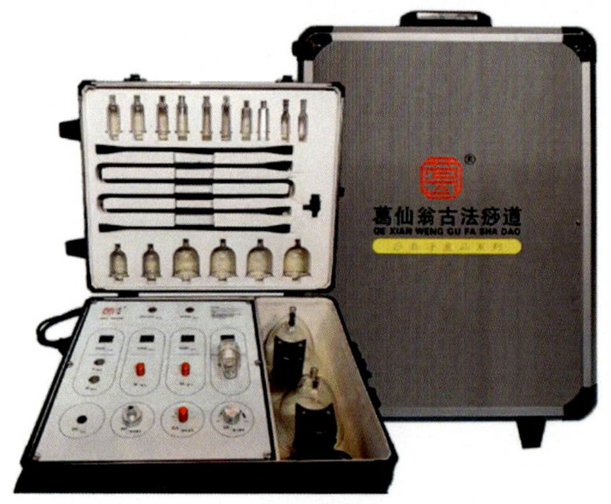

医术技艺，他都会慕名拜访、跟从学习，也因此有了各个不同流派的中医师傅教授他不同的中医技艺。从 2017 年开始，叶剑青也逐步学着自己带徒弟，为了真正地能够帮助更多的人，他在传授中医技艺时，从来都是倾囊相助、悉心栽培。

2020 年，新冠疫情在全国范围内大暴发，钟南山院士于此千钧一发之际，以最快的速度孤身偏向虎山行，其行为精神深深触动了叶剑青的内心。当学医多年的叶剑青看到了武汉同胞的惨状后，他决心要做些力所能及的事情，祈愿救助同胞于危难之际。为此，他特意与自己的各位中医师傅细心商议，希望能够将这一不外传的祖传技艺破例传授于更多需要中医帮助的人，以及对中医感兴趣的人民群众。经过长时间的研究与探讨，叶剑青于成都正式举办了他人生中的第一场培训会，有许许多多的人在这场培训会中，亲眼看到了中医技艺的神奇疗效，并且迫切地希望能够跟随他学习中医技艺。这样强烈的反馈，一时间让叶剑青大为震撼，又觉得不负苦心，于是更拿定主意要用自己的力量与方式，发扬中国这一传统的文化瑰宝，用来造福于全国各地乃至全世界的人民群众。

凭借着持之以恒的坚定信念与各地群众非同一般的反响，2020 年 8 月，叶剑青正式创立了葛仙翁职业培训学校，并聘请恩师国医大师张大宁及国医大师唐祖宣、王世明等作为学校技术顾问，更立志传承葛洪老先生的宏伟医志和不朽医道，让作为中医重要技术之一的古法刮痧技术彻底走向大众、走向世界。

传承痧道精华，服务万户千家

刮痧，位列古中医六法（砭、针、灸、按跷、导引、汤药）之首，是中医非药物疗法之中的佼佼者，被誉为“拯救身体的自然疗法”。早在《黄帝内经》中，就有关于砭石刮痧的记载，如今已被纳入了中医医疗教学体系。而葛仙翁古法痧道，源自东晋名医葛洪，因其高尚的医德和重大的医学成就，世称“小仙翁”，是预防医学的鼻祖。他崇尚自然疗法，研创古法痧道技艺，颠覆了当时“疾病难医、药物难找、价钱昂贵”的现状，对我国乃至世界后世医学发展都具有里程碑式的意义。葛洪作为一代刮痧宗师，在得道之后，遂将毕生所学全部传授于门下弟子，以造福世间百姓。

刮痧疗法传承至今，始终顺应大健康趋势，也成为现代社会的朝阳产业。如今，三年疫情结束，人们的健康安全意识比之从前更甚，而以“吸痧、点穴太极刮痧、捶痧正骨、徒手一指禅”

四大技能为特色的葛仙翁古法痧道，不仅能够帮助人们在传统意义上活血化瘀、祛瘀生新，还能够帮助很多身患疑难杂症的患者排除毒素、缓解痛苦，甚至康复如初。在震撼与赞许之外，群众对于葛仙翁古法痧道的质疑声也层出不穷。但叶剑青毫不畏惧也从不辩解，反而谨记恩师多年来对自己的告诫，以“认认真真做事，踏踏实实做人”为宗旨，根据实际统一宣传，绝不夸大效果，坚持用实践成果向大众说话。无论是面对在西医那里要吃一辈子药的二级糖尿病、高血压等症，还是不受重视、不予处理的女性妇科病等，叶剑青都能以古法痧道为其进行调理，不出十分钟的过程，90% 以上患者的症状都能有所减轻，可看到直观而明显的成效。在持续一段时间的理疗之后，他们不但能减少药量，甚至能达到不必再吃药的效果。

短时见效的葛仙翁古法痧道既省钱又便捷，打破了时间长、疼痛久的传统治疗方法的弊端，学习容易、花费时间不长、能达到效果，这让许多对中医持有偏见、不明真相的普通群众打消了原有的顾虑，正式开始在葛仙翁职业培训学校系统地学习古法痧道技艺。学校的学员之中，从 20 多岁的年轻人，到六七十岁的老人，既不分老少年龄，也不分职业基础，他们通过学习叶剑青自己总结的方案，就能够很轻松地掌握这一项技能，即便从未有过从医经历，也能够很快学会，从而帮助自己和家人预防疾病、缓解病痛。

对于中医的建设与发展，国家政府也相应发布了很多配套的政策措施。而葛仙翁职业培训学校自 2020 年 8 月创立以来，便积极贯彻落实“大病去医院，康复在社区”的政策号召，不仅以转业军人为目标对象，在河北开启培训试点帮助转业军人实现再就业，更积极地在全国各地实行小班授课制度，用讲解与实操相结合的方式，让更多人更快速地学习古法痧道并可免费复训。

叶剑青始终遵循先祖葛洪“养生以不伤为本”的理念，以“让痧道造福中国人，让世界爱上中国痧”为愿景，立志让数亿中国人学会葛仙翁古法痧道，造福亿万家庭，服务亿万百姓。从走进学校社区、乡村医生培训，到联合康养单位、开展中医论坛，他始终以国家政府的政策为切实的主要方针，立志“让每一个家庭都有一个健康调理师来化解病症”的希望为最终理想。在他的努力之下，葛仙翁古法痧道以及更多优秀的中医技艺得到了一传十、十传百的强烈反响，也因此在今后的发展道路上，他决心以“走出去”的培训方式让葛仙翁古法痧道成为“接受爱，成为爱，传承爱”的庞大力量，让中医文化发展在学校的培训之中，以及国家的带领之下，百尺竿头，更进一步，让痧道造福世界，让世界爱上中国痧！

郑程遥

ZHENG CHENG YAO

深圳市恩莱吉能源科技有限公司创始人

水电技术是一种清洁、可再生的能源产生技术，对于降低温室气体排放量和实现能源安全具有重要意义。在中国，水电行业发展已有相当长的历史，政府也高度重视本行业的发展，将其作为实现能源结构优化和低碳发展的重要途径。不过水电行业的发展也面临着一些挑战，包括环境影响、资金投入等。为了实现水电行业的可持续发展，必须在技术创新、环境保护和社会责任等多个方面进行持续的努力和投入。深圳市恩莱吉能源科技有限公司创始人郑程遥博士，一直致力于绿色能源的开发和水电站高端控制设备、设计应用软件的研发，以增效扩容、节能环保为主发展方向，研究绿色水轮机、绿色水电站等新技术的运用，为水电行业的可持续发展作出了杰出的贡献。

极致匠心创利器，绿色水电启新程

——访深圳市恩莱吉能源科技有限公司创始人郑程遥

奋斗拼搏立基业，励志进取拓荒人

眼有星辰大海，心有繁花似锦。深圳市恩莱吉能源科技有限公司创始人郑程遥博士，从事水利水电行业40多年，是一名优秀的大学教授，在广东水电职业技术学院任教。磨砺以须，倍道而进。因为在水电专业的持续精进，郑程遥在业内也有较高的知名度，在教学期间就经常参与水利工程项目的技术运作。本着用自身所学回馈国家和社会的理想，郑程遥总是一边一丝不苟地参与水利项目的建设，一边兢兢业业地教书育人，始终没有为了个人更高的利益去放弃教师这个神圣的职业。在此期间，郑程遥曾主持并参与了20多座大、中、小型水电站工程建设的技术管理等工作，在水电专业领域取得了多项专利技术和成果。

知不足而奋进，望远山而力行。严谨细心的郑程遥在参与众多工程项目时发现了一些行业痛点和难点问题，于是针对这些问题进行反复的思考和深入的研究。这些问题当中最为突出的就是我国水轮机环保技术的创新与发展。2000年以来，郑程遥发现水轮机的环保问题较为突出，尤其是转桨式水轮机，结构复杂，用油量大，运维成本高且污染河流的风险大。欧美、日本等发达国家已经在转桨式水轮机技术上取得了多项突破，使我国相关的技术和产品与之存在着较大的差距，因此他在我国首次提出了“绿色水轮机”的概念。他指出绿色水轮机应是“人、机、鱼、水”和谐的水轮机，应该把亲人性、亲水性、亲鱼性和高效性紧密地结合起来。郑程遥阐述道：“仅有高效率和高效益的水轮机并不是最优的水轮机，最优的水轮机应该是‘四性’综合最优的绿色水轮机。首先我们讲要亲人性，因为水电站的噪声很大，会对人的心脏产生影响，再有大量的焊接产生的气体对人体有害；其次是亲水性，因为低水头水电站大部分使用的是转桨式水轮机（卡普兰水轮机），一个直径5米左右的水轮机内含4吨多的工业用油，那么在我国的江河里面，就有数万吨的这种水轮机用油，一旦出现密封问题，造成漏油，对水生态的影响是很大的；再次要有亲鱼性，如英国要求水轮机过鱼的存活率达到95%以上，而美国麻省正在做到98%~100%，但是我们国内才刚刚起步，在水轮机的亲鱼性方面与国外差距较大；最后，一定要有高效性，才能

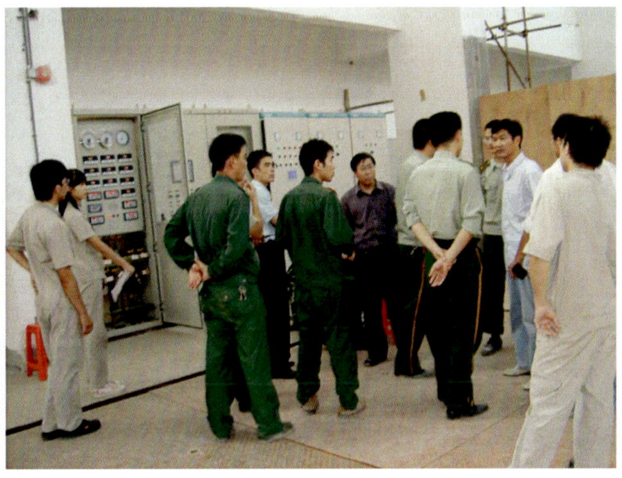

达到建设水电站经济效益与低碳环保的预期。

初心不与年俱老，奋斗永似少年时。“绿色水轮机”的概念提出之后，在国内水电行业引起了巨大的反响。既然提出问题，就要解决问题。郑程遥脚踏实地，身先垂范，先后成立了广州市恩莱吉能源科技有限公司和深圳市恩莱吉能源科技有限公司，投入到了新型环保水轮机的研发工作当中。

志之所向自勉励，踏遍星尘皆坦途

三思方举步，百折不回头。一勤天下无难事，百思心中有良谋。科研的道路上总是布满荆棘的，创新之路尤其如此。与传统刻苦钻研的形象不同，郑程遥博士以轻松的姿态对待科研工作。他强调创新是科研的灵魂，但也认为劳逸结合才是科技工作者出成果的艺术。在郑程遥博士的带领下，恩莱吉能源科技公司研制出了一种新型结构的轮毂无油化水轮机，将桨叶操作油压由传统的 6.3MPa 提高到 16MPa，使转桨式水轮机的操作用油量节约 80% 以上，相关部件体积减小，并将轮毂内的液压装置外置，实现了轮毂无油化，不仅杜绝了对河流的污染，而且可减小轮毂比、增加水轮机的过流能力，提高水轮机的出力与效率，与传统结构的转桨式水轮机组相比，其具有效益高、造价低、耗电量小的优点。

创新的路是永无止境的，始于初心，臻于匠心。郑程遥博士坚信科研之路不应该只有辛勤和刻苦，更要有轻松和愉悦。他认为，只有在这样的氛围中，才能够激发出更多的创新火花，让科技造福人类。

正是因为有着这样的初心和热爱，恩莱吉能源科技通过不懈的努力，终于在近期取得了颠覆性的创新成果——完全无油的转桨式水轮机。该项成果被具有高度社会责任感和科技创新激情、“敢为天下先”的广西壮族自治区劳动模范李志华关注，在他的助推下，这项填补国内外空白的成果在广西农本水电站成功运行，并以其高效性、经济性和环保性取得了社会的广泛好评。

民族品牌的崛起，离不开中国企业家的工匠精神，无油化的创新设计是前所未有的技术突破，新型无油水轮机的研制成功必将引起行业内的轰动。这项技术打破了很多人的固有认知，不仅如此，恩莱吉能源科技还做出四年“零维护”

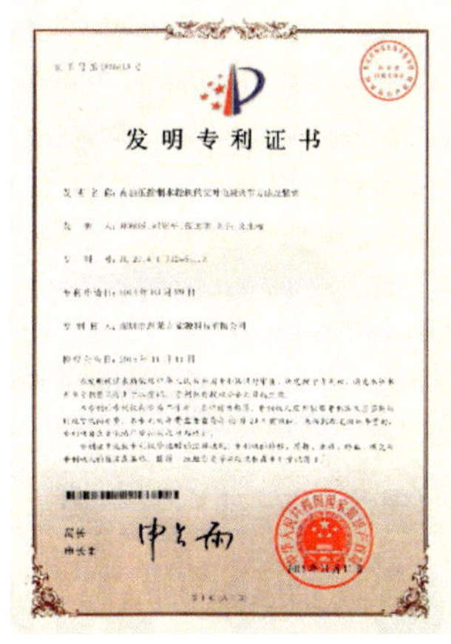
发明专利证书

发明专利证书

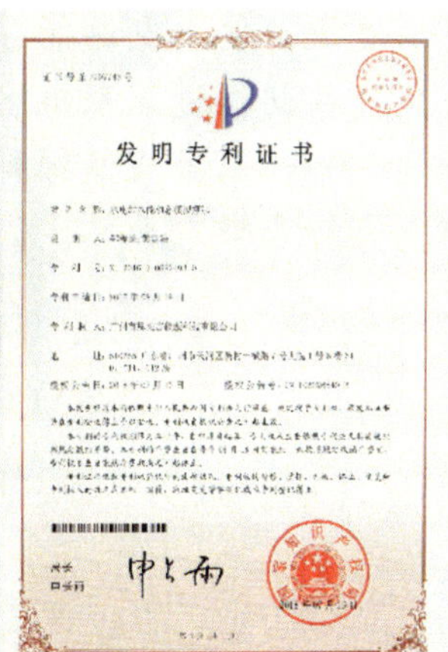
发明专利证书

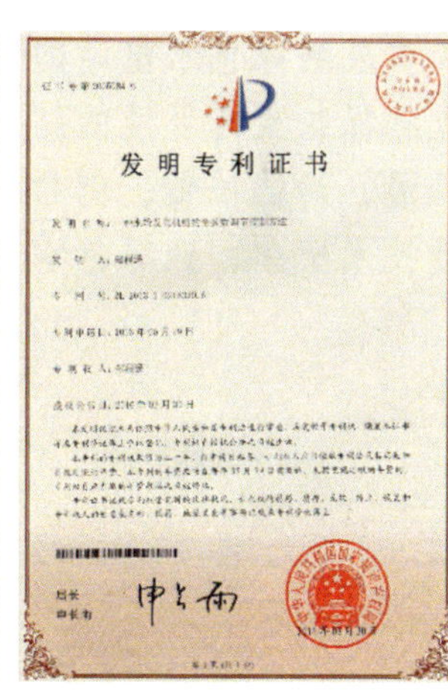
发明专利证书

的承诺，为客户节省了大量的人力和财力。

巧手成就卓越，匠心创造非凡。目前，恩莱吉能源科技的这一新技术、新产品已在全国多地投入使用，受到了客户的一致好评，但郑程遥和他的团队并不满足于现状，依然不断加强和完善产品的亲人性、亲水性、亲鱼性、高效性。在谈到企业工匠精神时，郑程遥说道：“我觉得做任何事，就是要做好‘格物致知’，我记得乔布斯曾说过做一部好手机，看见的地方和看不见的地方都要是美的才行。所以我认为好的产品一定是既简单又美观，虽然企业是要盈利的，但是我是追求极致和完美的，曾经有一个水电站已经完工了，工程款也收到了，但是我就是觉得有一个地方还不行、还不够完美，就又花了十几万给免费修改了一下，让客户满意，让自己也要满意。”

栉风沐雨守壮志，云程发轫如日升

秉初心、锻匠心、用真心，正是郑程遥有着这样的工匠精神，才能带领恩莱吉能源科技做出行业领先的创新突破。郑程遥在进行科研工作时，善于运用创新性思维，回归到问题的根源，退回到问题的原始状态，从本质出发进行“创造性破坏”的探索。三流的企业做产品，二流的企业做品牌，一流的企业做标准，优秀的企业必然是内外兼修的。恩莱吉能源科技正在申请无油水轮机的行业标准，同时郑程遥和恩莱吉能源科技也是行业“高压受油器的技术条件”标准和“接力器外置式转桨式水电机”标准的第一起草人和起草单位，并申请了相关的发明专利。知易行难，这些创新成果来之不易，对于工程技术领域来说更是如此。郑程遥表示，公司会持续加大研发投入，加速创新，让剽窃技术成果的模仿者无法超越，同时构建自己的技术保护壁垒，守护团队的成果。

以质创优，以人创新。一个企业的核心竞争力除技术外，企业文化也是发展成败的关键，恩莱吉能源科技正是以自身的企业文化为根基，才能在市场上与诸多大型企业逐鹿竞争。公司上下以诚信为本、以创新为质，以人才为基础，以高新技术为依托，以服务为保障，以资本运营为纽带，以做出颠覆性产品为发展方向，突破原有的技术壁垒。因此，才能在性能上超越以往的产品，在价格上让客户感受到实惠，在操作使用上更加简单便利。此外，郑程遥也很重视团队的人才培养，公司的很多员工都是他曾经的学生，他总是让他们在了解项目理论背景的前提下一定要去实际操作，告诉他们做错了不要紧，科研的道路上难免有试错的成本，把理论和实践相结合才能出成果。在郑程遥的悉心培育下，很多人成了独当一面的高端人才，看到他们的不断进步，郑程遥也倍感欣慰。

漫漫征途路，殷殷中国心。郑程遥对于公司未来发展的规划，也寄托着他对国内水电行业发展的期盼，未来他将继续致力于绿色水轮机的研究，消除传统水轮机对生态环境的污染，并进一

种病原菌、紫外线、粉尘污染物质的侵害使皮肤不堪其重，各种超标添加化学物质的化妆品的滥用更是让皮肤雪上加霜，人们的皮肤细胞受到反复的“摧残”。为了减少损害，更多人把目光投向更加自然、无害的中医药。

作为公司的两大品牌，亿亩花田和田字本草全品牌系统产品已经陆续上市。目前在市场流通的产品主要有具有强竞争力的抗皱嫩肤套盒、祛痘祛斑的纯中药面膜粉、人参萃取的洁面露以及内调美容养颜的药食同源美容美颜配方等产品。亿亩花田的中医药产品选用优质的中药材，严格把控原料源头，由专业的科研团队运用先进技术萃取药草中的精华原液添入化妆品中，满足人们不同的护肤需求。

亿亩花田抗皱护肤五件套含有“植物芯片”核心驱动成分，使受损皮肤得到深层的滋养与修复，持续为肌肤注入活力。这款产品添加人参、茯苓、马齿苋等药材，提升皮肤的抗氧化能力，延缓细胞老化，淡化岁月的痕迹；以石斛、玉竹为料，结合草本精粹复合配方透明质酸，为肌肤注入水分，强效保湿，减少油脂分泌，保持皮肤水润光滑、清爽洁净。

亿亩花田草本面膜粉添加白芍、白术、白茯苓、白芨、白芷、白蔹、白附子等多种中药材，经过科学配制，以植物最本真的力量还原肌肤的初始原动力，可以修复受损细胞，淡化表皮斑点，让肌肤重焕光彩；激活休眠细胞，驻颜祛斑，解毒散结；代替坏死细胞，对抗粉刺暗疮，生肌止痛；再生鲜活细胞，紧致皮肤，修复红血丝。

亿亩花田水润活肤洁面霜将卸妆、洁面、养护三效合一，添加中华汉妆草本成分，给皮肤带来深层清洁的同时，还可以呵护皮肤；采用医疗级科技萃取人参根部精华，添加酵母菌，运用微生物精准发酵技术将发酵产物滤液加入面霜，促进皮下毛细血管的血液循环，提升胶原蛋白活力，实现平价奢华护肤。

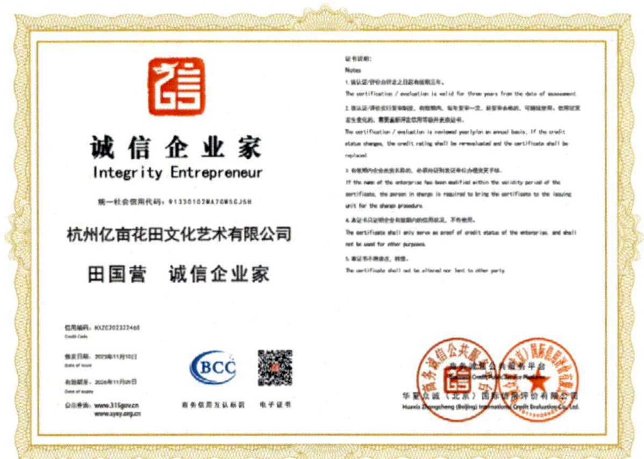

诚信企业家

Integrity Entrepreneur

杭州亿亩花田文化艺术有限公司

田国营　诚信企业家

商务信用互认标识　电子证书

华夏众诚（北京）国际信用评价有限公司

诚信供应商

HONEST SUPPLIER

杭州亿亩花田文化艺术有限公司

针对该企业的信用记录、经营状况、债务风险、发展前景、结合社会口碑、公众认可度，经审核评估，认定该企业诚信供应商等级为：

AAA

商务信用互认标识　电子证书

华夏众诚（北京）国际信用评价有限公司

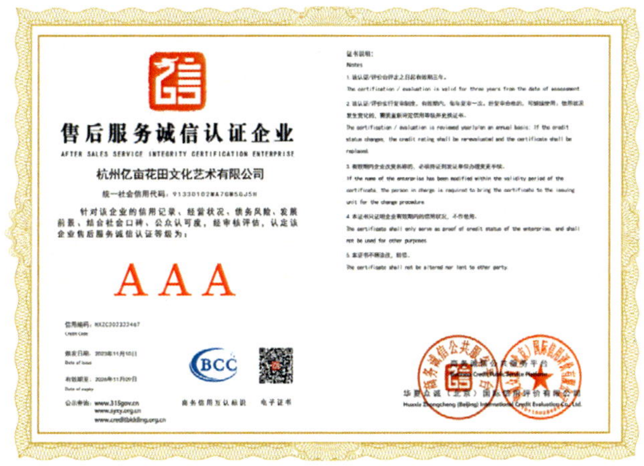

除了上述三种护肤类产品，亿亩花田还针对不同人群的特殊问题提供定制的个性化产品。为失眠患者设计失眠冲剂特膳，短时间内就可以产生显著的效果，改善失眠问题，提升睡眠质量；为痛风患者推出治疗痛风产品，迅速缓解疼痛、红肿等症状，按照疗程使用即可预防复发；还有三高特膳类产品，对高血压、高血糖、高血脂慢性疾病进行营养干预，通过食物调节身体机能，以食进补……

为了弘扬中医药文化，公司正积极地向社会大众普及中医健康养生知识，提高公众对健康问题的重视程度，宣传中医药对健康的有益作用，提高人们对中医药的信任度和接受度；吸引投资商加盟投资，扩大企业规模，增加市场份额，将中医药扩展到养老、康养等领域；提升产品研发能力，为客户提供更加全面、专业的健康养生服务；优化产业体系，打造更加优质的产品。未来，亿亩花田将为用户和合伙人提供更加优质的服务，以打造更好的平台为己任，提供最专业、最优质的中医药产业文化艺术资源。

热忱社会公益，坚守时代担当

诚于心，精于勤，创于品，健于民，田国营始终坚守初心，开拓创新，精益求精；在传承中创新，在实践中成长，打磨精品，只为帮助更多的人重回健康生活；始终不忘自己的医者本分，扶贫济弱、解困帮贫是他的人生底色，投身公益事业，用爱温暖社会，慷慨奉献，致力于帮助更多的人摆脱困境。

“夫医者，非仁爱之士不可托也，非聪明理达不可任也，非廉洁淳良不可信也。”田国营（田野）用实际行动表明，他定会积极主动地承担一位新时代企业家应该肩负的社会责任。

作为杭州亿亩花田文化艺术有限公司创始人，田国营受邀出席由亿央网、中视采风网、《对

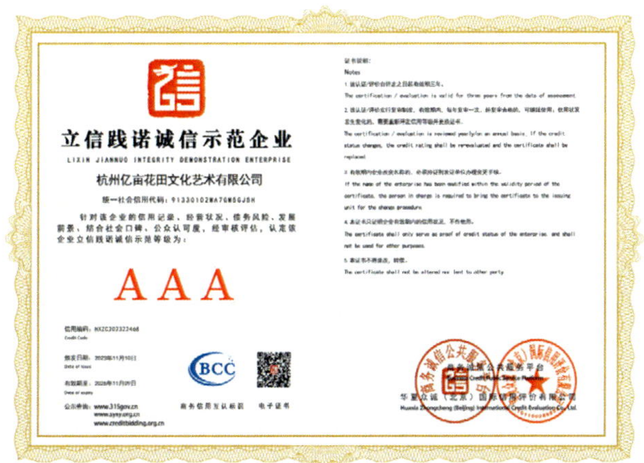

话公益》栏目联合大众媒体共同发起的、中世采文化发展集团承办的第七届公益事业大典，并被授予“2023年度公益爱心使者”荣誉称号。田国营用行动推动公益事业的高质量发展，积极为慈善事业贡献自己的力量。为促进社会就业，亿亩花田以“扶持大学生创业，促进毕业生就业”为目标，以公司的产品和技术服务为接入点，为在校和即将步入社会的毕业大学生提供一些实用的技能培训，包括婚纱摄影、中医药内外调养、化妆技能、花艺技术和心理沙龙等，帮助大学生提升社会实践能力，为社会培养高素质的就业人才；也为大学生们提供了更多的就业机会，促进大学生积极就业。公司连锁的中医馆还积极寻求与政府合作，与官方共同整合当地资源，用中医技术为当地的居民服务，促进居民健康生活。

星光不问赶路人，时代不负奋斗者。一代人有一代人的长征，一代人有一代人的使命，田国营将传承与弘扬中医药文化作为自己的使命，将守护和敬佑群众的健康作为自己的担当，将奉献和付出作为自己的责任，奋楫笃行，踵事增华。九万里风鹏正举，奋斗者未来可期，田国营带领杭州亿亩花田文化艺术有限公司将赓续前行，努力将中医药文化发扬光大，奋力为中国谱写华章！

柏天亮

BAI TIAN LIANG

中国资深级烹饪大师、中国滇菜传承高级导师

“内腹含琼膏，圆脊媚春酒”，这是清代大理学者见到春食弓鱼之盛事时的有感而发。诗中所述贡山弓鱼乃云南特产，属当地世代流传的名菜品之一。云南，素以美丽丰饶、神奇多彩著称于世，山川迥异、博大深邃的自然风光吸引了游人无数。据滇菜大师柏天亮介绍：鉴于云南特殊的地理环境，云南菜兼收并蓄，自成一家。云南菜又称滇菜，发源于春秋战国至两汉时期的古滇国，于唐宋之间粗具雏形，历经元明两代的变迁发展，成形于清代中叶，是中国菜系中一个兼具鲜明民族菜系特色、突出地方菜系特点的菜种。

名厨传世味，滇菜承千年

——访中国资深级烹饪大师、中国滇菜传承高级导师柏天亮

云岭之南，彩云斑斓。这片纯净之地生养孕育着质朴无华的云南人，各民族团结协作，在神奇瑰丽的盛景中制作出令人垂涎的美馔。“七彩云南”孕育出“七彩滇菜”，令其包容博大，独具风味浓郁、味型多样、取材广泛、古风犹存四大特色。柏天亮大师研习滇菜数十年，可谓是当今滇菜界的一面旗帜。他和他的徒弟们见证着一个滇菜文化时代的崛起，也对其进行了创新改良、传播发扬。

缘起米线，匠心一生

心中有景，花香满径。提起云南，过桥米线可谓是“招牌”美食，不论在何地，带有“云南”二字的米线仿佛都比其他名字正宗一些。这道美食以其丰富的口感和独特的烹饪方法备受赞誉。米线滑嫩爽口，汤料鲜美浓郁，肉片、蔬菜等配料亦清香可口，为食客们带来了一场视觉与味觉双重体验的盛宴。20世纪六七十年代，云南的护国饭店是一代昆明人的美食胜地，排骨汤、红烧肉、粉蒸肉等皆被世人称赞，过桥米线更是当家名菜。柏天亮16岁时进入了护国饭店跟随滇菜大师吴志德学艺，正好被分到“过桥米线组”。据柏天亮回忆，当时的他对厨师这个职业并未抱有太大希望，但在看到师父烹炒调制出道道名菜时，又被其厨艺所折服，从而真正地爱上了烹饪。

日月其迈，时盛岁新。在烹饪之路上，迎来送往之间，柏天亮日复一日地为顾客呈递过桥米线，可终没有以学徒的身份尝试过亲手制作一碗过桥米线。终于，柏天亮经师父应允后首次尝试过桥米线的制作，尽管口味平平，却深深吸引了这个热爱过桥米线及滇菜的年轻人。在吴大师的精心指导下，柏天亮焚膏继晷，刻苦练习，终于熟练掌握了切菜、配菜、蒸米线、炼油、熬汤等多道制作过桥米线的工序，开始在饭店里独当一面。1986年，柏天亮跟随中央领导去希腊赴会，

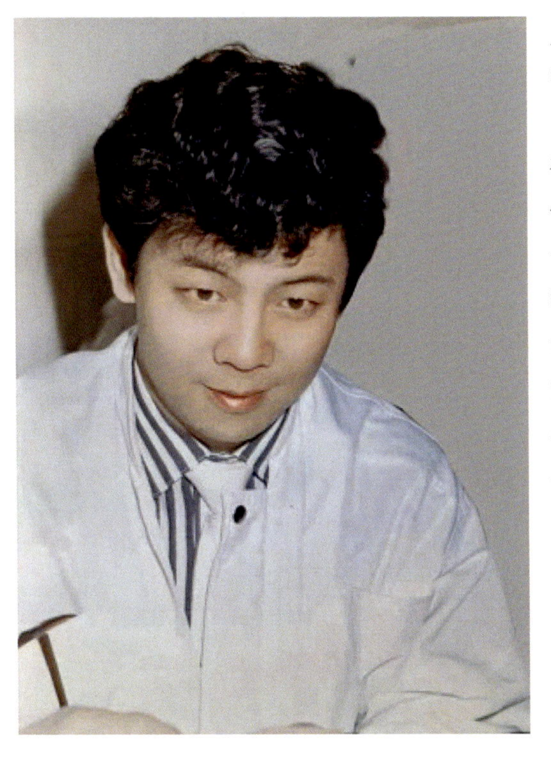

为异国首领带去了云南风味，将中华美食传扬于世界寰宇。

12年后，护国饭店因城改拆除，柏天亮依然不改初心，自立“云滇小厨”，开始系统地研究云南传统美食——过桥米线。“过桥米线，汤是关键。一碗好汤，需要用跑山猪的大骨，散养三年以上的老鸡、老鸭、老鹅熬制八小时。高汤熬成后，从热锅舀起，浇上几滴老油锁住热气，放入生里脊肉、云腿、鱿鱼、鹌鹑蛋、新鲜蔬菜及煮熟的后腿肉。汤底看上去很平静，但是它内在温度很高，可以直接将米线烫熟。鲜美可口，香气扑鼻，这才是正宗过桥米线的风味。”柏天亮说道。

匠人之手，娴于一技。常言道：“一个好厨师是炒出来的。”柏天亮能在众多滇菜大师中拔得头筹，靠的是精益求精的匠心精神，行路未忘的初心。正因有许多如柏天亮大师一般低调做人、认真做菜的前辈的辛勤耕耘，“云南”二字才成为正宗过桥米线的代表，滇菜才能走出国门，走向世界。琢之磨之，玉汝于成。这一路的艰辛，见证着成功的来之不易。现任云南省烹饪协会常务副会长、国家一级高级烹饪技师的柏天亮，还是云南传统过桥米线专家评定中心主任，众多荣誉，不胜枚举。就算已取得如此成就，他依旧虚心学习，不骄不躁，将这种热爱中华饮食文化的手艺人的匠心精神传递下去。

守正创新，桃李满门

九万里风鹏正举，五十年长歌浩荡。“滇菜厨艺，博大精深，诚信为本，务实为根；勤学苦练，才艺超群，道德至上，本分做人；孝敬长辈，扶携同门，互帮互助，传承创新；遵纪守法，奉献爱心，报答社会，永记师恩。”这是柏天亮收徒时弟子们的壮志豪言，也是柏天亮从业至今一直践行的道德规范。柏天亮说：“滇菜源于南诏，距今已有千年历史。漫长岁月中，滇菜不断吸收全国各地烹饪技艺和各民族饮食风格，逐渐形成了别具一格的地方特色。要想传承滇菜文化，首先要做到对传统烹饪技法、独特调料配方、菜肴制作经验的保护和传承，这也正是我所教授的。此外，滇厨应当加强对滇菜历史的研究，挖掘其背后的文化内涵，让更多人了解滇菜的渊源本质。”从无名学徒到公认大师，柏天亮已在厨房这一方小天地之中历经了50个寒暑，收徒200余人，师徒百人的足迹遍布了祖国的大好河山。在云南本地，他们担任的是各酒店的行政总厨，身体力

行地传播发扬更正宗、更传统的云南风味。

物有必至，事有固然。在传承之路上，创新是必然要做的事。对于滇菜的传承创新，柏天亮指出了以下几点：一是深入云南民间，发掘那些具有地域特色和历史文化底蕴的民间菜肴，通过改良和创新，将其打造成具有现代感的滇菜新品；二是了解现代消费者的口味需求，将滇菜的传统口味与现代口味相结合，创造出更加符合现代人口味的新菜品；三是在摆盘和食材方面进行创新，注重营养搭配，运用现代餐饮美学理念，将传统滇菜与现代时尚元素相结合。柏天亮表示："创新要在保留传统特色的基础上进行，既要满足现代人的口味需求，也要尊重并传承传统饮食文化。"

《师说》有言："弟子不必不如师，师不必贤于弟子。"师徒代代相承于滇菜文化，是滇菜得以发扬光大的重要途径。在这个过程中，柏天亮将自己的烹饪技艺和实操经验毫无保留地传授给徒弟们，徒弟们在传承学习中不断进行创新发展，为滇菜注入新的活力。师徒之间互相帮助，所谓"教学相长"当是如此。柏天亮教诲徒弟时常说："传统云南菜，如汽锅鸡、宫保鸡丁、小炒肉等，讲究色香味形，五味调和。在做菜时一定要用心认真，将菜品的原汁原味做出来、传出去，才能吸引他人品之尝之。"个人力量微薄，但积水成渊、积土成山，师徒一同为云南民族菜肴的传承发展贡献力量，薪尽火传，赓续前行。

万里蹀躞，以诚为归

云南地处边陲，多民族聚居。这里饮食风格迥异，菜品风味不一，故云南地方菜独具"包容"之特色。滇菜，看的是色、闻的是香、吃的是味、品的是乡愁、说的是故事。这个菜种，从小吃到主菜，从食材到菜式，无一不展现出其多元性与丰富性。为了将优秀的滇菜文化传播出去，柏天亮从小就在行业中摸爬滚打、勤学苦练。他的职业生涯始于一碗过桥米线，终于一种独特风味，一种独属于云南的味道。

以勤为始，不悔于终。如今的"云滇小厨"已经做大做强，升级更名为"柏汇园"。2020年5月，"柏天亮滇菜研发中心"正式成立，这是一间关于传统滇菜风味的研发馆，也是滇菜文化的传播展览馆。这里的特色仍然是柏天亮从16岁就开始学做的过桥米线，凝聚着他兢兢业业的匠心和锲而不舍的初心，也是对云南百年过桥米线经典配料和传统味道的坚守传承。美味清新、油而不腻、营养丰富，一下就唤起了本地人心中的云南味道，温暖了游人的胃和心。

风禾尽起，盈车嘉穗。1986年，柏天亮第一次把滇菜带出国门。随后，他辗转于南斯拉夫、

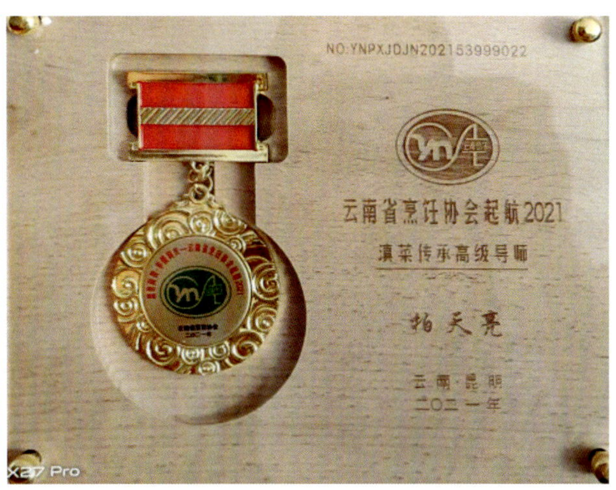

土耳其、缅甸等多个国家，把云南风味带到了世界各地。2018 年，为适应澳大利亚、新西兰等地中餐的需求，柏天亮远赴国外进行交流培训。在这期间，他推进了云南美食产业在国外的发展，搭建起中西餐文化的交流平台。柏天亮在餐饮行业耕耘奋斗数十载，其对滇菜文化的贡献有目共睹。作为中国资深级烹饪大师和元老级滇菜大师，柏天亮大师获誉无数，如第二届中国烹饪协会“中华金厨奖”，全国烹饪大赛金奖、特金奖等。作为国家一级中式烹饪高级评委，柏天亮对于云南菜未来的发展这样说道：“现在的年轻厨师后生可畏。作为前辈，我们有一定责任将老师傅教给我们的东西传下去，再加以创新，使滇菜走出省，走出国，却又不离开云南的风味。对于云南菜的制作推广，我们这些厨师责任重大。”

时光知味，岁月沉香。滇菜文化作为我国饮食文化的重要组成部分，承载着云南地区独特的地域特色和深厚的历史文化底蕴。在柏天亮大师等人的努力下，滇菜得以走出云南，为世界各地的食客带来一番别具一格的美食体验。作为滇菜文化的传承者，他们亦肩负着弘扬滇菜独特魅力文化的责任，并为让滇菜成为我国饮食界文化的一张亮丽名片而不懈努力着。

高锋

GAO FENG

江苏仕达律师事务所创始人

高锋——江苏仕达律师事务所首席合伙人、张家港市劳模之家公益协会会长、昆山市人民政府法律顾问库成员、昆山市台商协会法律顾问库成员、昆山市法律援助中心律师。在高锋的带领下，江苏仕达律师事务所同侪携手齐奋进，筑梦共前行，凭借着扎实的专业能力、丰硕业绩以及实践经验，深受国内外客户的信任和赞誉。二十载风雨兼程，高锋始终坚守在公益法律服务一线，用自己的专业知识技能处理各类典型案件，致力于未成年人和农民工保护、劳动争议解决、诉讼和非诉讼业务、法治建设以及社会组织发展等各领域的思考与研究工作，不仅使专业化、职业化、社会化的公益法律服务模式在全国得以推广，更让全世界听到了中国社会公益组织的声音。

法安天下系准绳，德润人心耀微光

——访江苏仕达律师事务所创始人高锋

仗义执业，书写庄严人生

初心如磐，使命在肩，而律师的使命，是推动国家民主和法治建设的根基之一。为当事人解难，为社会公益担当，为法治进步助力，一面面锦旗，一项项荣誉，汇聚成推动中国律师行业不断向前奔腾的力量。人和，道同，专业，使命，作为广大律师群体中的一员，高锋和他的江苏仕达律师事务所在不断奋进的征途中，始终不忘初心，牢记使命，极深研究，守正创新，以必成之心，创宏伟之业，躬体力行，坚守"守信如今，为业载道"的理想和信念。"律师作为新的社会阶层人士，应当捍卫法律的尊严，维护当事人的权利，应具有铲除邪恶的勇气，容纳弱者的胸怀，报答知遇的良心。"这便是高锋对律师这份职业的注解。

对于高锋来说，成为律师是因为一种情怀。"我从小就爱看武侠小说，梦想成为金庸笔下郭靖一样的侠客人士。侠之大者，为国为民。后来我成为一名律师，能做的就是用法律武器维护普通人群的合法权益。"从事律师职业 20 多年来，高锋为困惑寻找答案，为正义奔波伸张，直至道同而人合，人合而业成之境。2007 年 9 月 10 日对高锋来说，是一个值得纪念的日子。这一天，高锋与几位志同道合的律师伙伴共同创办了江苏仕达律师事务所。

作为一名怀揣梦想、坚守诚信、富有责任心的法律精英，高锋认为：一名合格的律师，既要有坚实的法律知识，也要懂家庭亲人关系的维护；既要坚守法律的尺度，也要体现律师的温度。这正是作为一名法律从业者需要具备的素质，用专业与温度去服务客户。因此，自江苏仕达律师事务所成立以来，高锋和他的团队始终致力于为客户寻求法律问题的最佳解决之道，用每一颗匠心，为客户的尊严守护，为客户的权利发声，为客户的事业助力，为客户的梦想增光，并不断自我革新，精细管理，优化服务，提升能力，铸造品牌，不断丰富业务领域知识，不断强化专业导向，从各类诉讼服务、合规业务到资本市场服务，通过"一站式"服务和"全方位"赋能，立志为客户提供有价值的法律服务。

心有远山，志行千里。在高锋的带领下，江苏仕达律师事务所团队全力以赴，殚精竭虑，披荆斩棘，砥砺前行，赢得了社会和业内的一致认可。江苏仕达律师事务所曾连续三年被评为"优秀律师事务所"，高锋先后获得了"十佳律师""先进个人"等殊荣。

积沙成塔，凝聚慈善力量

律师参与公益法律服务，是鲜明特色和内在要求，是坚持执业为民、落实以人民为中心的发展思想的具体实践。如今，律师已成为我国公益法律服务的中坚力量，在推进全面依法治国、服务经济社会发展、维护社会公平正义、保障和改善民生中发挥着越来越重要的作用。关于公益，高锋常说：“其实很多人心中都存有公益的种子，问题是要怎样点燃、激励他们。只要为公益事业作出过贡献，都是值得尊重的人。”高锋很乐意做那“星星之火”。

从 2005 年起，高锋常常在江苏省司法厅的领导下参与“送法下乡”活动，积极推动律师深入参与公益法律服务事业的发展，并不断把公平、正义的理念和法治信仰根植到更多人的心中。在下乡扶贫过程中，高锋切身感受到了家庭困难儿童群体对学识的渴望。“当时我们到了河南省驻马店一个村落，因为血液原因，村中很多人都不幸感染了艾滋病，几乎没有劳动能力，甚至很多儿童在幼年时期就丧失了父母。”高锋回忆道，“在参与帮扶救助困难儿童的过程中，我深刻地认识到，生命不息，慈善不止。”

在事业风生水起之际，高锋常常在昆山市司法局、市律师协会的带领下捐助各地的困难儿童，并向苏州市慈善基金会、江苏省慈善基金会等慈善组织进行捐款，用自己的实际行动弘扬慈善公益精神，传播新时代的正能量。高锋捐助江苏张家港、新疆巩留、安徽淮北、河南汝南等多地的儿童，每个月直接支付生活费给受捐助人，保证专款专用。“公益慈善事业是一项长期的事业，必须要汇聚社会各界的力量一起去做。”高锋十分注重对社会主义核心价值观的培养，在不断追求创新，提供卓越的现代化法律服务的同时，亦时刻不忘回馈社会，踊跃参与各项社会公益事业，奉献爱心，倾力承担社会责任。在他的奔走联络下，成立公益组织的倡议很快地得到了各方共鸣。最终，在“亲民将军”贾雪阳将军的关心鼓励下，在众多全国劳模、地方各级劳模、全国人大代表、战斗英雄、英雄模范的支持帮助下，他携手多位爱心人士，于 2023 年 3 月 12 日发起成立了张家港市劳模之家公益协会。

与其他公益慈善组织不同的是，张家港市劳模之家公益协会的捐助采用一对一精准捐助的方式，由捐款人直接将慈善款项拨付至被捐助人或是被捐助人的监护人账户上，从源头上杜绝了挪用善款等问题的发生。此外，张家港市劳模之家公益协会的慈善捐款还极具灵活性、及时性，定期开展被捐助人走访慰问活动，及时了解被捐助人的生活状况，并以此为依据调整捐助款项，确保更多有需要的困难人群能够切实得到慈善款项的帮助，他们每年年底还为受捐助者赠送衣服、为困难职工捐助米、面、油、棉被等生活用品。

“因为我一直能看到很多普通人的命运，我一直能看到社会发展的过程当中，困难群体需要

帮助。"不忘初心、牢记使命，践行为民宗旨，积极组织并参与社会公益法律服务，是高锋和江苏仕达律师事务所的责任与担当。高锋用实际行动传递法治温度与慈善公益之心，在江苏仕达律师事务所与张家港市劳模之家公益协会双平台的共同参与下，在党的二十大精神与爱国主义光辉的照耀下，高锋将法律服务与劳模之家合二为一，号召广大国家机关公务人员、社会各界人士积极参与到社会慈善公益事业中来。

"推动新时代慈善事业持续健康发展，更好地助力扶弱济困、促进共同富裕，这是时代赋予我们的历史使命与责任。"以脚踏实地的坚持和付出，切实可靠地传递社会公益正能量。如今，高锋通过榜样带头作用让公益真正做到了"全民"参与，让社会正能量持续推动民族和国家的进步和发展。在高锋及其团队的感召下，已不断有家庭状况良好的学生自愿捐助零花钱，帮助困难地区的青少年完成学业，令颗颗赤子爱心熠熠生辉。

展望未来

通过与多个部门及公益组织的共建共联，参与并组织了诸多公益法律服务项目，在高锋及江苏仕达律师事务所的带领下，越来越多的律师走上街头、走进社区，为群众提供法律援助和法律咨询服务，积极推进志愿者服务，热心公益，号召大家积极投身到社会公益事业的建设中来。同时，凭借着过硬的专业水平以及实务经验，高锋正带领着团队发挥法律人的带头作用，积极为社会奉献，增强了人民群众在社会法治建设中的获得感、幸福感、安全感，让人民大众真实感受到法治社会的温度。

然而高锋深知：公益法律服务的成功开展，凭借满腔的热血以及一颗公益的初心是远远不够

荣誉证书

HONORARY CREDENTIAL

高锋 同志：

在二〇二二年度捐资助学工作中成效显著，被授予"相山区爱心人士"。

特发此证　以资鼓励！

淮北市相山区总工会　淮北市相山区教育局

二〇二三年一月六日

荣誉证书

HONORARY CREDENTIAL

高锋 同志：

感谢您为相山区爱心捐资助学教育事业的发展做出的贡献，对此爱心之举，谨表示诚挚的敬意。

特发此证　以资鼓励！

淮北市相山区总工会　淮北市相山区教育局

二〇二三年三月

荣誉证书

高锋 同志：

在二〇二二年度捐资助学工作中成效显著，被授予"相山区爱心人士"。

特发此证 以资鼓励！

淮北市相山区总工会 淮北市相山区教育局

二〇二三年一月六日

荣誉证书

高锋 先生：

感谢您为汝南县南余店乡爱心捐资助学教育事业的发展做出的贡献，对此爱心之举，谨表示诚挚的敬意。

特发此证，以兹纪念。

中共南余店乡委员会 南余店乡人民政府

2022年7月

的，还需要制度以及平台的支撑，需要构建完善的公益法律服务体系。此外，只有将公益与法治结合在一起，才能使二者发挥出更大的力量与作用。栽下梧桐树，自引凤凰来。未来，高锋将持续走慈善公益法律服务专业化发展之路，正如他所说："这是值得花一辈子时间去做的事业。"前路漫漫，需要志同道合的一群人相互扶持、相互鼓励，才能持续地走下去。因此，高锋也将号召动员更多的律师同人一起加入社会慈善公益事业中来，携手迈向更广阔的蓝海和未来。

如同一缕阳光，滋养和谐万物，照亮困难群众前行的道路；如同一杆公平的秤，捍卫权利尊严，用法律书写人间正道沧桑。"为了正义"四个字，诠释着高锋及其团队的初心和情怀。在高锋的带领下，江苏仕达律师事务所将始终坚守自己的法治理想和信念，将公益事业坚持到底，与光同向，与法同行，共燃千灯同昼，齐聚燎原星火，追随着法律的崇高信仰，向更美好的明天阔步前行！

逄竣喻

PANG JUN YU

山东钜力教育科技有限公司董事长

孟子曰："君子有三乐……得天下英才而教育之，三乐也。"孟子认为，广集天下优秀人才并教育他们，这是第三件快乐的事。揆古察今，教育在中国始终是治学为政的重中之重。进入新时代，我国进入高质量发展阶段，建设高质量教育体系是建设教育强国的奠基工程，具有深刻的时代价值和深远意义。

"钜力少年"是专注于少年儿童全脑开发的全国连锁学能教育品牌。多年来，公司积极响应国家号召，结合国家"十四五"规划重点课题《脑科学教育与学能应用研究》与"中国人生科学学会脑功能开发与应用研究院"的教育教学质量和管理体系，优化了一系列科学有效的大脑运动方案，全方位、多极化地来锻炼和刺激大脑潜能的开发。通过创新型的学能训练，让孩子们拥有终身受益的学习能力，更好地适应未来的智慧时代，为其未来成长打下坚实的基础。

华路东北角隆重开业。店铺虽然装修简单，但对贾亚芳来说却是一件可喜可贺的事——金蹄轩猪蹄实现了从零售到开店的历史性跨越。

从 0 到 1，贾亚芳用了几年的时间；从 1 到 N，在贾亚芳的带领下，金蹄轩猪蹄实现了快速发展壮大。如今，金蹄轩实体店规模已达到 1000 平方米，拥有员工 80 余人，公司设有网络销售、实体中餐运营、咪呢店连锁拓展、工厂加工、总部行政管理五大板块，产品远销全国各大城市，已然成为卤制猪蹄的一张名片。秉持着“诚实做人，诚信做事”的经营原则，贾亚芳和西安金蹄轩餐饮管理有限公司于 2018 年荣获全国商业道德示范基地；2019 年荣获国家 AAA 级信用企业；2019 年荣获陕西省 AAA 级信誉单位；2019 年荣获陕西省产品质量重点推荐单位；2019 年荣获陕西省行业优秀企业；2021 年荣获陕西十大匠心创新力品牌企业；2021 年 8 月金蹄轩入选第十四届全国运动会特许供应商企业；同年荣获中华人民共和国“十四运”爱心企业；2023 年荣获陕西省餐饮行业十佳单位；2023 年荣获陕西省质量优秀品牌企业；2023 年 11 月金蹄轩品牌荣获“中国乡村振兴餐饮类优秀品牌第一名”。

匠心风味，守护舌尖安全

民以食为天，食以安为先。在一锅老汤的基础上，西安金蹄轩餐饮管理有限公司已发展成为一家专业化生产以卤猪蹄、酱牛腱子肉、卤鸡为主的专业化工厂加工卤制品及实体店销售经营的企业。公司拥有现代化厂房，严格按照国际食品加工流程，始终以保护消费者利益为责任和使命，秉承“做良心食品，为健康负责”的企业理念，坚持执行国际先进的食品品质管理体系，并对生

产过程全程监控，致力于为消费者提供安全、营养、健康、美味的优质食品。严谨的工艺流程及调料配比标准，使得金蹄轩猪蹄制作生产过程逐渐趋于规范化。

“自继承父亲一锅卤味老汤的时候，卤制猪蹄的调料配方就基本上定型，但是猪蹄材料的选取却有一定的标准。”焯水加工，对猪蹄沟凹处进行修整，剔除零碎赘肉，保持猪蹄表面的整齐光洁，就连猪蹄加工中，在水里浸泡的温度及时间，贾亚芳都有着严苛的规定和要求。“虽然我们的卤制猪蹄是规模化、大批量生产，但其中的老手艺一点也没有丢，每个合格的猪蹄制作出来，都要经过 10 多道工序的‘历练’。为了把祖传的手艺传承下去，在猪蹄的制作上，我一点也不敢含糊，质量工序都必须符合要求。”贾亚芳自豪道。同时，为了使得五香猪蹄更加符合现代人的口味，贾亚芳还通过反复的尝试，增加了 2 种天然植物成分配制成的酱制料包袋，制作技艺更加独特，使猪蹄口感清爽不腻。

为了传承老字号的加工工艺，让金蹄轩传统风味产品大放异彩，同时适应现代人对健康饮食的要求，贾亚芳匠心独运，经过无数次的研发和试验，终于成功推出了别具一格的“脱脂猪蹄”。颤抖的胶质、健硕的蹄髈、红润鲜香的尤物，脱脂猪蹄去掉了猪蹄原有的油腻和脂肪，保留了胶原蛋白，比五香醇厚，比脂肪清淡，拥有一种历尽沧桑后的淡薄，又自然地带有一种老于世故的深沉回味。食之，既不沾手，又十分筋道软糯。在厚重的卤汁封裹之下，有着迸发于唇齿间的浑厚能量，又能清晰地感受到纤维带来的清爽和韧劲。

如果说口感是金蹄轩脱脂猪蹄的名片，那么产品质量便是金蹄轩脱脂猪蹄的生命线。为了保证产品质量和肉质口感，防止产品遭到二次污染，贾亚芳采用了“一焖二卤三锁鲜”技术，各生产阶段工作人员必须严格做到生熟分离，并由质检人员进行品质监控，成品采用冷藏车全程冷链物流运输。从选材到生产，严格把关好每一道工序，立志打造百姓信得过的良心食品、放心食品。

高品质打造卤味江湖

在贾亚芳的努力下，西安金蹄轩餐饮管理有限公司不断提高现代化企业管理水平，着力发掘金蹄轩猪蹄的品牌价值，让金蹄轩猪蹄更具市场竞争力和时代活力。目前，金蹄轩已经发展成为当地美食餐饮界的知名企业，2021 年更是牵手“十四运”，成为“十四运”特许商品供应商，“无论对我个人创业还是对金蹄轩品牌来说，这次合作都是一件值得喜悦的事。这次能成功牵手‘十四运’，首先是对金蹄轩品牌和金蹄轩脱脂猪蹄产品的认可，同时对金蹄轩品牌价值和知名度也会有着一个很大的提高，对我们以后拓展渠道也是个很好的背书”。贾亚芳高兴道。

秉承着“美味又健康，营养不流失”的原则开发产品，让金蹄轩脱脂猪蹄成为老百姓餐桌上必不可少的一道美味佳肴。怀揣理想与初心，从“一道菜”到一个品牌的蜕变；从肩挑一个家族

的产业继承到成就行业文化的使命传承；从对传统的坚守演变成具有时代元素的变革；时代的演进中，贾亚芳带领着西安金蹄轩餐饮管理有限公司与时俱进，续写着自己的传奇篇章。未来，贾亚芳将不断完善从上游原材料采购，到下游仓储、运输、销售的各个环节，形成卤制猪蹄行业一体化产业链，进一步扩大金蹄轩的品牌效应与市场规模。同时，贾亚芳殷切地期望，能将金蹄轩猪蹄打造成国家级非物质文化遗产，打造中国脱脂猪蹄领导品牌，将西安金蹄轩餐饮管理有限公司做成一流企业。“非遗就像一张名片，是人文演绎、社会变迁的承载体。我希望以此为契机，为产品注入德厚可坚的文化内涵。”

红火岁月的炉火明灭，时代巨变的波澜不惊，最终都由贾亚芳不着痕迹地将其投射于卤制脱脂猪蹄工作中，化作人们平凡的餐食。重振传统工艺名吃，弘扬中华饮食精粹，在贾亚芳和金蹄轩全体员工的共同努力下，金蹄轩脱脂猪蹄跨越山海，与远道而来的人们相逢于餐桌，共赴一场鲜香可口的美味碰撞。薪火相传，匠心坚守，寻味传统遗韵；西北底色，博采众长，兼容并蓄八方风味；打破桎梏，结构重组，不断探索美味密码。在贾亚芳的带领下，西安金蹄轩餐饮管理有限公司将源源不断地从中国饮食文化底蕴中汲取养料，成就现代华夏美食的精彩纷呈！

周志奇

ZHOU ZHI QI

珠海安士佳电子有限公司董事长

珠海安士佳电子有限公司（以下简称安士佳），是一家在消费安防监控领域独树一帜的专业制造商。在董事长周志奇的领导下，安士佳克服重重难关，稳步前行，不断开拓全球市场，不仅在国内创建了一家分公司，还在美国、英国、荷兰设立了四家海外全资子公司，并先后创立了 ANSJER、ZOSI、Loocam、Anlapus 多个自主品牌以及美西海外仓（100% 雇佣本土员工，为自主品牌提供仓储、退货翻新、贴标中转、返包、自派送等全套服务）；累计获得有效专利 74 项、软件著作权 137 项、国内注册商标 18 项、国际注册商标 38 项，致力于为全球客户提供卓越的安防解决方案。

循心而筑安防之翼，携手共征海外星辰

——访珠海安士佳电子有限公司董事长周志奇

初心缘起时，奋斗正当年

安防行业，犹如庄严的守卫者，静默地守护着人们的安宁与和谐。它以科技为利剑，筑起了一道坚不可摧的安全防线，让人们的生活如诗如画，安全而舒适。在社会的每一个角落，无论是温馨的家庭、神圣的学校、繁忙的企业，还是公共场所，安防产品及服务的存在就如同璀璨的星光是人们的“守护神”，时刻守卫着人们的安全与幸福，照亮人们的安全之路。在这片浩渺星空中，珠海安士佳电子有限公司如同一颗璀璨的明星，亦如同一只展翅高飞的雄鹰，翱翔在安防行业的广阔天空中。正如其名字“安士佳”所寓意的一样，公司始终致力于为社会提供最安全、最可靠的安防产品和服务。诚然，这一辉煌成果的背后，离不开董事长周志奇的引领。

周志奇，这位出身于“一脚踏三省”的南阳市淅川县荆紫关的企业家，凭借着珠海市优秀民营企业家、高级工程师、工商管理学硕士等多重身份，彰显出了其非凡的实力与才情。深耕安防监控技术近30年，他敏锐地洞察到了安防行业发展的巨大潜力，而早年间在国内知名高校求学时所积累的丰富知识和经验，也让他对市场脉络有着深刻的理解。2006年，周志奇怀揣着满腔热情与坚定的信念，投身于创业的洪流中。在珠海这片充满活力的土地上，创办了安士佳电子有限公司，掀开了其人生独立创业的崭新一页。

如果说安士佳是一艘乘风破浪的巨轮，那么周志奇无疑就是那名指引航向、坚定前行的杰出船长。在大风大浪中，他稳如泰山，驾驭着这艘巨轮披荆斩棘，勇往直前。有了他的引领，安士佳在近20年的时间里，不断突破技术壁垒，实现了一次又一次的飞跃式发展。从最初的物联感知设备，拓展到如今与人工智能、大数据技术充分融合的智能物联产品、IT基础产品、智慧体育产品及平台服务产品、数据服务产品和应用服务产品等；从最初自主研发监控摄像机、自营进出口业务，再到推出全球首款民用型IRCUT摄像机、DVR套装；从最开始成立研发部、国外销售部、深圳研发中心，逐步到跻身于国家级高新技术企业行列，安士佳的产品线不断拓宽，实力亦不断增强。

一路拼搏前行，周志奇的目标始终如一，让安士佳的安防监控器材成为行业里的璀璨明珠，让“芯好眼睛亮”（昼夜模式自动转换）成为每一个产品的独特标签。如今，珠海安士佳电子有

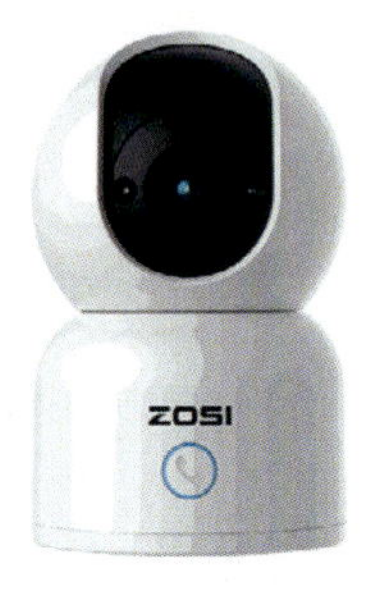

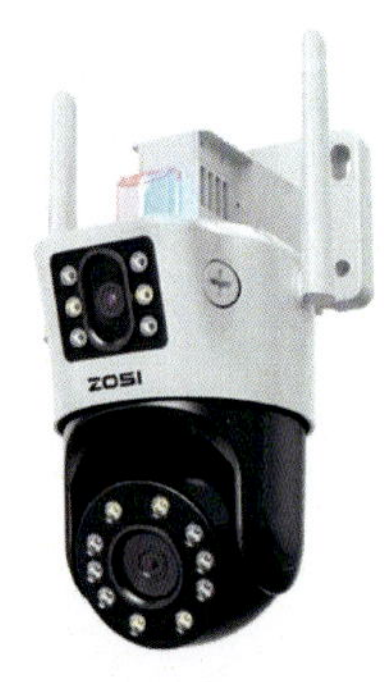

限公司已脱颖而出，成为安防行业内的翘楚。他们的足迹踏遍世界主要安防领域，包含公安、金融、交通、能源、通信、学校、园区、家庭等。网络产品销售遍布北美、欧洲、亚洲、中东等全球 100 多个国家和地区，拥有超过 5000 万 + 的用户。他们以更加高端、专业的技术服务于全球客户，成功地完成了从单一的产品研发制造商向智能产品应用技术的集成服务方案提供商的转型升级，赢得了全球客户的一致信赖与赞誉。

胸怀宏图志，梦想掷地生

随着智慧城市建设的蓬勃发展，人们对安防产品的需求如春江水暖般，为安防行业带来了前所未有的发展机遇。在这个新时代中，安防技术如同凤凰涅槃，以创新为翅膀，以科技为羽翼，不断与其他高新技术相融合，为人们的安全生活注入了新的活力。最新的 WiFi halow 技术被首家应用在消费级别的摄像头上、DVR 摄像头套装、各类模拟 HD 摄像机、IP 网络摄像机、低功耗电池摄像机、智能球机、HD DVR、NVR 及其他音视频监控设备……一颗颗微小的摄像头，成了安士佳在海外市场上展翅翱翔的突破口。

开发产品就像“搭建积木”，需要深厚的“内功”方能打赢一场场“硬仗”。看似简单的摄像头，若想打破行业内的技术壁垒，离不开全体科研团队的辛勤付出、大量研发资金的投入（安士佳每年将公司利润的 10% 投入研发领域）以及反复锤炼产品的“内功”。极佳的性价比，是安士佳在海外市场站稳脚跟的“法宝”，他们坚信“让客户觉得产品值得”是赢得市场的关键之一。其中，DVR 套装是安士佳的得意之作，2021 年在美国市场中总体占比高达 18%。“我们在美国参展的时候，经常有客户走过来说他认识我们的品牌，很喜欢我们的产品。”周志奇笑着说，“每当这时候，我就觉得很欣慰，这说明我们的产品在欧美市场站得住脚，值得客户期待和信赖。”

回首过往的奋斗历程，周志奇凭借着对科技的敏锐洞察力、对人才的精心培养以及对品质的极致追求，成功引领安士佳走向顶峰。2016 年，周志奇对用人之道独具慧眼，任命具有美国留学背景，曾在公司担任生产、供应链经理、营销副总、常务副总等职务的周斌同志为总经理，带领安士佳跨境电商团队实现了品牌高速发展（2013 年开始涉足国外电子商务领域）。他们以开放的心态接纳东西方先进的管理理念，将科技与人才、品质与创新充分融合，带领团队不断创新、精益求精、追求卓越，将“工匠精神”发挥到极致，打造出了一种独特的企业文化。

作为引领安士佳迈向巅峰的领航者，他们不仅是高瞻远瞩的决策者，更是公司发展与创新的灵魂向导。他们以超凡的智慧和胆识，以解决客户痛点问题为主要出发点，先后开创了

ANSJER、ZOSI、Loocam和Anlapus等多个自主品牌（通过CE、FCC、UL等一系列严格的国际认证，为行业著名品牌SWANN、NIGHTOWL、DEFENDER、QSEE、UNIDEN、YALE、COCOON等提供ODM定制化服务），引领安士佳在产品研发与销售业绩上实现了华丽逆袭。2017年，凭借着先进的核心生产技术和专业、及时的售前售后服务，公司自主品牌营销收入超过了公司总营收的50%，产品畅销于Walmart、Aldi、Costco、Tesco、LeoryMerlin（ZOSI品牌成功进驻乐华梅兰160家店面）等众多全球连锁零售卖场。这一年，安士佳实现了商业模式的成功转型。

在创业这条路上，有的人初心是梦想，有的人初心是利益，但如果将周志奇这样的企业家进行深度剖析来看，也许我们能得到不一样的答案——他的初心，是"为天下人谋安全"的大无畏精神，是孜孜不倦的奋斗精神，是敢为人先的创新精神，更是弈棋一样想尽后路方才落子的谨慎及令无数人侧目的独到战略眼光。

时至今日，以"周视 ZOSI"自主品牌为代表的安士佳集团，犹如一颗璀璨的明珠，在安防行业的大舞台上熠熠生辉。他们先后荣获了国家专精特新"小巨人"企业、高新技术企业、广东省智能视频监控工程技术研究中心、珠海市重点企业技术中心、中国安防最具影响力十大品牌高新技术企业、创新综合实力50强、广东省电子商务100强企业、广东省制造企业500强、青年就业见习基地、安防工匠人物等诸多荣誉称号。每一项成就都凝聚了安士佳人无尽的智慧与汗水，每一项认可和荣誉都彰显了安士佳人的努力与付出，他们的背后，是无尽的智慧与胆识，是不断追求卓越、锐意进取的时代奋斗精神。

漫漫征程路，心随时代动

2020年春节，在新冠肺炎疫情来势汹汹，给祖国的大好河山蒙上了一层阴霾之际，健康和安全意味着什么？意味着每个人的基本权利，意味着社会稳定的基础，意味着国家发展的保障，更意味着安士佳的使命和责任。他们以毫无畏惧的气魄迎接巨大挑战，以全力以赴的态度克服困难，专注于技术钻研，打通线上直播销售渠道，在珠海建立了现代化智能车间，稳步拓展国内外市场。在这个与时代并肩作战的特殊时期，安士佳在实现了内外合力的良好局面的同时，为封控在家的万千个家庭带去了安防的希望，为他们的安全生活保驾护航。

有人说，周志奇是个战略家，是个不折不扣的“赌徒”，与其他赌徒不同的是，周志奇这样的战略家的赌资是自己的判断力，是对于大环境的敏锐观察力，更是放手一搏的勇气。

随着疫情的浪潮逐渐退去，人工智能的新时代已然迈步走来，促进企业高质量发展迎来了新的光明前景。在这个关键时刻，安士佳团队一马当先，积极响应时代召唤，率先成立了全新的算法中心。他们以精湛的技艺和敬业精神，精心打磨产品、精工制作，不断汲取前沿技术，引进高端设备，并将AI技术注入监控产品领域，带领着更聪慧、更便捷、更实用的前沿安防产品面向市场与消费者。在这个过程中，安士佳获得了多项专利，涵盖了智能化云端视频传输储存方法及系统、智能区域识别报警方法及系统、一处多样的POE双向中继控制系统、NVR和IPC自动无线对码连接方法、智能推送视频的方法及系统以及无线级联方法等多个领域。周志奇表示：“在疫情大背景下，我们的业绩还能保持逆势上扬，这是客户对我们产品的认可。”

栉风沐雨，风雨兼程。在商业领域内不断披荆斩棘、风雨无阻的周志奇，尽管已取得了巨大的成功，但他仍然心系故土，他的心始终与淅川老家的乡亲们紧密相连。当听闻村里修桥的消息，他毫不犹豫地慷慨解囊，捐助了数十万元；为了促进家乡经济发展，他积极联系南阳两家企业成为安士佳产品的营销合作伙伴，五家企业成为公司的辅助材料供应商，为家乡建设贡献自己的力量。

鹏北海，凤朝阳。又携书剑路茫茫。宏伟的珠海安士佳，是周志奇精彩人生的落脚点与缩影，这座屹立在“粤港澳大湾区”核心区的建筑，诉说着周志奇对于安防行业与国家发展的大力贡献，描绘着安士佳在新的历史时期的辉煌成就，织就着周志奇与安士佳共同成长的壮丽篇章。当时代的光辉映照在品牌的余韵里，他们的下一个20年也即将扬帆起航、夺目生辉。在数智化高质量发展的道路上，他们将加强与国内外同行们的交流与合作，为全球客户提供更加优质的安防产品和服务，共创美好新未来！

陈昌斌

CHEN CHANG BIN

重庆市酒文化研究会会长

陈昌斌，中国优秀企业家、重庆市酒文化研究会会长、重庆市文化和旅游发展研究会执行会长、重庆拳天下文旅发展有限公司董事长、中国“猜拳行令”拳王争霸赛创始人以及“挑战拳世界”创始人。在谈及未来中华优秀传统文化和酒文化事业的发展时，他展现出了无尽豪爽之气和大志在胸的豪迈之感。在他的引领下，重庆市酒文化研究会跨越时空、超越国界，积极发掘和传承重庆酒文化的内在生命力。通过深入研究酒文化“猜拳行令”的规则和规律，深挖古今中外的饮酒习俗，倡导各界人士践行饮酒礼仪和礼节。他的理念不仅在于传承和弘扬中国酒文化，更在于通过酒文化推动企业经济的发展和酒文化的繁荣进步，为实现中华民族伟大复兴作出积极贡献！

猜拳行令毕其功，愿景如画豪气升

——访重庆市酒文化研究会会长陈昌斌

以己之力，助推践行

中华优秀传统文化是一条悠长的河流，流淌着我们的精神血脉，承载着千年的智慧和情感。在这条河流中，酒是一道独特的风景线，自“仪狄造酒”开始，便成为中国文化中不可或缺的元素。在古代，贵族等级以使用盛酒的爵来区分，而“魏晋风度”里诗与酒的高度融合，则成就了浪漫主义的巅峰。我们以酒诵山河、咏明月，叹命运、诉离别等抒发各种情感。

诗仙李白用“人生得意须尽欢，莫使金樽空对月”畅谈立足当下、不虚此行；诗圣杜甫用“艰难苦恨繁霜鬓，潦倒新停浊酒杯”诉说生逢乱世、命运不公；王羲之用“曲水流觞，临流赋诗”描绘自由如是、与梦同飞；曹操用“对酒当歌，人生几何”吐露千古忧愁、世事无常。时代在更迭，但从千万年前流淌而来的酒文化却浸透了山河图卷，世代延承。

陈昌斌，这位来自重庆市沙坪坝区的英勇拳手，不仅致力于深入研究中华优秀传统文化与酒文化，更独具慧眼，全力挖掘其中的瑰宝——“猜拳行令”。2014年，陈昌斌以酒为媒，以拳先行，以文化为底，中外兼容，将竞技与表演并重，成功创办了重庆市酒文化研究会。通过学习、交流理论探讨和实战演练，他面向全球打造了一支前所未有的“猜拳行令”拳王团队，经常进行技艺切磋交流和比赛。这支团队拥有几十名拳王、几百名拳师和若干名行酒令高手，成为难以复制的传奇。经过多年的运作和数年的经营，陈昌斌成功地将人人皆知却难登大雅之堂的佐餐即兴活动推举变成如今的“拳界”网红产品，将一个流传千年的民间竞技游戏推广成为系列“竞技大赛”—中国“猜拳行令”拳王争霸赛，使其扬名四海。

人们常说，“猜拳行令”获胜是“偶然”。然而，陈昌斌已将“偶然”变成了“必然”。数十年来，陈昌斌在拳坛上独领风骚，以高超的技艺和独特的风格征服了无数拳坛高手，每一招每一式都透露出深厚的文化底蕴。他专挑龙头高工，挑战各路英豪，至今未尝一败，甚至国内外的拳王水平都与他的水平差距甚远，被誉为划拳界的“传奇人物”，民间更是将他尊为无敌“拳圣”。无数人慕名前来挑战，或是在酒桌上约定比试，或是偶遇后即兴切磋，陈昌斌以三代传承的精湛技艺、不断挑战自我的精神和超凡的气度一一化解，最终战而胜之。虽“高处不胜寒”，却依然坚守在划拳的道路上，用自己的实力和智慧创造了一个又一个奇迹。

“把爱好当事业，把文化变经济，创新文旅产业，他人难以复制，弘扬传统文化，彰显人生价值。”通过实体展示华夏优秀传统文化、酒文明之大成，让更多人了解和认识这些博大精深的

中华优秀传统文化，是陈昌斌心中多年的念想与愿景，是目标也是方向，是胸有成竹也是持之以恒。

承于千年，兴于当下

《新五代史·史弘肇传》记载：“他日会饮章第，酒酣为手势令。”划拳时，人们常常高呼：“一心敬、两相好、三星照、四鸿喜、五魁首、六大顺、七七巧、八匹马、九久长、十十全”这段脍炙人口的划拳辞令。出拳时：（1）出零时须将手掌紧握成拳状；（2）出一时须出大拇指；（3）出二时须出大拇指加任意一指，如果出大拇指加小指，则小指不能指向对方；（4）出三时须出大拇指加任意两指；（5）出四时须出大拇指加任意三指；（6）出五时须伸开手掌、五指全出。《胜饮编》亦曰：“皇甫嵩手势酒令，五指与手掌节指有名，通吁五指为五峰，则知豁拳之戏由来已久。”可见，在中国的餐桌上，吃饭喝酒，喝酒划拳，早已成为一种约定俗成的独特民俗形式。

“猜拳行令”，最早起源于汉代，是我国的优秀传统文化之一，看似简单，其实蕴含着厚重的中华优秀传统文化的思想精髓，是融博弈、心理、谋略学等于一身，是眼、耳、心、口、手在大脑的高度协调配合一致指令下的智力体育竞技活动（培养少年人的智力、增加青年人的智商、锻炼中年人的身体、避免老年人的痴呆等）。猜拳双方在粗犷中求细腻、在比拼中显风格、在对抗中见温暖，参与性强、涉及面广、挑战性强、影响力大，不分国籍、不分贵贱、不讲性别、只讲爱好，老少皆宜，魅力独具、乡土特色极为浓郁。

近几年，陈昌斌凭借其卓越的组织能力和创新精神，成功地将“划拳助兴”这一中国优秀传统酒文化以独特传播方式引领成为一场颇具规模的赛事活动。他敏锐地洞察到人们的好奇心、好胜心和好斗心，运用独特的营销策略，将优秀传统拳法、十五二十、老虎棒棒鸡、石头剪刀布、小蜜蜂飞等划拳法元素融合在一起，形成了一种新颖有趣的划拳模式。他鼓励参与者挑战自我，享受竞争的激情。胜者可以享受到各种优惠和奖励，包括免费吃、免费喝、免费耍、免费玩、免费拿、免费住等福利，而败者零责，享受全场优惠打折。这种独特的营销模式不仅让亿万人耳目一新、乐于参与，也让亿万人摩拳擦掌、跃跃欲试。

“千淘万漉虽辛苦，吹尽狂沙始到金。”经过连续四届活动的成功举办，中国“猜拳行令”拳王争霸赛已经成为一项备受瞩目的赛事。从第一届的一二百人到第四届的上千人，陈昌斌借助这一赛事，成功搭建起了一个展示中国酒文化深刻内涵的竞技平台。他以群众优秀传统文化竞技

方式为载体，将中国优秀传统酒文化与现代体育竞技相结合，不仅提升了中国酒文化的国际品牌形象，还挖掘出了中国酒文化的历史遗产。同时，他以智慧和勇气，积极保护和传承了“中华历史悠久的行酒令”民俗文化，弘扬了中国酒文化，引领着中国酒文化走向更加辉煌的未来！

始终如一，力展宏愿

一个人喜欢是爱好，一群人喜欢则是责任。前进道路的初心始终未变，通往彼岸的方向始终坚定。这些年，陈昌斌以拳击为桥梁，以酒文化为纽带，不断拓宽视野，从重庆走向全国，再迈向世界。

“猜拳行令”拳王争霸赛在他的推动下，逐渐成为在全国范围内的知名赛事，以其独特的魅力和深远的影响力，赢得了政府、名酒企业、数十家媒体的支持和认可。也因此荣获了重庆市社会科学界联合会颁发的“2018、2019、2020、2021、2022年度社科工作先进单位”和“先进基层党组织”的荣誉，同时获得了世界酒业联盟颁布的“世界酒文化特色项目”称号。然而于他而言，荣誉是锦上添花，公益是责任担当（2020年2月11日，向重庆市慈善总会捐款人民币13.9万元助力抗击疫情行动），弘扬酒文化、建设美好重庆，才是他永恒的使命。

“猜拳行令”，其发展的生命力源于流量与热度，在于构建独特的场景与内涵丰富的内容。在这个充满娱乐色彩的年代，流量与热度成为财富转化的源泉。作为一个富有远见和决断的领导者，陈昌斌敏锐洞察时代的变迁，积极带领团队向新媒体领域迈进。抖音、快手、视频号、小红书等视频平台成为其新的传播渠道，平台的宣传力度逐渐增强，犹如磅礴而出的一股洪流，将重庆的人文美景、中国酒文化的魅力，以及“猜拳行令”的精彩推给更广泛的观众。

在陈昌斌的引领下，操盘团队齐心协力，致力于将“猜拳行令+”的模式推向其他城市和不同产业。他们相信，通过拓展迁移，定能够开辟出无限未来，为社会、政府、城市和投资方带来实实在在的谋效益。为了实现这一目标，团队将建设重庆地区面向全球的又一网红地标，以“打卡、偶遇、体验、参与、竞技”为主要形式，打造以“非遗、美食、潮流、文创、诗酒、逐梦”为核心价值的主阵地。他们将以场景空间为载体，创造出一批富有影响力的娱乐内容，推出一个具有全球性的超级IP项目——“从你

的拳世界路过”。

择一事，终一生。“挑战”“赛事”“文旅+”，这些词语的背后，是陈昌斌及研究会全体会员精心打造的以“猜拳行令”为特色的文化活动，引领发展中国酒文化的文、体、旅、电、商品牌综合体。它不仅是活跃市场、刺激消费的动力源泉，更是酒娱乐文化的竞技擂台，酒品牌的亮相展台，以及酒企业的展销平台。以酒文化产业融合文旅商·打造重庆夜间经济新兴产业项目。在这里，划拳爱好者们得以充分展示自身的拳技，深入交流中国优秀传统酒文化。我们期待在不久的将来，重庆市酒文化研究会“猜拳行令”活动将如期而至（第五届已在规划中），持续举办，成为国家非物质文化遗产、国家智力体育竞技项目、吉尼斯世界纪录，继续为繁荣中国酒文化添砖加瓦，为实现中华民族伟大复兴而贡献自己的绵薄之力！

黄正勇

HUANG ZHENG YONG

北京泽牧久远生物科技研究院技术总监

肉蛋奶是百姓“菜篮子”里的重要品种。牛羊等草食动物吃的是草，产的是优质的肉、奶和毛。畜牧业是关系国计民生的重要产业，草食畜牧产品是我国城乡居民重要的“菜篮子”产品。草食动物的持续发展，也成为我们农业现代化发展的关键。但我国草食动物养殖面临着规模化程度不高、饲料转化率低、优质粗饲料和蛋白质饲料资源缺乏、疾病防控风险大、种养结合脱节、人才短缺和劳动力成本升高等多重问题，这些都严重影响了我国草食动物健康生产技术水平。北京泽牧久远生物科技研究院以“草食动物养殖业存在的问题就是我们研究的课题”为己任，不断推动草食动物养殖业的智能化进程，对提升草食动物养殖良种化、规模化经营水平，产业升级，科学技术养殖等都有良好的影响，进而提高生产效率，提高养殖从业人员收入具有重大意义。

科技赋能助牧发展，创新驱动增收提效

——访北京泽牧久远生物科技研究院技术总监黄正勇

北京泽牧久远生物科技研究院创立于2013年，是一家以草食动物营养与饲养技术为课题的科研单位。由中国农业大学、农业科学院、清华大学生命科技学院的多位老专家和年轻知识精英组成，拥有十余位资深专家、博士和硕士，形成了现代化草食动物精准营养技术团队，掌握了牛、羊、兔、驴、马、赛马、鹅、鸭、野猪、鹿、骆驼、羊驼、鸵鸟、火鸡、孔雀等草食动物营养的关键核心技术，现已发展成为经营实力雄厚、产品种类齐全、研发设施完善及产品创新能力显著的草食动物营养研发平台。研发出了一系列绿色安全的牛羊饲料饲喂和管理方法，在节约生产养殖成本，降低能耗，减少环境污染等各方面呈现出综合优势格局。泽牧久远先后获得了中国畜牧业博览会“伏羲杯科技推广奖”，全国反刍料大会“十大影响力企业”，第八届中国驴业发展大会“科技创新示范企业奖”，中国种植养殖牛人大型公益活动“盛世沃土奖”，中国肉羊产业河山论坛“科技创新金羊奖”“优质产品金羊奖”，以及经国家权威认证机构严格、细致、全面的审核，泽牧久远及其所属的生产基地河北牧笑园生物科技有限公司均已获得ISO三体系认证。

发挥专长搞研究，潜心技术获专利

自20世纪90年代以来，我国畜牧产业在国家西部大开发、退耕还草、退牧还草等政策的支持下，发生了较大的结构改变。近年来，随着农业供给侧结构性改革的不断推进，以牛羊为主的草食畜牧业在畜牧业总体结构当中地位日渐重要，并带动了饲草产业的快速成长。但与提升牛羊生产标准化、规模化水平的要求相比，现有的养殖模式成本高效率低、资源有效利用率不足的问题仍较为突出，饲喂等基础性工作显得有些滞后。为此，进一步拓展饲料来源，构建现代饲草产业体系，转变传统草食畜牧业生产方式，加快实现草食牲畜高效转化，已成为畜牧业结构调整的重要组成部分。

当前，我国在牛羊良种繁育、营养饲料、饲养管理、健康养殖等方面的科技推广取得了良好进展，但不能忽视的是，我国肉牛肉羊等草食畜禽生产在整个畜牧业发展中仍具有短板，现代化

生产水平总体较低。一方面，我国牛羊肉生产供给与市场消费需求相比缺口较大，且呈现越来越大的趋势。据统计，2011—2020年，我国牛肉产量增长44.3万吨，年均增产4.92万吨，与牛肉年均消费量上涨35.39万吨相比，牛肉产量增长速度明显慢于消费量增长速度。另一方面，我国肉牛肉羊的生产成本较高。我国的牛羊养殖成本显著高于澳大利亚、欧美等国家。近年来，我国牛肉价格持续上涨，在国际市场中价格优势逐渐消失，同时我国肉牛养殖成本中仔畜价格高、饲料成本远高于其他国家。究其原因，主要在于产业基础长期薄弱、生产组织形式上相对落后，以及整个饲养管理效益较低，从而导致生产成本较高。饲料资源紧缺、养殖成本高已成为影响肉牛肉羊产业发展的"瓶颈"。

中国畜牧业协会牛业分会副会长、第六届中国畜牧行业先进技术工作者、中国畜牧业协会驴业分会营养与饲料副主任专家委员、东北寒区肉牛科技创新教育部工程研究中心技术委员会委员、北京泽牧久远生物科技研究院技术总监黄正勇在多年的研究中发现：传统肉牛饲养管理模式，因为缺乏科学技术的支持，导致育肥过程时间较长，生产力较低，已不能满足市场对牛肉的需求。另外，因为我国肉牛养殖产业兴起时间较晚但发展速度较快，还未形成一套规范的、可以参照的饲养管理模式。"养殖业存在的问题就是泽牧久远研究的课题"，黄正勇决心加快对先进育肥饲养管理技术的研究，以此来转变落后的养殖埋念及养殖方法，更好地满足市场对草食动物类肉质的消费需求，进而达到促进产业发展的目的。草食类动物养殖没有一个完整体系，他就带领团队十年如一日地辗转于全国几十个养殖基地，仔细观察研究动物饲养过程中关键阶段、技术要点和营养需求，手把手指导养殖户如何科学搭配、定量喂养，并把相关素材记录整理成数据和文字作为研究依据。他还带领团队与青岛农业大学合作翻译了一部法国国家农业科学院《马营养与饲养》专著，著有中国农业出版社出版的《肉牛养殖百问百答》，创建了完善的营养、饲养、疫病防治等专业技术体系。

北京泽牧久远生物科技研究院自创建伊始就建立了自己的实验室，购置了大量先进仪器设备，集技术研究和产品研发等于一体。黄正勇说："我们每做一件事都是个人魅力、能力、修养、素质和学识的集中体现，所以对任何事情都不能马虎，每完成一件事都是一个作品，不是完成任务！做事如做作品，作品需要精雕细琢，需要用心，用作品衡量做的每一件事。""什么是工作？工作就是工于心而作于细，从内心出发，用心构思、用心思考、做得细致，才叫工作，不然只能叫做事，用心才有匠心。”正是怀着做事如做作品的态度，泽牧久远发明了“两料三方四步育肥法”，这项技术是中国第一项在肉牛养殖行业中把配方与饲喂方法紧密结合，拥有完全自主知识产权的育肥技术发明专利，经过近十年的实践应用，取得了非常好的快速的育肥效果。

这种严谨细致的匠心精神以及快速转变为生产力并在市场上得到普遍应用的“两料三方四步育肥法”专利技术，引起了国外肉牛育肥应用技术专家的注意，印度、荷兰、英国、美国、法国、意大利、新加坡七国专家组团来中国和黄正勇老师进行探讨切磋。

科学精准智能化，动态配方促育肥

黄正勇表示：营养不良是百病之根，充足的营养是肉牛后期健康、快速育肥的根本保证。两料三方四步育肥法将肉牛的营养配方和饲喂方法结合起来，引导养殖户从基础营养做起，重视肉牛营养的充足和平衡，激发肉牛的生长潜力。即根据肉牛体重和各阶段的营养需求变化，划分出三个生长饲养阶段，并结合肉牛常用的饲料原料，设计出适合阶段性生长的营养配方，满足肉牛快速增重的营养需求。如此按需配方、量化饲养，将肉牛的营养和饲养模式完美地结合起来，为中国肉牛饲养科学化、数据化、智能化长期发展打下良好的基础，为美化环境、减少粪污，开辟了新的生产模式。

两料三方四步育肥法中的“方”即配方、“法”即喂法。中国地大物博，南北东西跨度大，就导致了各地资源差异化较大，黄正勇提出：“因时制宜、因地制宜、就地取材、因材配料”的动态配方理念。围绕草食畜牧业优势区域来布局饲草生产，针对东北、华北、西北、南方及青藏高原5个区域，科学规划了不同区域的饲草生产模式、主推品种、产品种类，指导各区域充分挖掘当地的原料设计配方，如东北盛产玉米、大豆，就以玉米、大豆为主设计配方；西南与东南地区盛产油菜，则利用油菜榨油的残渣；西北区域则运用盛产棉花的下脚料设计配方……有的地区时节不同，种植物不同，泽牧久远则根据当地气候节气变化的农产品设计配方；同时各地的天气、环境，甚至空气湿度都不一样，各个区域所需要添加的微量元素有所不同，要充分做到“因时制宜、因地制宜、就地取材、因材配料”，形成动态配方系统。

两料三方四步育肥法在国内育肥牛技术上，是首次把营养配方和喂养方法有机结合起来的育肥技术发明。“两料”即两种预混料（牛得膘1号和牛得膘2号）。在肉牛前期的拉架子阶段，即350千克之前，这个时期肉牛对营养的需求非常特殊，既要满足骨骼的快速开张，又要满足内脏系统的快速发育，还要有合理的膘情；首先使用牛得膘1号料，在满足各种营养全面、充足

的同时把胃撑开。在肉牛体重达到350千克以后，即进入部分代偿性生长和育肥及快速育肥阶段，使用牛得膘2号料，为500千克以后的快速增重做准备，这个阶段肉牛对钙、磷、粗蛋白质要求均没有前一阶段高。但是对氨基酸和能量水平要求高、对淀粉等碳水化合物代谢能力要求高、对胃肠道的消化吸收能力要求高，因此这个时期的营养要满足这“三高”的要求。

两料三方四步育肥法中的“三方”即根据肉牛体重和各阶段营养需求的不同，设计了三种不同的营养配方。例如，拉架子阶段（骨骼和内脏发育期）体重在350千克之前；育肥前期（代偿期和肌肉生长前期）体重在350—500千克之间；育肥后期（肌肉生长后期和脂肪沉积期）体重在500千克到出栏。根据肉牛体重和各阶段营养需求的不同，设计了三种不同的营养配方。

两料三方四步育肥法中的“四步”即四个育肥步骤，分别是：第一步在肉牛350千克前，拉架子阶段，1号配方使用牛得膘1号预混料，有很高的粗蛋白质和血钙浓度以及其他已知、未知营养因子，可满足肉牛骨骼生长、骨架开张和内脏发育，保证日供粗蛋白质在800克以上；第二步是在肉牛的育肥前期、代偿期和肌肉生长期，2号配方使用牛得膘2号预混料：肉牛体重在350—500千克之间，此时骨架基本成形，骨重增加明显降低，满足肌肉和其他体组织旺盛的生长期；第三步是在育肥后期，又叫肌肉生长后期，脂肪沉积初期，3号配方继续使用牛得膘2号预混料，此时骨架已经相对成形，这个阶段主要是肌肉的生长，满足肉牛对各种氨基酸的逐步增加需求；第四步是在脂肪沉积期，500千克到出栏，肉牛的脂肪沉积速度最快，此时体脂 占胴体近 30%，肉牛所需的增重净能或综合净能都很高。因此，对精料的需求量快速增加，草料也随之减少，这个阶段要保证日供粗蛋白质在1200克以上，使得脂肪沉积加快。

两料三方四步育肥法实现了肉牛精准育肥的方法，从养殖模式着手，进行精准育肥，使肉牛育肥向精细化、科学化、规范化、标准化发展。由过去的凭感觉凭经验给草给料的育肥方法，升级到现在根据生长周期、饲喂周期和不同周期的营养需要，分阶段、分步骤、计量化给料育肥方法，最大限度地发挥肉牛的生长潜力，提高饲料转化率和饲料报酬，实现了低成本养殖。该技术方案自推广以来，受到了养殖场（户）的一致好评，效果比研究院预期的还要好。“据养殖户反馈，按照这种饲养方式，冬夏季节，肉牛的月增重能达到45—55千克，春秋两季能达到66—65千克，平均每月增重能达到55千克。而在采用这种方式之前，用传统的饲养方法，肉牛的平均月增重仅为30-40千克。”两料三方四步育肥法这项技术首次在养牛行业用专利技术解决营养配方和饲养方法的问题，目前在国内已经有数十万养殖户在使用。

二次创新落实处，降本增效促发展

黄正勇提出：应用是二次创新，科技创新不能只停留在实验室，必须走向生产线，转化为现实生产力。两料三方四步育肥法简单易学，广大养殖户看后很快就能应用到实际养殖中。打破了“课题在抽屉里，成果在论文里，产品在实验室里”的僵局，将成果及时转化为产品，并应用到实际养殖中，转化为生产力。正如黄正勇一直对养殖户讲的那句话：技术我们给您讲，配方我们帮您做。泽牧久远在全国做普及型知识讲座，组织队伍，到老百姓身边普及知识，教授如何正确

使用技术、配料、饲喂……通过团队的实施和成果的总结推广，从而提高了肉牛肉羊养殖科技水平和生产效率，使广大养殖户能够融入现代化牛羊生产组织格局中，进一步通过提质增效增加经营收入，实现了产业扶贫与乡村振兴战略的深度融合。

自2013年创建至今，泽牧久远已走过了十年，随着今后进一步提升草食畜牧业和饲草产业的技术水平、生产水平，以及构建科学合理的产业布局，泽牧久远将继续秉持“养殖业存在的问题就是我们研究的课题”的宗旨，初心不改，始终以“善念、感恩、帮助、品德”作为企业的核心价值观并不断发扬。做中国草食动物营养与饲养行业的第一品牌，行稳致远，坚持以工匠精神做产品、做服务，以提高养殖效益为宗旨，不断提升养殖从业者的获利水平，减少国家资源的浪费，提高草食畜牧业的综合生产能力和市场竞争力，保证食品安全，全面建设绿色的、现代的草食畜牧业新格局！

成明金

CHENG MING JIN

清远市兆成环保包装纸制品有限公司董事长

清远市兆成环保包装纸制品有限公司成立于1997年，是一家集专业销售、设计于一体的生产加工型企业，主要生产各类型环保纸浆模塑内衬防震包装的环保制品。在董事长成明金的带领下，清远市兆成环保纸制品包装公司以环保建设为己任，以国家兴盛为目标，在环保事业上留下了一串串执着的脚印。成明金坚持以人为本，以质取胜，以王阳明的“致良知”为修身立命创业之圭臬；他敢为人先，敢于试水，用自己一贯以来坚持的真诚、勤奋、创新与担当，带领企业在绿色环保道路上负重前行、开拓进取。

壮志凌云护绿色环保，躬体力行照公益大道

——访清远市兆成环保包装纸制品有限公司董事长成明金

守护绿色命脉，传承军人精神

聪慧踏实、低调淳厚、坚毅耿直、睿智幽默……初见成明金，就会被他身上一种无形的、如磁石一样的魅力所吸引。几十年来，他前进在创业与环保的道路上，他从梦想出发，一路奋斗、艰难求索。在失败中奋起，在奋起中超越，用坚强的毅力、不懈的坚持在环保绿色道路上不断砥砺前行。

孟子曰："故天将降大任于是人也，必先苦其心志，劳其筋骨，饿其体肤，空乏其身，行拂乱其所为，所以动心忍性，曾益其所不能。"成明金于1981年参军入伍，隶属于中国人民解放军123师。在部队生涯中，他出色地完成了许多训练和战斗任务。这个过程虽然艰难，可也让他明白了战友情的意义，更教会了他不抛弃、不放弃、甘吃苦的信念。就像他所说，"这些都给予了我力量,来应对创业中的各种困难和挑战",也成为他日后创业途中一直坚持下去的动力源泉。

1984年从部队退役后，成明金和其他人一样，在机关单位里工作了几年。可那几年对他来说，虽然平静，可却找不到工作的意义。后来他决心走出舒适圈，闯出一条属于自己的创业之路。正在此时，他听国外的亲朋好友说起国外对环保行业的重视，而此时国内的经济正处在蓬勃发展阶段，对于环保虽然有概念，但在当时却没有人重视此事。他率先看到了环保的重要性，于是决心投入环保行业中，为中国的环保事业作出自己的贡献。

"雄关漫道真如铁，而今迈步从头越"。刚刚走上创业道路的成明金，也遇到过重重困难。尤其在创业初期，资金问题成了他创业道路上的第一道难关。20世纪90年代初为了创业，成明金和他的妻子共同决定，将房屋抵押出去，还拿出了多年积攒的积蓄一百多万元，在广州成立了纸浆模塑制品厂。从起步发展到步入正轨，成明金经历了太多的艰难险阻。可他始终咬紧牙关，在不停地吸收、扩大客户的同时，还成立了一家专门接外贸订单的公司，公司最终成功地步入了正轨。许是有着军人"不抛弃、不放弃"的优良品质，让成明金在历尽艰难、尝尽辛酸的过程中，找到了新的出路，不断打开各地的销售市场。后来他乘胜追击，在香港成立了环保公司，后来又回到清远市自建厂房，最终有了今日的成就。

如今已到花甲之年的成明金，已经在环保这一行业中，坚持了三十余年之久。几十载的创业生涯，荆天棘地，成明金早已放平心态，看淡一切，以坚韧的灵魂和感恩的心，拖着疲惫的身体，艰难地跋涉着。他看重创业过程给他带来的成长，一直视困难为上帝对他的考验，他坚信自己是真正的强者。他用淡定的憨笑，平静地去克服种种困难，他把克服困难过程看作提高自己能力的最佳途径。作为退伍军人，成明金始终不断丰富人生阅历和发展个人所长，戒骄戒躁，以艰苦奋斗的革命精神为中国环保事业添砖加瓦。

传承优良作风，奋进创新征程

从决定走上环保道路开始，成明金在这条道路上已经拼搏了几十载。他日夜恪守精益求精的原则，不断创新，勇攀高峰的信念，踏踏实实，兢兢业业，得到了国家与社会的肯定。他就像一个志存高远、披荆斩棘的独行侠，无怨无悔地为国家的环保事业推碾拉磨。成明金，以自身的实际行动和坚定决心，积极响应政府绿水青山的号召，致力于推动环保事业的发展。

“天下熙熙，皆为利来。天下攘攘，皆为利往。”可成明金仿佛是一个意外，为了实现环保目标，成明金在经营企业的过程中，始终将环保作为首要考虑因素。在选择产品的原料时，他首选废纸，做到对环境无害，还坚持循环利用的原则，保护生态环境。他生产产品的性能和功效足以代替并优于发泡聚苯乙烯（EPS）、PS和PVC的包装制品，并且在防震功能、环保、价格及防静电等指标和功能上占据优势。其次，在生产过程中，他采用先进的生产工艺和技术，以ISO9001,ISO14001管理模式为依据，专注于技术更新、工艺改进、严格管理、品质控制等，确保产品的质量和环保性能达到最优。随着企业的不断发展，他积极探索新的环保材料和技术，不断推动行业创新发展。经过他创新的纸浆模塑，几乎与包装物外形完美吻合，还具有良好的防震、防冲击、防静电、防腐等保护效果。例如，农用机纸托、卫浴纸托、门锁纸托、电脑一体机纸托、

汽车水泵纸托，还有餐盒、餐具等，其体积轻巧、可重叠，交通运输也很方便，十分受消费者的喜爱。

“我劝天公重抖擞，不拘一格降人才。”中华民族历来都有尚贤爱才的优良传统。成明金作为清远市兆成环保纸制品包装公司董事长，他比任何人都知道广开进贤之路、广纳天下英才的重要性。现在工厂基本实现了全自动化，用的工人虽然很少了，但是厂内的每个职位都有自己的职责。员工在为工厂提高效率的同时，成明金也很重视他们的生活，他为工厂所有人都提供福利安排，以及不定期的培训活动，让每个新入职的员工都能够很快地适应自己的工作。若是他们将来有一日离开企业，也能够有立身之本。不仅如此，成明金的工厂里还招有特殊员工，是一名眼部有残疾的人，即便眼睛视力模糊不清，可成明金依然为其提供了岗位，让其能够有一项谋生的技能。在关心员工经济条件的同时，成明金还十分注重培养员工的环保意识，鼓励员工参与环保活动，共同推动企业的环保事业发展。成明金的环保意识影响到了更多的人，不仅有企业的员工，还有清远市的其他创业者。2023 年 12 月，清远市连州商界企业联合会在清远高新区揭牌，成明金担任商会会长，他希望能够带领商会会员不断创新发展，助力广大企业实现高质量发展，一同助力中国环保事业的发展。

成明金的坚持也获得了地区和国家的认可，他个人被评为“2023 年最美拥军人物”奖项，广东省清远市成氏宗亲会授予其“爱心大使”称号，清远市连州商界企业联合会赠予其“热心赞助奖”，清远市兆成环保纸制品包装公司获得了“广东省优秀民营企业”等荣誉。

弘扬匠心精神，凝聚奋进力量

作家鲁迅先生曾经说过，我们自古以来，就有埋头苦干的人，有拼命硬干的人，有为民请命的人，有舍身求法的人。虽是等于为王侯将相作家谱的所谓“正史”，也往往掩不住他们的光耀，这就是中国的脊梁。在当今这个社会，大多数人汲汲于名利，却有这样一个人，他时时刻刻想着：我可以为后世留下些什么呢？在这种想法的鞭策下，成明金始终关注公益事业和环保事业，为自己的匠心寻找着陆点。

“以天使之心悬壶济世，以善良之本立身于世”，成明金选择了一条属于他自己的道路，那就是为国家、为人民、为战友，为他能够帮助到的所有人，付出自己的一切。走在这条路上，他会觉得更充实、更富有成就感。所以，在公司步入正轨之后，他特别关注军人福利和退伍军人的就业安置问题。他通过创业和提供就业机会，为众多退役军人提供支持和帮助，帮助他们重新融入社会。

在社会中，成明金也从不吝啬展露自己的赤诚之心。清远市大路边村一直保持着“光荣之村”的光荣传统，在得知村里要修缮和征集解放战争时期“大路边战斗”遗址遗物时，成明金立刻捐了十几万元善款。在修建祠堂时，成明金也带领其家人纷纷掏出钱，贡献自己的一份力量。看到家庭经济困难的学生，因为钱而发愁时，成明金也会主动出资资助他们读书，让他们的求学之路能够轻松一些。这是他对军队精神的传承和延续。他也希望能够通过自己的力量，让更多人看到希望，感受到社会的温暖。

向着无垠的丰盈启程，任凭狂风怒潮或平静水浪，成明金始终在潮涨潮落间散发出澎湃的能量。他用光芒驱散黑暗，用爱心温暖寒冬，无数个日日夜夜，以点滴信仰映照生命的光亮。在未来，成明金将继续以饱满的热情和顽强的意志行走在成为优秀企业家的道路上，以持之以恒的韧性和做强、做大、做精、做优的惯性，横刀立马，扬帆击浪，为助力绿色环保行业的发展，一路高歌猛进！

陈勇

CHEN YONG

解醒国际贸易（山东）集团有限公司董事长

我国的酒文化底蕴十分深厚，特别是白酒在中国酒文化中有着独特的地位。在古代，白酒是神圣之物，属于皇家贵族祭祀的用品之一。早在明清时期，白酒就逐渐代替黄酒，成为主要的酒饮品。无论是喜庆丰收，还是欢度佳节，以及婚丧嫁娶、迎宾宴友、医药保健等，都离不开白酒。作为一种特殊的消费品，白酒在人民群众的生活中占有着特殊的地位，具有丰富人民生活、繁荣市场的作用。酒与历代文人有着不解之缘，李白斗酒诗百篇，饮酒成为助长文思的一种方式，同时成为文人墨客寄托情思、抒发胸怀的精神食粮。在现代消费升级的市场大环境下，“喝少一点，喝好一点”成为白酒消费市场的主要传导趋势，中国优质白酒的市场规模将突破1500亿元，是长坡厚雪的赛道。解醒酒作为国内白酒行业中的新贵，解醒国际贸易（山东）集团有限公司董事长陈勇，正率领着团队实现弯道超车、后来者居上，“解醒酒”这一品牌也在他的引领下逐渐走向全国市场，成为白酒新风尚。

臻于至善行天下，匠心筑梦解醒酒

——访解醒国际贸易（山东）集团有限公司董事长陈勇

踔厉奋发，逐梦前行

物以类聚，知己相惜。如果说酒与人也存在着灵魂的契合，那么陈勇与解醒酒的结缘，就是命中注定的故事。陈勇曾在教育行业中发展了十几年，之前虽然爱喝酒，但并没有涉足白酒行业。随着自己见识和品尝过的美酒越来越多，他发现白酒是非常具有发展前景和收藏价值的，因为白酒一般不存在保质期限，就像艺术品一样，越久越有价值，越久就越香醇。不仅如此，真正的好酒本就是需要陈年老酒去勾兑出来的，而市场上酒的品质参差不齐，让更多人喝上高品质的优质白酒，成了陈勇心中的一个愿望。“天若不爱酒，酒星不在天。地若不爱酒，地应无酒泉。天地既爱酒，爱酒不愧天”。陈勇对心中那个白酒梦的热爱，正如诗仙李白对酒的痴爱。于是再三思索后，陈勇毅然决然地放下了手中忙碌的教育工作，全身心地投入了白酒行业的探索中来。

山海自有归期，风雨自有相逢。作为土生土长的山东临沂人，沂蒙山山清水秀，是一块酿酒的风水宝地，陈勇热爱临沂的如画山水，也深知家乡的好水必能酿出好酒。他一边学习酿酒的行业知识，一边遍访全国各地的白酒行业专家，他聘用的酿酒师傅经验十分丰富，平均年龄都在65岁以上。与此同时，在陈勇真诚和执着精神的感召下，很多行业高人也对他进行了指导帮助，特别是一位来自北京的老教授，对发酵池的指导起到了关键作用，进而酿出的酒清香醇厚，人人都夸是酒中精品。

“长行何怕千里，恒学焉畏万册。”在最初的酿酒岁月里，陈勇对中国白酒的酿造工艺、天然的多种微生物、开放式固态发酵技艺都进行了深入了解，并掌握了独特的技艺。他每天蹲守在厂区里，从窖池到酒糟，从霉菌到黄水，从曲药到粮食发酵，陈勇都一一取样并进行科学的生物技术分析，选用的粮食都是没有打农药的无公害产品，以保证最终能产出高品质的白酒。功不唐

捐，玉汝于成。陈勇用自己的独家秘方终于做出了他梦寐以求的好酒，并为其注册了“解醒酒”商标，开启了在白酒行业里的新征程。

守望匠心，宏图似锦

巧手成就卓越，匠心创造非凡。解醒酒的酒香醇厚是底蕴，口感绵柔优雅是温暖，皆是灵魂深处的沂蒙底色。解醒酒作为浓香型白酒，陈勇选择用古老传统的蒸馏法制作，选用优质的高粱、小麦、大米、玉米、糯米和纯净的沂蒙水，经过多次蒸馏和发酵而成。解醒酒的蒸馏方法与一般的白酒并不相同：陈勇将发酵后的原料混合泡水后再经过多次蒸煮、发酵等步骤来制造酒曲，再添加到原料当中继续进行发酵，然后经过180天、270天、720天等不同的、漫长的时间进行发酵，甚至使用双齿轮发酵，最终生产而成。在提到解醒酒的酿造工艺时，陈勇自豪地说道：“我们常说的窖香浓郁，肯定是要有长时间的发酵等待过程。不仅如此，我们每个发酵池平均都有20年以上的窖龄，因为大家都知道，只有老窖池才含有大量的产香微生物，才能让酒胚发酵得更好，蒸出来的酒才会更加香醇。我们是经过三年或者五年，甚至十年的一个漫长的发酵等待过程，老酒产生后，等它的酒花均匀饱满后才勾兑上市的。所以解醒酒是真的跟别的、一般的白酒不同，出来的酒香醇厚，口感绵密，回味悠长，且不辣口、不上头，是真正的粮食酒、放心酒、好喝的酒！”

古语常言“酒香不怕巷子深”。但在现代社会中，好酒也要有人知道才行，特别是在白酒这片“红海”市场中，市场竞争越来越激烈，门槛也越来越高。但是陈勇凭借过硬的产品质量和匠心经营思路，他引领着“解醒酒”成为临沂当地第一个登上中央电视台的企业品牌，在白酒行业内产生了极大的影响力，成为当地白酒行业令人瞩目的对象。“我们都知道中央电视台对于上榜品牌的选拔要求很高，筛选条件是很严格的，但我们企业顺利地通过了，也从侧面证明了我们产品的品质和实力是得到认可的。同时我们的广告语是‘解万般之愁，醒人生百态’‘解醒酒，品味

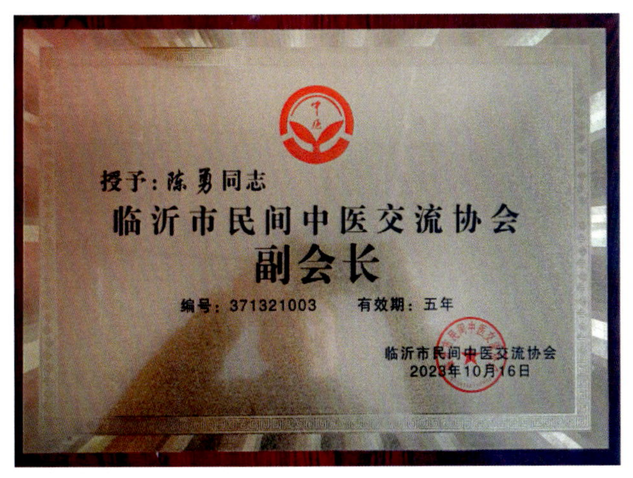
授予：陈勇同志
临沂市民间中医交流协会
副会长
编号：371321003　有效期：五年
临沂市民间中医交流协会
2023年10月16日

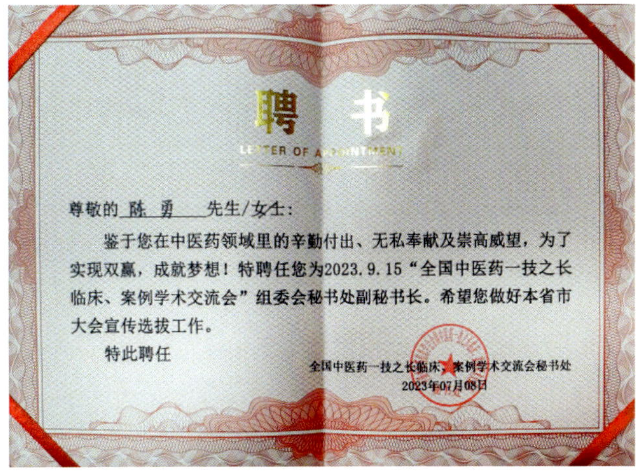
聘　书
LETTER OF APPOINTMENT

尊敬的 陈 勇 先生/女士：

鉴于您在中医药领域里的辛勤付出、无私奉献及崇高威望，为了实现双赢，成就梦想！特聘任您为2023.9.15“全国中医药一技之长临床、案例学术交流会”组委会秘书处副秘书长。希望您做好本省市大会宣传选拔工作。

特此聘任

全国中医药一技之长临床、案例学术交流会秘书处
2023年07月08日

人生，好喝’，也是对解醒酒的品牌定位。”陈勇如是说道。

以质创优，以人创新。现在解醒酒的酒厂里有270多个发酵池，以及26个大型酒罐，每年生产量达到了9000余吨，价位从上百元一箱到几千元一箱不等，覆盖了高、中、低端不同需求的全方位客户，供不应求。成长靠学习，成功靠团队。在这些亮眼成绩的背后，都离不开陈勇开阔敏捷的思维和不断发展壮大的企业团队。陈勇采用经销商和分公司结合发展的模式，通过每个月的招商会、促销活动指导、品鉴酒活动、会议营销等方式方法，不停地带动和辅助经销商以及分公司的业绩发展，也在企业管理模式上达到了统一、高效。目前，在陈勇的带领下，解醒国际贸易（山东）集团有限公司以高端市场的定位，先后开拓出了北京、上海、广州、深圳、杭州、苏州、南京、宁波、海南、贵州、新疆、阜阳、临沂等省市地区的市场，实体加盟经销商和分公司遍布全国各地。

坚守初心，笃行致远

知己如酒，历久弥珍。岁月沉淀，在“央视上榜品牌”美名的背后，是解醒酒传统酿制工艺的赓续，更是亘古不变的品质铸造价值的经典故事。“不与名酒比价格，敢与名酒拼品质”这是陈勇对于解醒酒的注解，也是解醒酒业企业全体员工和经销商的一致信念。千千万万个消费者的坚固信任，是解醒酒迅猛发展的主要原因。“吃水不忘挖井人”心存感恩、胸怀善念的陈勇深知今日的辉煌，都离不开党和政府的关怀，离不开社会各界的支持。他坚定“跟党走，抱团取暖，为国家建设添砖加瓦，给予真正需要帮助的人以最大的关怀和帮助”的思维导向，坚持每个月都带领企业团队去各县区、乡镇，资助那些真正的困难户、贫困户，为社会贡献出自己的一份爱心。

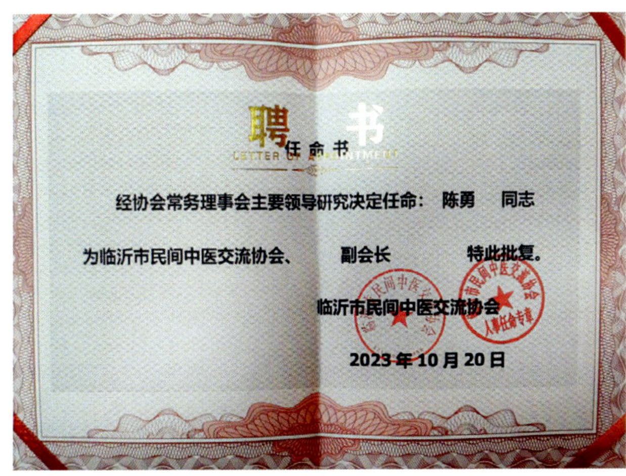
聘　书
任命书

经协会常务理事会主要领导研究决定任命：　陈勇　同志

为临沂市民间中医交流协会、　副会长　特此批复。

临沂市民间中医交流协会
2023年10月20日

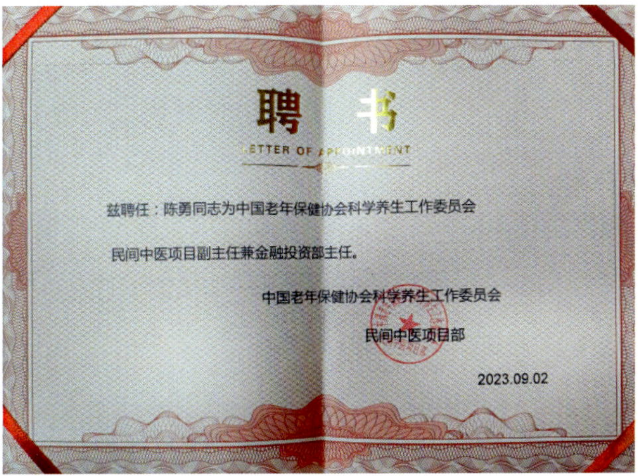
聘　书
LETTER OF APPOINTMENT

兹聘任：陈勇同志为中国老年保健协会科学养生工作委员会民间中医项目副主任兼金融投资部主任。

中国老年保健协会科学养生工作委员会
民间中医项目部
2023.09.02

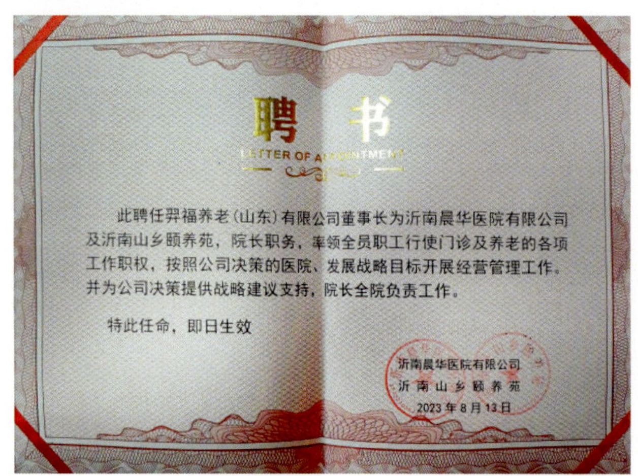

聘书

此聘任羿福养老（山东）有限公司董事长为沂南晨华医院有限公司及沂南山乡颐养苑，院长职务，率领全员职工行使门诊及养老的各项工作职权，按照公司决策的医院、发展战略目标开展经营管理工作。并为公司决策提供战略建议支持，院长全院负责工作。

特此任命，即日生效

沂南晨华医院有限公司
沂南山乡颐养苑
2023年8月13日

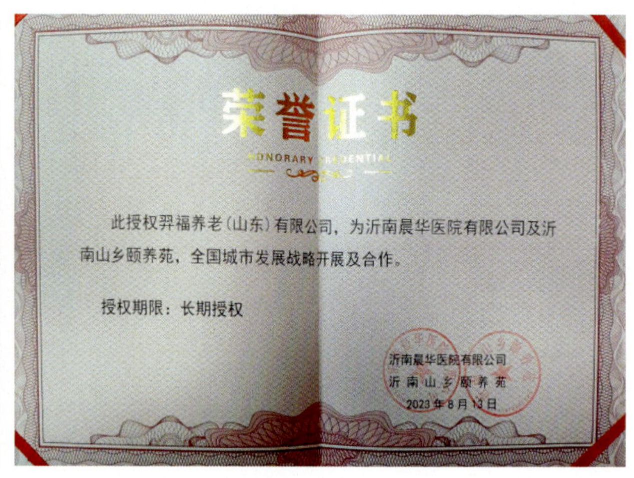

荣誉证书

此授权羿福养老（山东）有限公司，为沂南晨华医院有限公司及沂南山乡颐养苑，全国城市发展战略开展及合作。

授权期限：长期授权

沂南晨华医院有限公司
沂南山乡颐养苑
2023年8月13日

同时每卖出一瓶解醒酒，陈勇就会捐出一份爱心给百岁老人、伤残退役军人、贫困户等社会弱势群体，并把这样的善举作为企业的责任和使命，完美诠释了一名当代中国企业家无私的社会担当。

始于初心，臻于匠心。陈勇始终不忘初心，致力于把最优质的佳酿带给更多的人，他的目标就是严格把控好解醒酒的质量关，将精心酿制的美酒推向五湖四海，送入万户千家。发愤图强，成才不负青云志；继往开来，报国常怀赤子心。谈到未来时，陈勇说道：“质量是企业生存的根本，诚信是企业发展的灵魂。我们时刻用心去把控每一个生产细节，让更多的人，花最少的钱能喝到有品质保证的解醒酒。在未来3至5年的时间里，我们要把解醒集团打造成为一家上市企业，让更多人看到解醒酒品牌，用一生只做一件事的态度，做一个未来的百年企业。同时坚定地跟党走，一起抱团为国家建设添砖加瓦，为真正需要帮助的人送去关怀和资助，也是发挥自己的余热。”

解醒珍酿，积年累月磨一剑，成就“解万般之愁，醒人生百态”之美名。陈勇择一事，终一生，以心守艺，以艺载道，造就了解醒酒的香醇之美、精神之魂。酒香醇厚，是创业维艰、砥砺奋进；绵柔优雅，是家国情怀、温暖如故。从陈勇身上我们看到了酒业人的真挚勤恳，看到了对古法技艺的传承，更看到了一名民族企业家的格局和风范。一路前行，不负韶华；未来可期，前程似锦。相信在陈勇的带领下，解醒酒业一定会更加精益求精，不负使命，向着灿烂光明的未来迈出坚定的步伐，为美丽的沂蒙再添一抹亮丽的荣光！

陈川

CHEN CHUAN

广东荣豪装备科技有限公司总经理

陈川，任顺德木业商会副会长兼秘书长、橡胶木及制品国家创新联盟理事、中国木材保护工业协会副会长、中国运动地板专委会常务副会长、中国绿色家居分会副会长、中国杉木产业分会常务副会长，是国家《橡胶木消费指南》参编者。在他的引领下，广东荣豪装备科技有限公司用实际行动书写着属于自己的辉煌创业史，向世人传递着坚忍不拔、勇往直前的精神力量，以及传承中华传统文化的大国匠心精神。

初心助行书写豪迈诗篇，匠心打磨引领制造未来

——访广东荣豪装备科技有限公司总经理陈川

胸怀宏图愿，力创终不辍

广东顺德伦教，这个地处珠三角腹地（国家粤港澳大湾区核心区域），是因“伦常教化”而得名的地域，素来享有“中国珠宝玉石首饰特色产业基地”“中国木工机械重镇”等美誉。在这里，悠久的文化传承和独特的地理优势塑造了伦教人敢为人先、坚韧不拔的性格品质，孕育出一批如广东荣豪装备科技有限公司这样享誉海内外的知名品牌企业。而广东荣豪装备崛起的背后，离不开一位杰出的领导者，他就是总经理陈川。

陈川，是一位充满激情与远见的企业家，自幼便对机械制造产生了浓厚的兴趣。1995年，怀揣着对未来的美好憧憬，他只身来到广东，开始了漫长的打工生涯。在繁华都市里，他从事过各种基层工作，无论是琐碎的杂活，还是平凡的菜市场工作，抑或是需要驾驶技巧的司机岗位，这些看似与木工机械行业毫无关联的工作经历，却为他日后联合创办广东荣豪装备科技有限公司奠定了坚实的基础。在改革开放的热潮中，陈川深入了解到国家对机械制造行业的重视和投入，他坚信这是一个充满着机遇的时代。于是他与来自福建莆田的陈百华女士、广东湛江的陈志飞先生一起乘着改革的春风，共同协力创办了广东荣豪装备科技有限公司，勇敢地踏上了创业的漫漫征程。所谓“和木相处”，即和睦相处、和谐共存。他曾风趣地提到，这是一场千年等一回的奇妙缘分，让他们从祖国辽阔的不同地域赶来聚首于此，并肩作战，在木业智能装备科技领域共同扎根发展。

“绿水青山就是金山银山”，随着企业的稳步发展，他们不再满足于仅为盈利而奋斗，他们更希望为行业、社会和国家做出贡献。因此，他们主动顺应市场发展的趋势，积极响应国家的环保和安全生产政策，并明确提出了“诚信立业、品质优先、创新引领企业发展”的思想战略。他们率先根据客户的需求，量身打造专业实木集成材机床装备和远程数据服务支持，为客户提供综合化、定制化、全方位的最佳机床装备和服务方案，赢得了“选择荣豪，荣豪选择”的行业赞誉。

在荣豪的发展历程中，每一名荣豪人付出的智慧和汗水，都见证了他们与企业的共同成长与

进步。荣豪的创业历程，正是荣豪人的奋斗史诗。在激烈的市场竞争与技术挑战中，荣豪历练出了一支富有敬业精神、创新精神、协作精神、实干精神，同时宣扬传统文化的卓越管理团队与技术人才的队伍。这支队伍的特质，塑造出了荣豪"诚信、专注、协作、超越"的企业文化和品牌制造工匠精神。2020 年，"荣华豪迈"品牌横空出世，迅速完成了在中国及世界的品牌注册，使荣豪再次迈上新高度。

"容纳天地之灵气，华转木业之乾坤，豪精装备之神韵，荣华豪迈之传奇。"荣豪以融汇天地灵气的创新魄力，驾驭木业变革的前瞻力，以及智造精密木业装备的专业能力，在木业智能装备科技领域独树一帜。其生产的木业智能装备已出口至越南、泰国、缅甸、老挝、印尼、马来西亚、新加坡等东南亚国家，以及沙特、加蓬、尼日利亚、南非、罗马尼亚、俄罗斯等全球多个国家和地区，赢得了中外客户的一致好评。在激烈的市场竞争中，荣豪凭借其卓越的技术和品质，成功地在国际市场上赢得份额和荣誉。

初心抵前路，匠心磨专创

站在新时代的转折点，陈川始终拥有随势而动的无畏豪情。他怀揣着"明知不可为而为之"的勇气，"任尔东西南北风"的胸怀，以雄鹰展翅的姿态，蓄势待发。全民健身 2021—2025、建设体育强国的号角在这片神州大地上已经吹响，运动地板行业乘风破浪，步入了发展的黄金时期。然而，这个领域目前仍存在诸多挑战，包括行业秩序的混乱、价格战的残酷以及同质化竞争的泛滥等。在这个波澜壮阔的新时代，陈川及荣豪装备科技正以前所未有的决心和勇气，以客户为中心、以质量求生存、以创新促发展，坚定不移地走匠心打造品牌化路线，如同璀璨明珠，精益求精；如同苍松翠柏，傲立于林；更如同温暖旭日，照亮了客户和木业领域的光明未来。

凭借着先进的管理体系，锐意进取、专精特新的研创精神，在现代信息和数字技术及软件的加持下，不断地寻求创新与进步，凭借着对产品和服务质量的执着追求，荣豪已经从一家默默无

《大国匠心品质中国》栏目组采访陈川

闻的企业逐渐发展成为一家集研发、生产、销售、服务于一体的科技型公司。

荣豪公司近些年来获得的荣誉：中国木材保护工业协会副会长单位；中国木材保护工业协会运动地板专委会常务副会长单位；中国木材保护工业协会绿色家居分会常务副会长单位；国家《橡胶木消费指南》起编单位；国家林业和草原局橡胶木及制品国家创新联盟理事单位；写进国家森林草原局备案单位；中国木材保护工业协会杉木产业分会常务副会长单位；绿色家居中国行筹委会执行主任单位；顺德木业商会副会长兼秘书长单位；佛山江西木业商会副会长单位；佛山莆田商会常务副会长单位；广东顺德伦教木工机械理事单位等。其产品范围涵盖了运动地板装备、集成材生产线智能装备、智能环保吸音机床装备、绿色家居智能生产线装备等多个领域。研发出全自动梳齿榫开榫机床系列、自动油压齿榫接木机床系列、液压式任意拼板机床系列、数控液压吸音板机床系列（用于大型影剧院、会议室、高档KTV、高档播音室）等一系列重要科技成果。其中，具有高精度、高效率、高稳定性特点的新型数控机床，获得了国家发明专利，被广泛应用于航空、航天、医院、学校等行业领域。

他们的创新成果不仅填补了国内相关市场的空白，促进了橡胶木制品、中国运动地板领域的蓬勃发展，也为公司的持续性发展提供了强有力的支撑，更为中国制造业的发展描绘出了一幅崭新的画卷。时至今日，荣豪已经与众多国内外的知名木业企业和家居龙头企业，建立了长期稳定的合作关系。在业界享有“品质中国、荣华豪迈、匠心独运、选择荣豪”的美誉。他们还积极参与国家重大科技项目和产业升级计划，为国家的科技进步和产业升级贡献自己的力量。

从NBA的赛场到CBA的舞台，从芭蕾舞团的灵动表演到学校教室的琅琅读书声，从影院的光影交错到战区指挥室的严肃凝重，荣豪机床装备（制作的全实木运动地板）的影子无处不在。这就是荣豪，一个不断进取、勇于创新的企业，用他们的热情和专业为中国制造业的发展贡献自己的力量。他们的成功并非偶然，而是他们对产品高质量的坚持和对木业行业市场需求的敏锐洞察的结果。

陈川常说：“这是一个幸福的黄金时代，也是一个充满着无数机遇的壮阔舞台。作为一名矢志不渝的企业家，我们更应该成为卓越的代表，以我们的力量和智慧，行走于世界舞台之上，将璀璨的中国文化、中国匠心制造推向世界的每一个角落。”他强调：作为公司品牌文化的策划者和实施者，他不仅是企业的管理者，更是行业发展的领航者。他们以对行业高度负责的态度，以“服务社会、回馈社会”的仁爱精神（陈川及荣豪以扶贫济弱、灾害救助、修桥建路、职业规划、

绿色智能制造、弘扬中国木业文化等方式回馈社会，助力发展），凝聚起员工的向心力，共同致力于把优秀的装备奉献给木业家居行业，把优秀的传统文化宣扬于世人心中，让每个辛勤的木业人都能交出完美的答卷。

延承文化史，铸就时代基

中华文化源远流长，博大精深。在这上下5000年的历史长河中，木头作为一种重要的物质文化载体，始终在中华传统文化的发展和传承中扮演着不可或缺的角色。中华文化与木头的关系，如同长江与黄河，如同树木与土壤，根深蒂固，共生共荣，相得益彰。木头的坚韧与华丽的纹理，不仅为中华文化的建筑和艺术提供了宝贵的材料，更在岁月的洗礼中，以经久不衰的姿态传递着中华文明的传承与智慧。无论是高耸入云的古塔，还是蜿蜒曲折的长城，抑或精美的宫殿和园林，都见证了中华文化与木头的深厚渊源。

自2014年起，我国进口木材量已超过了国产木材量，木材对外需求程度较高。随着经济的不断发展，木材需求量也将继续增加。香杉木（国木之一）作为我国特有的、分布较广的速生商品材树种之一，每一棵都是来自大自然的馈赠。经过近30多年的人工种植，其人工林的面积和蓄积量已位居我国人工林前列，为我国的人造板事业和木材安全方面作出了积极的贡献。

在2023年春暖花开之际，身为中国木材保护工业协会副会长以及中国香杉木专委会的筹委会主任，陈川携手中国木材保护协会，在刘能文会长的领导下，成功地在广东荣豪装备科技有限公司举办了“2023绿色家居中国行暨中国香杉木产业高质量发展研讨会”。这场盛大的活动，不仅促进了政、产、学、研、用方面的交流与合作，还为建立和完善香杉木产业的相关标准发挥了积极作用。同年秋天，中国香杉木专业委员会正式成立，为香杉木行业的发展打造了一个专业性的平台，推动了新产品在市场上的应用，实现了行业信息资源的共享，为香杉木行业的可持续发展注入了新的活力。目前，他们正在积极筹备一本名为“中国香杉木

文化传承与绿色可持续发展”的书籍，旨在通过文字的力量，让更多人了解并重视香杉木的价值。

正如袁隆平院士所题写：“天下香杉，唯美壮象。”壮象作为中华香杉木文化的传承者、践行者和弘扬者，以“改变家居生态环境、为人类健康作贡献”为目标，致力于向每一个家庭提供生态环保、健康优质的香杉家居生活。陈川副会长和中国木材保护工业协会所采取的这一系列举措，不仅体现了他们对于传统香杉木文化的深深敬仰与传承，更彰显了他们对于绿色可持续性发展的坚定信念。他们以高瞻远瞩的视野和坚定的信念，引领着香杉木走向更加绿色环保、可持续性发展的新未来。

“数风流人物，还看今朝。”在国家“一带一路”政策的引领下，荣豪人振奋精神，以前瞻性的战略定位和布局，回应时代的召唤；为创百年中国名优荣豪，力争打造行业第一品牌，继续努力奋进！未来，“荣豪”及“荣华豪迈”将立足于广东，心系中国，面向世界，积极践行“绿水青山就是金山银山”的战略方针，响应“中国制造2025”的号召，加强与橡胶木国家创新联盟、中国木材保护工业协会深度合作，弘扬大国匠心精神，为中国机械智能制造行业添砖加瓦！

许瑞峰

XU RUI FENG

中国工艺美术大师、
国家级非物质文化遗产（德化瓷烧制技艺）传承人许瑞峰

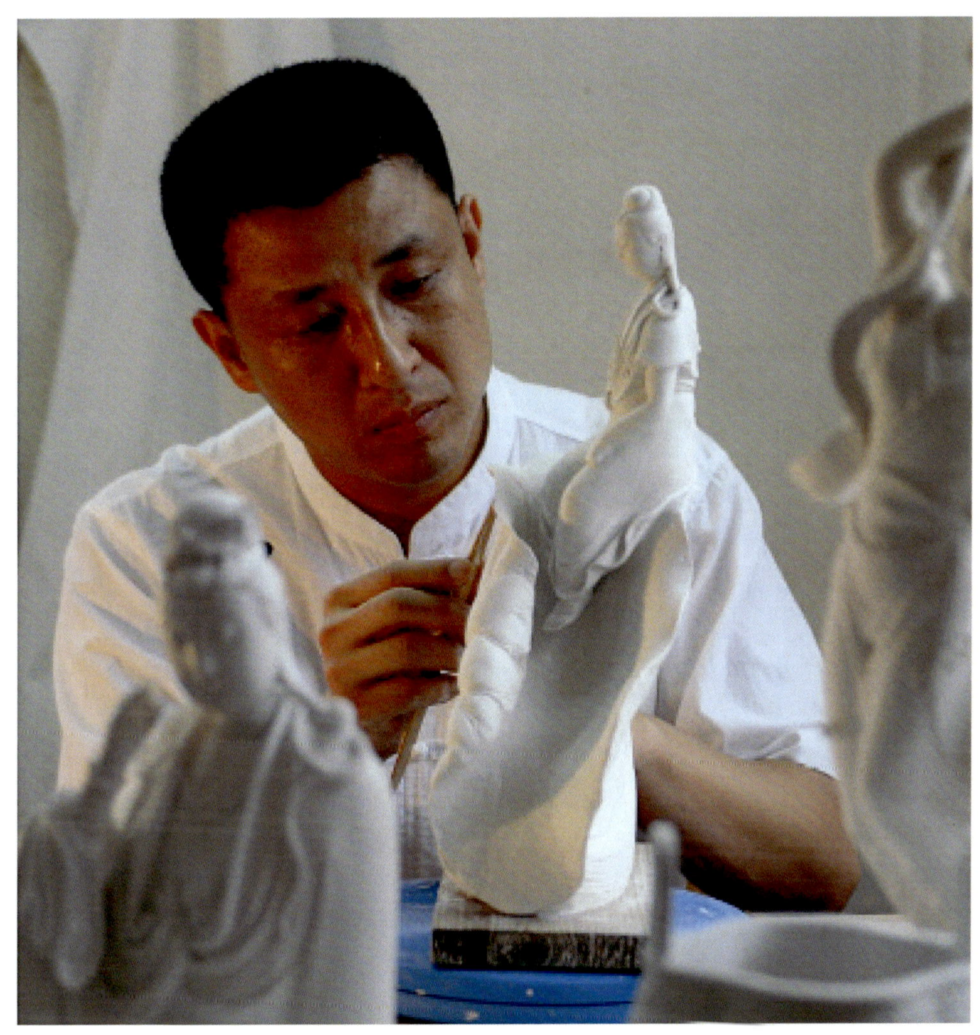

数千年光阴流转于古老而又充满魅力的陶瓷上，时间在这里静止，仿佛还能感受到窑火的温度，岁月的摩挲。这一场与岁月的对话、与中国传统美学的碰撞交握，离不开一代又一代传承人的匠心独运。中国工艺美术大师、中国陶瓷艺术大师、非物质文化遗产（德化瓷烧制技艺）国家级传承人、德化县陶瓷艺术大师联盟主席、德化“许氏瓷塑”第六代传人许瑞峰便是这万千传承人之一，享受国务院政府特殊津贴。

工贵其久，业贵其专。深耕行业多年，用初心浇灌匠心，矢志不渝地潜心磨砺，其作品不仅先后获得了国家、省、部级嘉奖82次，另有26件作品分别被中国国家博物馆、中国中南海紫光阁、国家珍品馆、中国美术馆、中国工艺美术馆、英国珍宝博物馆、中国福建省博物馆、中国福建省工艺美术珍品馆、中国德化陶瓷博物馆等海内外多家文博单位收藏。除此之外，其个人事迹也已被载入世界名人录。

千年窑火铸艺术珍宝，匠心传承延非遗瑰宝

——访中国工艺美术大师、国家级非物质文化遗产（德化瓷烧制技艺）传承人许瑞峰

薪火相传，征途漫漫寻千年遗韵

真正的力量，从来都是由内而外地向上延伸，从本质而言，它就是热爱、责任、担当与使命的结合。作为在德化陶瓷业内赫赫有名许兴泰的长子，许瑞峰的成长过程被寄予厚望，他在懵懂无知的年纪时就知晓自己肩上的责任。身为德化“许氏瓷塑”传承人，许瑞峰的童年时光没有想象中的枯燥乏味，相反很是快乐。家人的和煦，伙伴的陪伴，让他的童年生活五彩斑斓。

如果说快乐是人生的开篇，那么学习就是漫长人生时光里的向上攀登。年少时，他常听父亲和家人讨论关于德化白瓷的话题，纵然对此并不了解，但他也对“朴素而天下莫能与之争美”的德化白瓷产生了极大的兴趣。在他的记忆里，父亲在家时与在做瓷时完全不同，做瓷时的那般专注和执着，是他在家时不曾见到的，也不懂得父亲的情绪，但他也深知，做瓷、做好瓷是父亲的生命，是父亲内心最为看重的事。许瑞峰也曾无数次为父亲所惊叹，每每在父亲手起刀落间，一个栩栩如生的艺术品就赫然出现在眼前，不论神态还是模样，都那么惟妙惟肖、精妙绝伦。

1986 年，尽管知道前方是巍巍险关，17 岁的少年还是无所畏惧地进入德化技校学习陶瓷技艺。在德化技校，17 岁的许瑞峰与无数个往昔嬉戏玩闹泥巴的自己重逢，也与记忆中有关德化白瓷的兴趣重叠。他知道，他的肩上是德化“许氏瓷塑”200 多年以来的荣耀，也是父亲的期许，更是自己未来前进的方向。生命从来都是掌握在自己手中，界限也都是自我定义的枷锁，三年才能跨过技艺门槛？他偏不服，在他的不懈努力下，他快速突破了这个时间界限，正式入行。

听闻“少年”二字，应与平庸相斥。少年时期，许瑞峰对自己的高标准要求大部分来自父亲的光环，当同学们得知其父亲的名号后，都会在潜意识里给予他压力，他只能快速寻求进步、突破自己，力求做到最好，仿佛唯有如此，才能配得上“许老师的儿子”这六个字。

长大真的不算是一件快乐的事情，在继续精进磨炼技艺时，由于家中没有人能够烧窑，许瑞峰就不得不顶上。回想起这段时光，他笑着说道：“人生中有很多个第一次都是被赶鸭子上架。”

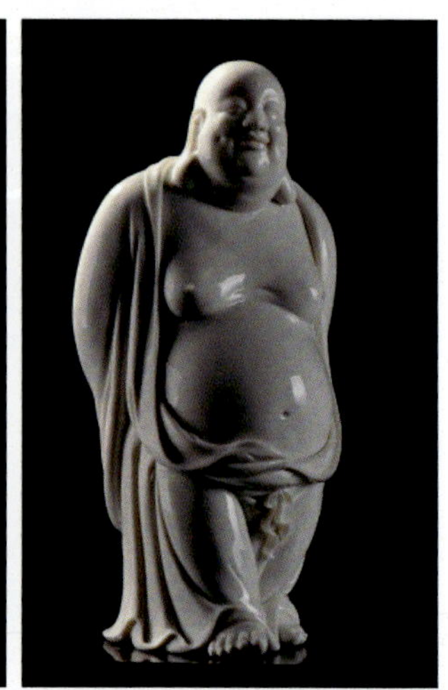

烧窑技艺是直接关乎作品成形的大事，不仅要考虑作品的大小、坯体厚薄、含水量，设计好上大火的时间，还要计划好烧多久，何时转中火、小火，在整个烧制过程中，大部分温度感受都需要依靠手和感觉来判断。那夜对于许瑞峰而言，是极其漫长的一夜，他时不时地能够听见炉火燃烧的声音，就像越过千年时光传来的古老梵音，语重心长地告诉他：少年，这是你选择的路，你选择的“道”，既然已经选择，那么不论前路有多艰难，你都要坚定地走下去。

一件作品中蕴含着的细枝末节就如同一个小型宇宙，越是深入了解，他就越发感叹于生命的神奇、技艺的神异。他来不及考究第一个陶瓷艺人是在什么情况下烧制出了如此精美的瓷器，就被其父亲拉去给观音“修坯开脸”。那是他最手足无措的时光，对自己技艺极为不自信，“修胚开脸”的难度就像是他的神经被一根两端收缩的绳子紧紧拉扯着，令他夜不能寐、食之无味，尽管母亲百般劝解，他还是始终不敢迈出那一步。直到一场大梦，他猛然惊醒，怕什么呢？跌倒了大不了再爬起来就是了，世界上又有几个人能够在一瞬间获得成功，不都是慢慢积累经验的吗？萦绕在心头的愁云如迷雾顿开，让他看到了一个坚毅果敢、勇猛无畏的自己。

惟其艰难，方显勇毅；惟其磨砺，始得玉成。他拿起刀，细细雕琢，小时候无数次看着父亲做过的事情，原来竟是这样令人沉醉、着迷。他想起在那些他看不到的光阴里，父亲就是这样坐在这里一刀一刀地雕刻，这是手艺人的使命，是传承人的坚守，那一刻，他忽然就懂得了何为守得住心，何为坚持不懈。

热爱是什么？就是在看清事物本质后仍能全身心地投入，不遗余力地探索。30 岁之前，他有很多梦想，那些飘浮在天上不着边际的理想，是支持他前进的动力。但延续陶瓷技艺无疑是枯燥的、沉闷的。时光在他指尖流逝，他也开始思考，自己追求的到底是什么？在此期间，他获得了省轻工业厅的奖项，以及“艺苑新秀”的荣誉，这极大地增强了他的自信，他可以骄傲地说：“我是许老师的儿子。”1995 年，许瑞峰进入了德化陶瓷艺校，与其父亲成为同事，当年那个玩泥巴的少年终于可以独当一面。同年，许瑞峰与其父亲一起成立了德艺瓷雕研究所，开启了人生新的旅程。

突破桎梏，守正出奇创全新风格

“世界白瓷看中国，中国白瓷看德化。”德化瓷兴于唐宋，盛于明清，技艺独特，至今传承未断。德化白瓷一直以来都是我国重要的对外贸易品，并与丝绸、茶叶一道享誉世界，为制瓷技

术的传播和中外文化交流作出了重大贡献。明末清初，德化瓷进入鼎盛时期，在中华人民共和国成立后，德化瓷传承更是人才辈出、绵延兴盛，并与建白瓷、高白瓷一同被誉为现代中国瓷坛的“三朵金花”。

彼时，德艺瓷雕研究所刚刚成立，许瑞峰心中满是希冀，他怎么也不会想到已经流传数千年之久的东方艺术会受到市场冲击，面临举步维艰的时刻。20世纪末到21世纪初，我国经济飞速发展，为各行各业带来了无限生机。那时，德化西洋小工艺品市场日渐繁荣，众多德化白瓷厂为了攫取更多利益，转而改行去做西洋小工艺品。琳琅满目的小工艺品不断刺痛着他的神经，观音、弥勒、天女等古典艺术品一夜之间不复存在，好似被时代所抛弃，一直以来的坚守还会有结果吗？要转行吗？许瑞峰心中满是疑问，迷迷糊糊中他又看到了那个沉默的、有力的、坚韧的父亲的背影。他正在给新作品梳发、开脸，刻塑飘动的衣带，那双巧手辗转之间就刻画出一个个具有生命力的作品，它们从远方而来，迫不及待地想一睹这世界的繁华，急不可耐想向世人传达自己的使命，诉说中国千年以来的极致风韵。

“我必须要找到一条自己的路，一条拥有核心技术的路。”那一瞬间，许瑞峰就顿悟了，他是德化“许氏瓷塑”的传承人，他的字典里没有“退缩”两个字，他必须迎难而上。他开始积极探索有关陶瓷的一切知识，他必须在市场大潮流里面让德化白瓷拥有一席之地。

以古人之规矩，开自己之生面。1999年，偶然的一次机会，许瑞峰开始探索改良釉面配方，他想要摸索出一种独一无二的色彩。历经一年时间的反复推敲、测试复盘，他终于研制出“中华红”和“宝石釉”的新配方。

2002年，许瑞峰携作品亮相山东淄博工艺品博览会，一个晶莹剔透的纯红色小瓷瓶和一个闪着五彩釉面光芒的小瓷瓶震惊了整个展会，这两个作品也被命名为“中华红”和“宝石釉”。

台上刹那间的璀璨光华，源自无数个日夜的咬牙坚持和细心雕琢。没有许瑞峰的坚守，就不会有“中华红”的璀璨，没有许瑞峰的守正出新，就不会有德化白瓷重新焕发出的生命活力。突破桎梏，守正出奇，坚守初心，构成了他完整的人生，他也由此迈入了崭新的发展阶段。

肩负使命，兼容并蓄绘精彩华章

轻若浮云，薄如蝉翼，是瓷却不似瓷，德化瓷在欧洲被统称为“中国白”。这种追求君子之德、自然之美的瓷器在许瑞峰的引领下走向了新的发展历程。

许氏瓷塑技艺中，“许氏飘带”向来都是他们引以为傲的技艺，许瑞峰也擅长在灵动飘逸的衣带造型中寻找到奇妙稳定的中心点。2006年，许瑞峰创作的多彩结晶釉作品《大富大贵》，被我国艺术界最高规格的中国美术馆收藏。此后，他接连创作了大量的陶瓷艺术作品，如中华红

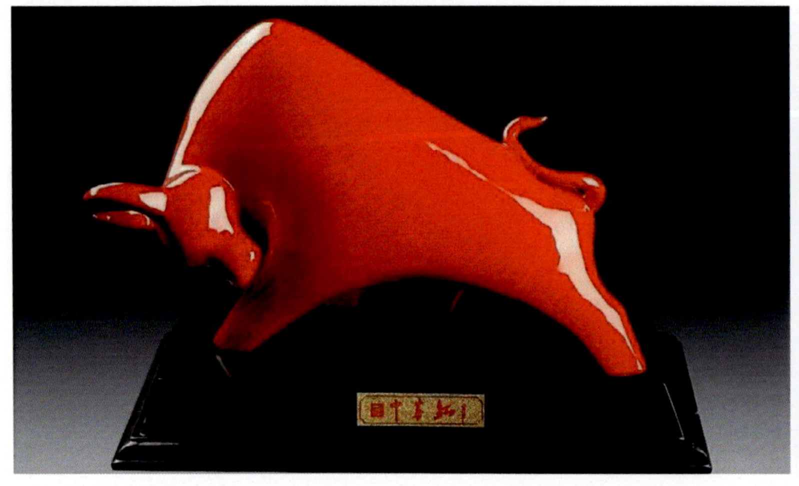

中国陶瓷艺术大师
荣誉证书
CERTIFICATE OF HONOUR
CERAMIC ART MASTER OF CHINA
许瑞峰同志：
您在发展我国陶瓷艺术与设计事业中做出突出贡献，经第三届中国陶瓷艺术大师评审委员会评审通过，授予您“中国陶瓷艺术大师”荣誉称号。特颁发此证。
Upon the evaluation of China Ceramic Art Master Jury, you are honored with the title of "China Ceramic Art Master" for your significant commitment to development of ceramic art and design of China.
中国轻工业联合会 二〇一六年八月
中国陶瓷工业协会 二〇一六年八月

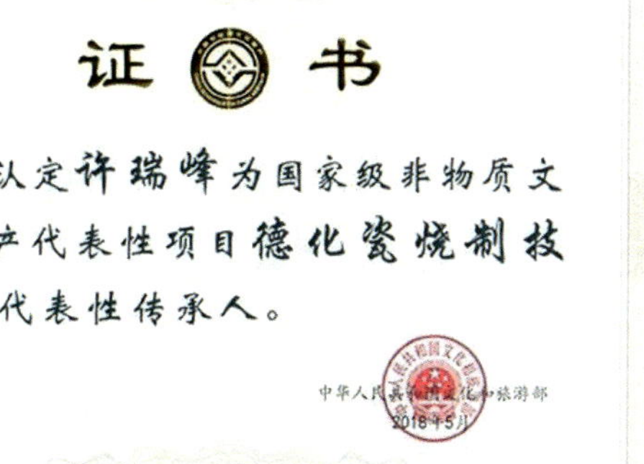
证书
认定许瑞峰为国家级非物质文化遗产代表性项目德化瓷烧制技艺的代表性传承人。
中华人民共和国文化和旅游部
2018年5月

《鸿运当头》、宝石釉《天圆地方》《自在观音》《天女散花》《弥勒系列》《百福壶》等，他还历时五年塑造了得意作品《三十三观音》等。

在创作《三十三观音》系列作品之前，他先从文献资料中细细研究，对其画像等资料进行详细的 梳理，再到出设计稿，雕塑泥稿制作等均事无巨细，在整个制作过程中，他熟练地运用了圆雕、浮雕、捏塑、阴刻等多种技艺手法。三十三尊观音，三十三种神态，每件作品中都配有不同的法器、配件等。三十三尊观音的形态或立或坐或卧，或庄严慈祥或自在随意，形态迥异，神情不一，却都栩栩如生。值得一提的是，由他所创作的《自在观音》，一眼望过去是面带微笑的观音，怡然自得地坐在刻有《心经》句子的梯形体上，右膝微屈，左足舒适垂于梯形体下，一派怡然。

在《弥勒系列》中，许瑞峰去往各个寺院观探，翻阅资料，最终刻画出了“闲庭信步”“大肚能容”“引福弥勒”等经典形象。每一个作品的背后既没有脱离传统，也没有完全契合古意，他将自己对于传统人物、神话故事、风俗习性、宗教理念的理解糅合在一起，创新共生，打磨出更符合当下社会所需的作品。

很长一段时间内，不论是许瑞峰的作品还是他个人，都备受行业内外瞩目，他也开始重新审视传统与创新的关系。在他看来，艺术的生命在于创新，在于造型的创意设计方面。怎样才能让作品更丰富、更饱满？他坚信这种印刻着先辈智慧与历史文化的技艺一定能够得到新的延续，也将会以更包容谦和的姿态屹立于世界之巅。

乘风破浪，知行合一再扬帆起航

青春正逢其时，奋斗恰如其时。对于许瑞峰而言，在探索德化白瓷，追求极致的道路上，没

中国工艺美术大师
证书
中国轻工业联合会
证书
经第八届中国工艺美术大师评选工作领导小组批准，授予许瑞峰中国工艺美术大师荣誉称号。
中国轻工业联合会
2022年8月16日

证书
许瑞峰同志：
为了表彰您为发展我国文化艺术事业做出的突出贡献，特决定发给政府特殊津贴并颁发证书。
国务院
政府特殊津贴第2020013063号
2020年12月28日

茗香不绝茶文化，养生有道惠万民

——访福鼎市方家山建明家庭农场董事长雷建明

徐徐茶路，悠悠本心

北宋蔡襄有诗：“北苑灵芽天下精，要须寒过入春生。古人偏爱云腴白，佳句遥传玉律清。”这里的“灵芽”，指的正是白茶。白茶，属于微发酵茶，是中国茶类中的特殊珍品。因成品茶多为芽头，满披白毫，如银似雪而得名。白茶在制作时不经杀青或揉捻，只经过晾晒或文火干燥后加工的茶，具有外形芽毫完整、满身披毫、毫香清鲜、汤色黄绿清澈、滋味清淡回甘的品质特点。徐徐春风，满目春花，时光易逝，世味成茶。雷建明的福鼎白茶之路，源自家乡福建，缘起太姥山的片片茶树。无论在故乡，还是在远方，白茶，都为雷建明呈现出了无穷无尽的可能性。

沧渊映翠微，纤凝伴灵泽；天下白茶，源于太姥。太姥山从山海而来，穿梭于“中国白茶之乡”福鼎市，二者遥遥相望。太姥山气候地质条件优越，其耸峙于东海之滨，三面临海，山海相依；层峦叠翠的峰岭隔绝了海面的水汽，形成福鼎独特的“山海气候”；周边森林覆盖率 90%，常年云雾缭绕，生态环境洁净无污染，湿度高，昼夜温差大；肥沃的土壤富含有机质与矿物质、微量元素，为品质优越的茶树提供天然的、充足的养分。20 世纪 90 年代初，雷师傅的父亲在太姥山核心区域寻得了一片得天独厚的地理位置并种下茶树幼苗，从此，雷建明在成长过程中也深受父辈们的耳濡目染，对茶树产生了浓厚兴趣。

雷建明是土生土长的方家山畲家青年，方家山位于太姥山脉西南麓，地域面积 88.5% 是山地，海拔均在 500~700 米，山中自然风光优美，不乏山石怪泉，天然瀑布以及沼泽湖。从蜿蜒的山路迈进方家山，一片片的茶田盘旋在道路两旁宛如梯田一般，即使是秋天，到处也是绿油油的一片，高山茶园生态洋溢着清新的空气使方家山这片区域成为名副其实的“天然氧吧”。

2013 年春天，雷建明怀揣赤诚景仰之心走进了方守龙老师的白茶山，成为在茶厂里务工的第一批工人。方老师在种茶制茶方面颇有研究，将几十年的种茶经验浓缩为精华化作文字与言语并存的制茶“秘籍”，他怀揣数十年如一日的初心，在方家山建立了生态茶培育、加工生产试验基地，把生态种茶、干净制茶理念带进了这个偏远的山村。占有天时地利人和优势的方家山，所出产的白茶含有的叶绿素丰富，呈鲜嫩翠绿色、墨绿色，显白毫，茶青品质优良，为白茶提供优

质的原产料。而方守龙先生制作而成的白茶，茶香浓郁，淡淡清雅花香味馥郁芬芳，沁人心脾。经冲泡方式的白茶，口感绵柔，香气沉稳，水含香，韵味十足。“玉在山而草木润，渊生珠而崖不枯”，前人起清源，后人振芳生。从跋山涉水到树立品牌，再到优化环境，方守龙老师始终坚持茶人精神，坚持“共商、共建、共富、共享”工作理念，通过不断举行大小不同的茶文化活动，推进茶旅融合，让所有爱茶的人走进一片真正属于茶的家乡。那些年在厂里帮忙，雷建明深受熏陶，收获了不少制茶心得，他也严格践行着方老师传授的制茶理念，如：茶园生态有机种植理念、茶叶采摘标准、制茶工艺特色等。在求学的几年中，雷建明分享道：“由于我勤奋努力，深受方老师的喜欢，接触到的茶工作也比较多，自然学到的茶艺也更多。”

2017 年，在方老师的支持鼓励之下，依托于自家 20 亩老茶园，雷建明成功建立了“建明家庭农场”并取得了国家有机认证证书。他将亲身屡践坚守做好每一片东方树叶的本心—不仅为了守护好父亲留下的这片茶园，更为了让大家能够喝到一杯干净、放心的好茶。

生物种茶，赓续传承

茶是人与自然的融合，是福鼎这片土地上，生命与生命的融合。通过向有机种植专家的长期学习，雷建明创新研究出“生物链种茶法”——“以草制草、以虫制虫”，并且在 2021 年荣获了方家山“以虫制虫”有机示范茶园。经过以雷建明为核心的团队对茶园全身心的投入、培育，现今“建明家庭农场”有机茶园面积已达到了 50 余亩。“草能制草，虫能制虫”并不是雷建明从书中习得的知识，而是他从生活中不断观察到的自然循环规律。“平时看到有鸡血草、地葱、过地蜈蚣的地方，就不长杂草。看到沟子、龟子出没的地方，就不长其他虫。”生物群落结构在这片茶园里转变为茶园昆虫、林业昆虫群落，各种昆虫之间势必存在紧密的联系。平日里种植时

细致观察所获得的经验，是开启生物链种茶法的密钥。同时，为调节系统内的动物多样性、提高茶园系统的稳定性，需要对茶树群砍密留疏，使保留下的林木疏密均匀；此外还要砍劣留优、砍小留大，即砍掉长势差、存在病虫害以及枯死的茶树，保留生长茂盛的树枝。阳光、雨露、空气、土壤、人与自然融合打造出循环生物链，经过岁月积淀酿成了茶的味道，散发出灵魂的清香。田野中成就一杯好茶，是对土地的选择，也是源于田野的造化。

在茶的世界人来人往，有人找到了生命的归宿，有人发现了生命的诗意。雷建明给自己的茶叶产品设计了“凤”系列，白毫银针名为凤仙，白牡丹中春茶名为凤兰、夏茶名为凤梨、秋茶名为凤菊、白露茶名为凤梅、冬茶名为凤雪。畲族以凤凰为图腾，吉祥高贵，仙气超凡，命名白茶中的珍品银针，兰、梨、菊、雪是人们所熟知的四季代表，与以清雅隽永为气质的福鼎白茶相称。相较方守龙老师傅茶液的纯净，雷建明的特级牡丹茶汤稍显浓郁热烈，香气有白茶山工艺的特征，但细节上亦有一些自身独特的地方：甄选高山优质原料，经卓越工艺精制而成，古法之韵，历久弥新；沿袭方守龙师傅传统制作技艺的珍藏佳品，经沸水冲泡，茶香弥漫、直指人心；闻其香、观其色、品其味，香、甘、韵、醇尽显其中，仿佛于太姥山云雾之巅感知春色如许、千枝绽绿、静沐香风，世间的静谧美好或许只在福鼎茶韵之间。

钟灵毓秀，奋楫笃行

为了不断提高自身的制茶技术与理论知识，2018年6月，雷建明参加了中华全国供销总社杭州茶叶研究院举办的“机械制茶师”培训班脱产学习活动，之后又参加了“高级评茶员”和“高级茶艺师”培训，成功拿到了国家级资格证书。雷建明乐此不疲地沉浸在对茶叶技术的学习钻研道路上，他还前往武夷山学习，观看了武夷岩茶的制作过程，并努力向国家一级评茶技师的方向迈进。白云苍狗，雷建明师傅在制茶路上将迎来第一个十年，此时的他却仍旧面带与多年前同样的质朴与纯真：“我相信，作为方家山有机白茶传承人雷师傅，不仅要持之以恒地为一杯好茶做出努力，更要为他的后代做好一位制茶人应有的榜样。”

如今，福鼎市方家山建明家庭农场生产的白茶家喻户晓。蓦然回首，雷建明从青涩稚嫩的求学者成为福鼎市方家山建明家庭农场“畲家韵”创始人、“释木东方”首席制茶师、福鼎市方家山畲寨生态白茶专业合作社联合社理事、福鼎市太姥山茶业商会监事等。岁月缱绻，葳蕤生香，多年来，雷建明师傅犹如一位兢兢业业的工匠人，行走于福鼎茶园之间。“精于工，匠于心，品于行”，工匠精神从雷建明师傅精妙绝伦的技艺中体现出来，不仅转变为其专注的创新精神，更是他“一心制茶，以茶养心”的修身格物之道。

雷建明还积极响应政府政策号召，扎根奉献，心怀“助农有我”之责，致力于让地方特色农产品走入城市，投身新农业，促进乡村振兴事业。曾经，在方守龙老师的厂里学成归来后，他返乡创业，开创了自家特色农场，种植特色农作物白茶，守好父亲留下的茶园，用知识帮助乡亲们脱贫致富、迈向新生活。现今，科技水平高度发达，农村面貌日新月异，作为新时代的新农人，雷建明师傅利用现如今发达的网络技术、电子商务平台，致力于帮扶家乡的脱贫工作，他用自己的新理念、新技术、新作为让家乡经济焕发出新的活力。

中国被称为茶的故乡，不仅因为这里的土地孕育出了世界上最早的茶树，更因这里的人们将茶视为一种沟通天地的生命源泉。从茶的产区，到无茶之地，路因茶而生。福鼎白茶是大自然的馈赠，是一辈又一辈茶园人用最简单纯朴的工艺对自然的无限畅想。从对茶的期盼，到创造出属于自己的茶，在人们永不停息的脚步中，寻找传统，寻找希望。

茶，是人类面对自然的态度，也是面对人生、面对内心的态度。对每一件热爱的事物全力以赴，时光，一定会让你满载而归！

丁玉勇

DING YU YONG

中国烹饪大师、淮扬菜十大新传承人

丁玉勇，男，1968年4月生，是江苏食品药品职业技术学院教授，注册中国烹饪大师、中式烹调高级技师、中式面点高级技师，第二、第三届全国餐饮职业教育教学指导委员会委员，淮安市丁玉勇大师工作室领衔人，兼任淮安市厨师协会常务副会长、江苏省餐饮行业协会名厨委副主席、江苏省烹饪协会名厨委顾问。参与商务部标准《快餐企业经营规范》的制定，并主持制定《淮扬菜通用规范》江苏省地方标准和多项餐饮团体标准，荣获了“中华金厨奖”“江苏省餐饮业十大工匠”等多项荣誉称号。

烟雨江南，佳肴飘香。自古以来，诗情画意的淮扬之地便是文人雅士们心之所向，南来北往，这片广袤的土地上孕育出了其独树一帜的饮食文化。淮扬菜，中国传统四大菜系之一，亦被称为“文人菜”。纵横历史，无数的名士流连于淮扬菜的鲜香，留下了享誉古今的诗词佳句。

淮扬菜肴冠天下，精心烹制传匠心

——访中国烹饪大师、淮扬菜十大新传承人丁玉勇

鸿鹄之志，造炬成阳

“东南第一佳味，天下之至美”，这是千百年来世人对淮扬菜的盛赞。发源于淮安与扬州，淮扬菜承载着独特的文化气息。汉赋大家淮阴人枚乘记载的楚太子与客人的一段关于美食的对话——“犓牛之腴，菜以笋蒲。肥狗之和，冒以山肤。楚苗之食，安胡之飰抟之不解，一啜而散。于是使伊尹煎熬，易牙调和。熊蹯之臑，芍药之酱。薄耆之炙，鲜鲤之鲙。秋黄之苏，白露之茹。兰英之酒，酌以涤口。山梁之餐，豢豹之胎。小饭大歠，如汤沃雪。此亦天下之至美也”。是淮扬菜穿越2000多年历史的文化见证。而今，淮扬菜多以江湖河鲜为主要原料，并辅之以顶尖烹艺，呈现出上乘的本味本色，既雅俗共赏而又不失其淡雅风采。作为当仁不让的国宴首选，淮扬菜尤重选料与刀工，讲究菜品形态的精致与高雅，在火候的掌握上要求也极为严苛，这就注定了想做得一手出彩的淮扬菜，就必须得下一番苦功夫。

明代万历年间的《淮安府志》曾有此记载：“淮安饮食华侈，制度精巧……”直观地向世人描绘出了一幅精美的淮扬佳肴图景。始于春秋，奠基两汉，兴于隋唐，盛于明清，淮扬菜随着大运河的日益重要而闻名全国，并以其“和、精、清、雅”的特点令品尝过的人赞不绝口、流连忘返。“和，是指天人合一的养生理念；精，是指工艺精湛；清，是指口味清淡；雅，是指食色淡雅，装盘精巧有韵味。”这是丁玉勇大师在30多余年的烹饪实践中对淮扬菜的总结，更是他在烹制淮扬菜这条道路上孜孜不倦的追求目标。

看今朝，丁玉勇大师以坚如磐石的信念在淮扬菜系的传承创新之路上踔厉奋发、矢志不渝。20世纪80年代，丁玉勇考取了南京农业大学的食品工程专业，怀揣着“民以食为天”的朴实信念，他勤勤恳恳地学习理论知识，为今后从事烹饪事业夯实了基础。毕业后，丁玉勇因机缘巧合成为一名烹饪专业的教师，他便立下了鸿鹄志，要用自己掌握的科学知识解决烹饪行业的“瓶颈”和难题，带领行业走科学发展的道路，他努力探寻营养学知识、现代食品加工技术与烹饪技术的结合。闲暇之时与行业上的烹饪大师、名师相互切磋，一同研究菜肴的创新，在他不辞劳苦的努力下，日渐在烹饪之路上踏出了坚定且清晰的一串串脚步，一展其大师禀赋，并先后荣获了“中国

烹饪大师”“中华金厨奖”“江苏省餐饮业十大工匠”等荣誉称号。

诲人不倦，匠心传承

“师者，所以传道授业解惑也。”作为一名一线教师，丁玉勇一直以精湛的烹饪技艺、崇高的教师情怀投入教学工作中去。从事一线教学工作30余载，丁玉勇始终毫无保留地将淮扬菜的烹饪技艺传授给他的学生，并在课余时间给予学生充分的关爱，引领学生在烹饪道路上砥砺前行。他用实际行动诠释着教书育人、爱岗敬业的优良师德。如今，丁玉勇大师已是烹饪界少有的三级教授，并历任烹饪工艺与营养专业领头人，酒店学院副院长、淮扬菜烹饪学院院长等职务。

为传承弘扬淮扬菜技艺，2012年和2015年，江苏食品药品职业技术学院、淮扬菜文化博物馆先后建设了丁玉勇大师工作室。自此，除教书育人的本职工作外，丁玉勇则带领一众师生和社会厨师研究并创新淮扬菜技艺，传承并发扬使人垂涎欲滴的国宴美味佳肴。每当走进工作室，会发现一道道忙碌的身影，汗水铸就了他们炉火纯青的功力与技艺，也使得淮扬菜的精湛技艺代代赓续。10年间，丁玉勇大师工作室陆续走出了十多名全国烹饪技能大赛获奖选手和国内知名烹饪大师，为传承烹饪事业培养起了一批批优秀的中坚力量。因此，丁玉勇大师工作室于2022年被江苏省教育厅授予省级“职业教育技艺技能传承创新平台”。

“人在继承了传统的基础上，内心才会深刻。”置身于丁玉勇大师的课堂，学生们不仅要学习烹饪技艺，还要了解淮扬菜背后所承载的文化底蕴与历史变迁。究其原因，便是唯有深谙淮扬文化内涵，方可制作出一道道精美雅致的淮扬菜，否则只会是一盘没有灵魂的菜肴。淮扬文化，园林、文人、饮食三者缺一不可，正是这三者构筑起了淮扬菜系深厚的历史文化底蕴，典雅的江南气息、精致的文人风雅、新鲜的水产原料，均为一道道淮扬佳肴注入了鲜活的文化内涵。

大辩不言，尽管已经取得了耀眼的成就，丁玉勇大师依旧低调地将心血投入培养淮扬菜传承人的事业上。作为专业带头人，丁玉勇尽心尽力地培养着年轻的教师团队，手把手地教授烹饪技艺。倾囊相授，这是一名教师真挚的职业情怀；传承弘扬，这是一名匠人朴实的匠心精神。得益于丁玉勇大师的辛勤教导，其团队高质量地完成了省级重点烹饪实训基地建设、省级精品课程建设和国家级教学资源库课程建设，并荣获了多项奖项。

今日，丁玉勇大师已成为烹饪行业领域的领军人物，独树一帜，闻名遐迩。他既是世界中餐业联合会的理事，更是多次参加全国烹饪职业院校专业建设和技能大赛的指导评判，他让文化底蕴深厚、历史悠久的淮扬菜文化在国内，甚至是国际舞台上大展魅力风采。

创新发展，砥砺前行

“苟日新，日日新，又日新。”没有创新，文化就会成为枯竭的一潭死水，烹饪亦是如此。为顺应时代趋势、推动淮扬菜烹饪技艺的发展，丁玉勇大师深入研究食品制作的方方面面，从选材到运用，从炖焖到烧炒，他综合各家之长，构建起了一套系统独立的烹饪理论，并凭借着精湛的烹饪技艺与渊博的知识，不断推陈出新，累计研发出了200多道创新的淮扬菜品，赋予了淮扬菜新的时代内涵。

如果说菜品的创新推动了淮扬菜在新时代的发展，科研便是促进了整个烹饪行业前进的动力。丁玉勇大师在科研期间，曾主持完成了淮安市科技局重大项目“淮扬菜公共技术服务平台”“传统淮扬菜点预包装系列产品开发与关键技术研究”等多项课题，并荣获发明专利1项，实用新型专利5项，省、市级科技进步奖各1项，为烹饪事业的扶摇直上注入了强劲的发展力量。

回顾匠人本色，丁玉勇大师的“淮扬菜十大新传承人”这一身份承载着其几十载春秋精益求

精、执着专注的工匠精神。面对餐饮行业现代化发展中的诸多问题，丁玉勇坚守初心与匠心，在省餐饮行业协会、省质监局等多方支持下带领团队不断开展淮扬菜烹饪技艺的标准化研究工作，以推动淮扬菜持续性、稳定性、高质量的发展。其团队主持制定的《淮扬菜通用规范》江苏省地方标准和十多项市级地方标准、团体标准得到了广泛的应用，推动了行业发展。

广泛的研究与走访，大量的数据与资料，丁玉勇在推动淮扬菜标准化发展的同时，还编撰出版了《中国淮安淮扬名菜大典》《淮扬名菜制作》《淮扬名点制作》，为餐饮企业制定了50多道淮扬菜品的标准，为上百家餐饮企业提供了相关的技术咨询和检测服务，并拍摄了80多道淮扬名菜制作视频，以此传播弘扬淮扬菜文化，助力其传承创新发展。

走出国门，丁玉勇还将淮扬菜带到了世界舞台之上，他曾受文化和旅游部委托带队赴约展示“行走的年夜饭”，将淮扬菜品推广至海外，并多次赴法国联合国教科文组织总部、瑞士、澳大利亚、日本等国与当地名师开展烹饪技术交流，真真切切地践行着匠人本色，谱写出了一幅勤勤恳恳、兢兢业业的奋斗画卷。

暮去朝来、春秋更迭，铅华洗尽、珠玑不御，古老的淮安与扬州仿佛还在诉说着过往的文人雅韵。来到淮扬地区，驻足于江南园林之间，坐下来静静感受水乡风情，品尝一口淮扬佳肴，真可谓是人生一大雅事。而在这雅致风情的背后，是以丁玉勇大师为代表的一众淮扬菜传承人初心如磐、砥砺前行、匠人风骨的坚守，不断推陈出新，推动淮扬菜攀向新的高峰。我们也坚信，未来在丁玉勇大师的带领下，淮扬佳肴将以其独特的魅力风姿，在中国乃至世界的饮食舞台上，绽放出耀眼的光芒！

申敬远

SHEN JING YUAN

安阳市同德医药有限责任公司董事长

申敬远，河南省汤阴县人。他受家庭中医底蕴熏陶，渐渐对中医药产生了浓厚兴趣，父母将《妇科宝》的秘方传授给他，并希望他能够帮助到更多有需要的人。此外，他还深入学习并研究了扁鹊阴阳平衡针。通过中药调整人体的气血、阴阳和脏腑等方面的功能，起到平衡调节的作用，帮助人们恢复健康。为了让更多人受益，申敬远成立了安阳市同德医药有限责任公司，他希望以公司为纽带，让更多人了解中医文化精髓，感受中医的神奇力量。将中医药与中华文化紧密相连，通过研究中医的理论和实践知识，让人们对自身的身心健康有着更深入的认识。

传中医精神之基，创中医文化之路

——访安阳市同德医药有限责任公司董事长申敬远

流水不腐，户枢不蠹

提起扁鹊，大家都知道他的“望、闻、问、切”诊病方法，尤其擅长切脉诊断，为我国中医脉学之宗。扁鹊，原姓秦，名越人，生于公元前407年，死于公元前310年，中医鼻祖扁鹊就埋葬于河南省汤阴县。医术高超，常年云游四方，周游列国，扁鹊把积累起来的医疗经验，用于平民百姓，到各地行医，为民解除痛苦。由于医道高明，为很多老百姓治好了许多疑难杂症，深受尊崇，百姓便以“上古神医扁鹊”之名称呼他。但大多数人应该不太熟悉扁鹊的阴阳平衡针，它是一种古老的针灸技术，通过刺激人体穴位，调节人体阴阳平衡，从而达到治疗疾病的目的。阴阳平衡针的特点在于其强调人体阴阳平衡，通过对人体穴位进行刺激，调整人体的阴阳平衡状态，从而改善身体状况。其治疗方法涵盖了砭刺、针灸、按摩、汤药等多种方式，被广大患者所认可。

谈到《妇科宝》秘方的来源时，申敬远说：因为他的父亲申运清高小毕业以后随国家地质勘探队到河南省汤阴县宜沟镇的汤阴小汤山，正是当年中医鼻祖扁鹊行医、悬壶济世的地方，父亲申运清跟随当地很多老中医学会了扎针、拔火罐，以及中医的望、闻、问、切等扎实的中医理论知识，当时有位老郎中看到父亲天资聪明、能吃苦，有一颗博大、博爱之心，就把《妇科宝》秘方传给了他。而小汤山当时是清朝的行宫，光绪二十八年（1902），八国联军攻陷北京，光绪皇帝爱新觉罗载湉与慈禧太后叶赫那拉氏逃至西安，返回北京途中，在汤阴县宜沟镇行宫下榻，随后到岳飞庙祭祀，光绪皇帝赐题“百战神威”，慈禧太后赐题“忠灵未泯”匾文，悬挂于岳飞庙至今（相传妇科宝就是这个时候从清朝行宫御医处流传出来的）。在20世纪60年代，有很多女性有妇科问题，父亲申运清一边工作一边用自己学到的中医知识，为下乡女知青和当地的女性同胞调理一些妇科疾病。后期随着工作队辗转到汤阴伏道扁鹊庙附近进行地质勘探，也接触到了很多当地的名医（当时叫郎中），通过不断的学习，实践《妇科宝》这个方子。“1968年我父亲申运清和我母亲万春英结婚，当时我母亲和我姨，都在从事妇科工作（我母亲17岁就从事妇科

工作），我母亲和我姨在这个方子的推广上也起到了至关重要的作用。因为当时妇科炎症是很多人难以启齿的一个话题，但后期这个方子在临床应用上也帮助了很多妇女，当时主要用于治疗妇科炎症。”谈到这里，申敬远语气中带着自豪。随着年龄增长，申敬远的父母决定在他初中毕业后，把他送到安阳卫校去进修，见毕业后他对中医的热爱已经到了痴迷的程度，父母便把这个妇科宝的秘方传给他，希望这个秘方在他手中能帮助更多有需要的人，也希望他能继续深研这个秘方，让它可以发挥出更好的药效。让此秘方能名扬四海，为中医扬名！

民有所呼，我有所为

在 20 世纪 90 年代后期的工作中，申敬远发现这个《妇科宝》秘方对夫妻生活也能提供很大的帮助，90 年代以后，随着人们的思想逐渐开放以及对生理健康知识的宣传，人们对健康方面的追求越来越高，许多人使用了这款产品后，发现这款产品能达到很多人梦寐以求的效果。

“很多人因为害怕尴尬或觉得羞耻谈到性生活方面的话题，渐渐地忽视了这方面的健康问题。他希望大家能够正视这个话题，多关注生活健康问题，多了解多学习有用的健康知识，打破自己的认知水平。”

近年来，卵巢功能早衰现象越来越常见，也越来越受到人们的关注。相信绝大多数人都知道，卵巢是女性重要的生殖器官，它的健康直接决定了女性的健康和美丽。卵巢功能早衰一旦发生，女性不仅容易受到如月经不调、痛经、闭经等妇科问题的困扰，容貌身材也会随之衰老、走样，卵巢早衰可以称得上是女人年轻美丽的“劲敌”。那么，女人卵巢功能早衰脸部会有些什么症状呢？首先，卵巢功能早衰会令女性脸部长斑。因为卵巢掌握着激素分泌功能，卵巢功能衰退，会令女性的美丽因子——雌激素分泌减少，进而导致女性脸上出现色素沉着，黄褐斑之类的斑斑点

张网

ZHANG WANG

江苏悦合信息科技有限公司创始人

张网，中国诚信企业家、企业管理运营实战专家、创新创业导师、中国开发区协会平台经济研究员、2023 年度被中国管理科学院研究院、中国科学家论坛等机构评为科技创新突出个人，中国管理科学院优秀学员，理疗鞋，智能鞋发明人、中康国际智能穿戴研究院有限公司副院长、宿迁市发明协会理事，乡村文化振兴爱心大使。他是一位富有创新思维和实践经验的企业家、发明家、慈善家。其在咨询行业从业多年，深深地了解企业和市场的发展规律及趋势，积累了丰富的行业经验和知识，当前致力于研发智能穿戴产品和健康管理方案。于 2019 年创办了江苏悦合信息科技有限公司，以鞋为媒，将健康元素融入人们的日常生活中，让健康管理更加便捷和自然，从而帮助人们更加健康、快乐地生活。

创新颠覆旧传统，开拓健康新纪元

——访江苏悦合信息科技有限公司创始人张网

从“脚”出发，颠覆传统

“阴阳五行，天人合一。”人体是一个有机的整体，各个器官之间相互联系、相互作用，构成了一个和谐统一的有机整体。在健康科技领域，传统的健康产品往往只关注单一的健康指标，而忽略了人体是一个复杂的整体系统，足部健康情况也常常被人们所忽略。由于足底密布着丰富的毛细血管和重要的穴位，已被当今医学界视为人体“第二心脏”“精血之根”“人体健康之基石”，穿上一双好的鞋对足膝进行养护，可以促进微循环、消除疲劳，起到放松身心预防多种疾病的作用。

随着大健康时代的到来，不断涌现出吃的、喝的、艾灸的、泡脚的、按摩的等一些养生方法和产品，但是这些养生方法，都需要重复的不断地花钱，还要长期坚持，占用我们的精力和时间，一旦坚持不了，就达不到我们想要的效果。而鞋子不一样，人的一生有三分之二的时间是离不开鞋子的，早上起来必须穿鞋子。所以，只要穿上鞋子，鞋内的中药、负离子、银离子就开始呵护我们的双脚。随时接上按摩仪器，更好地促进微循环、减轻疲劳、放松身心。因为这些问题与人们的身体健康密切相关。

于是，张网开始思考如何将健康元素融入人们的日常生活中，从而让人们更加轻松地保持身体健康。在这个过程中，他注意到了鞋类产品市场的发展潜力。鞋子是人们日常生活中必不可少的物品，而且人的一生中有过半的时间都在与鞋子打交道。因此，如果能够将健康元素融入鞋子里，就能够为人们的健康管理提供更加便捷、自然的方式。

为了实现这个想法，张网和他的团队花费了近三年的时间，研发出了一款名为“易康来”的移动足疗鞋。这款鞋采用先进的智能技术，将健康元素融入其中，为用户提供个性化的健康建议和调理方案。张网以其独特的视角和创新的思维，打破了传统健康产品的局限性。他从日常生活中最常见的鞋子出发，将人工智能技术与传统鞋类产品相结合，创造出了颠覆性的智能足疗鞋。这款鞋不仅能满足人们日常的穿着需求，更融入了健康管理的理念，为用户提供了一种全新的健康管理方式。

荣誉证书

尊敬的张网先生：

感谢您对乡村振兴的文化振兴的支持，特授予您“乡村振兴爱心大使”荣誉称号。

您今天的爱心支持，将会改变乡村孩子的成长与未来。

致以诚挚的敬意！

特发此证，以致鼓励！

荣誉证书

江苏悦合信息科技有限公司：

根据公众投票、行业信息比对，贵单位 易康来 品牌，在本届“行业领先品牌企业宣传推介”活动中，荣获：

全国健康行业市场用户首选品牌

与传统的健康产品通过口服或佩戴方式不同，张网的智能足疗鞋以一种更加自然、便捷的方式帮助用户实现健康管理。用户无须通过服药或戴烦琐的设备来监测身体健康状况，只需穿上智能足疗鞋，便能轻松享受到全方位的健康服务。

不仅具有概念上的创新，更重要的是有实实在在的功能性。其研发的“易康来”智能足疗鞋具备按摩和加热等辅助功能，通过与足底反射区一一对应的按摩点，可以在用户行走的过程中对其足底进行适度的按摩，促进血液循环和新陈代谢。而加热功能则可以在冬季为用户提供温暖的穿着体验，同时促进足部血液循环。张网的这一创新举措改变了传统健康产品的形态和使用方式，使得健康管理变得更加便捷和自然。这种以鞋子为媒介的健康管理方式，将人们日常生活用品与人工智能技术巧妙结合，开创了一个全新的健康科技领域。

易康来足疗鞋的研发得到了业内的广泛认可和赞誉，获得了多项荣誉和专利。张网和他的团队于2019年成立了江苏悦合信息科技有限公司，并逐渐将产品推向市场，希望能够为更多人提供优质的健康管理产品和服务。易康来足疗鞋的推出，不仅代表着健康管理领域的创新和进步，也体现了张网和他的团队对于健康生活的追求和信念。

诚信为本，以质取胜

孟子有言：“诚者，天之道也；诚之者，人之道也。”诚信是一个企业的生存依据，是企业发展的根本保证。张网所创立的悦合科技始终秉持“以诚信为本”的经营理念，致力于为客户提供最优质的产品和服务。

在产品研发上，张网以申请的多项专利认证让消费者放心，确保产品符合国际化的统一标准。经过了严谨的科学研究和多番的实践验证，在制作过程中还注重植入多味中药，以中药成分确保

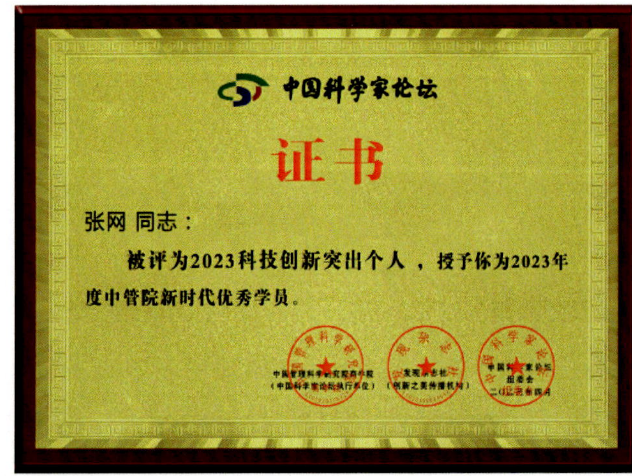
中国科学家论坛

证书

张网 同志：

被评为2023科技创新突出个人，授予你为2023年度中管院新时代优秀学员。

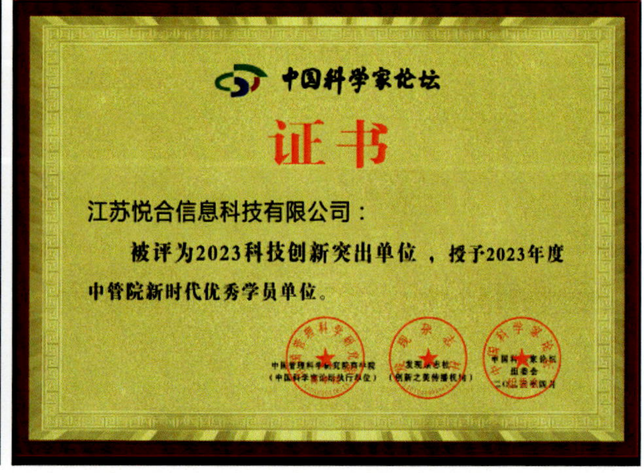
中国科学家论坛

证书

江苏悦合信息科技有限公司：

被评为2023科技创新突出单位，授予2023年度中管院新时代优秀学员单位。

达到实际的健康效果，让消费者可以真正地享受到健康好产品。

同时，张网始终坚守“始于客户要求，终于客户满意”的服务原则。为确保产品的品质，悦合科技树立了坚定明确的品质观念，并建立了前期完善的品控体系。通过严格的质量控制，确保生产的每一款产品的品质都能够达到最高标准。在服务中期，悦合科技始终坚持第一时间快速发货，以确保客户能够及时收到并使用上产品。这种高效的服务为客户节省了宝贵的时间和精力；在服务后期，悦合科技积极了解客户信息反馈，及时解决客户的问题和疑虑。他们及时与客户进行沟通，了解客户的真实需求，不断改进产品和服务，确保售后无忧。

不仅如此，张网还带领悦合科技在发展中坚守信念，不断进行创新，积极研发新产品。如根据用户的足底汗液等生理指标来监测健康状况，通过与手机等设备的连接，为用户提供个性化定制化的健康建议和数据记录，及时发现潜在的健康问题，为中老年人的健康管理提供了便利。此外，他还成功试验出了一种防止手机丢失的鞋，这项技术已经获得了专利批准。

悦合科技的成功源于张网的诚信经营理念和服务、创新意识。他相信只有诚信才能赢得客户的信任和忠诚，只有优质的服务才能赢得客户的满意和口碑。在未来的发展中，张网将带领悦合科技继续坚持诚信为本的经营理念，不断创新，立志为客户提供更好的产品和服务。

三网合一，助推发展

高尔基说过：“保守是舒服的产物。”企业的发展也是如此，只有先声夺人、出奇制胜，不断创造出新的体制、新的产品、新的市场和压倒竞争对手的新形势，企业才能立于不败之地。企业在此过程中需要放开思维、勇于尝试新的方法和思路，不断探索新的商业模式和竞争策略。

张网深以为然，积极探索创新提出了“三网合一”的新生态系统，旨在通过整合天网、地网和人网等各方资源，实现更快更好的发展。其中，天网是指通过新媒体、短视频等方式，输出有价值的内容，并利用达人和会员传播形成强大的宣传矩阵，为各城市合伙人从线上引流，线下体验交易变现；地网则通过对线下体验店（服务中心）的跟踪、服务、赋能、全程陪跑和激励等策略，建立保姆式扶持政策，让每一位合作伙伴都无后顾之忧；人网则利用会员制实现创客化裂变，以送股、入股、参股等方式留住人才，并通过商学院不断赋能留住人才，提高员工的综合素质和能力，为公司的长期发展提供有力的人才支持。

当然，未来的发展，不仅是资源的整合，更是各方力量的汇聚和合作共赢的实现。在当前经济全球化的大趋势下，任何企业都不能孤立地发展，而是需要与各方合作伙伴携手共进，共同面对市场的挑战和机遇。

为了吸纳更多力量，张网将积极拓展渠道建设，通过新零售、新媒体等手段，不断拓展线上

线下销售渠道，与更多的合作伙伴建立起合作关系。同时，张网也将持续优化自身的平台和服务，提高用户体验感，以吸引更多的用户和合作伙伴的加入。

除了拓展渠道建设，张网还将加强控股联营的合作模式，与各城市合伙人形成更紧密的合作关系。通过分散式经营、合并式上市等方式，融合更多上游企业，共同开拓市场，实现互利共赢。同时，张网也将积极探索新的合作模式和商业模式，以适应不断变化的市场大环境。

在健康管理中，数据的价值不言而喻。张网将与更多的合作伙伴共享以智能鞋与App等手段所获取的用户数据和资源，实现精准的大数据分析和应用。通过精准大数据的运用，张网相信此举定能够更好地了解用户需求及市场发展趋势，从而赋能企业未来的发展。为人类解决健康问题，为社会化解矛盾。

现在随着人们对健康的关注度不断提高，智能足疗鞋的市场应用前景非常广阔。张网和悦合科技团队将继续致力于创新研发，引领健康管理领域迈向新的高度。张网相信，以鞋为媒，定能实现智能化与日常生活的结合，让健康不再复杂，让养生变得简单，未来必将开创出一个充满无限可能的朝阳产业，实现“天下悦和、人间沁暖”！

吴霖刚

WU LIN GANG

江苏香海琴枫文化旅游发展有限公司创始人

“绿树村边合，青山郭外斜”，近年来，随着乡村振兴建设的逐渐发展，乡愁呼唤着游子内心的浪漫情怀，一幅幅诗意栖居的生态画卷徐徐展开。美丽乡村建设，通过多产业融合、创新，激活了乡村旅游新活力，以农文旅融合态势，“融”出了乡村振兴的新篇章。江苏香海琴枫文化旅游发展有限公司创始人吴霖刚，在丹阳马陵这片沃土之上，全方位赋能调整农业结构，发展生态旅游，构建诗意田园的生态农场，向世人展示了美丽的乡村记忆。

浪漫永恒纷呈农旅，情切振兴美丽乡村

——访江苏香海琴枫文化旅游发展有限公司创始人吴霖刚

归故里，创发展

聚拢来是烟火，摊开来是人间，而烟火人间里忘不掉的是集市、是乡愁。吴霖刚自小便在马陵生长，随后去往他乡发展，成为扬州一家企业的老总，生意做得红红火火。2011 年，吴霖刚回家乡看望亲人，看到从小生长的地方几十年如一日地没有发生任何变化，土地上杂草丛生，经济发展缓慢滞后，吴霖刚不禁心生感慨，建设家乡、建设美丽乡村的愿景便油然而生。在父老乡亲们的殷切期盼下，吴霖刚怀着改变家乡的情结和甘于奉献的责任之心，回村担任马陵村党总支部书记。

吴霖刚出生于1962年，毕业于浙江大学企业管理专业，作为党员的他，回乡创业已年过五旬，同时，创业初期要想找好的发展赛道、做好发展规划是很艰难的。于是，吴霖刚深入体察乡村面貌、了解乡村发展的形势，他发现马陵村丘陵岗坡地较多，用来发展生态观光农业具有得天独厚的优势。为此，吴霖刚义无反顾地投资了生态农业。吴霖刚指出，他迫切地想为家乡做点什么，虽然对整体规划建设有初步的方案，但还是高估了市场的需求，低估了特色生态小镇市场的要求。而单一的生态农业项目可能一不小心就会走向同质化，所以他想打造一个集休闲农业与乡村旅游于一体的项目，通过多条腿走路，增强项目的生命力。

为此，吴霖刚从班子建设入手，带领村“两委”一班人在如何建设新马陵、带动村民增收上进行了科学谋划，并针对当地以农业种植为主、生态环境较好，且政府政策鼓励发展生态农业的状况下，决定把打造生态马陵作为改善村容村貌、促进村民增收的主导产业，以此来改变家乡面貌、带动地方经济发展。

“绿遍山原白满川，子规声里雨如烟。”一村一景的基础建设需走可持续发展的“村景”相宜之下的绿美之路，而景色的打造应当做好基础的环境建设，在此之上加入村子的独特特色。为打造美丽乡村，马陵村花了大力气对村上的泥路进行了改造，其余的公共设施都建设得“有模有样”，对每个自然村都进行了绿化美化建设，并建起了健身广场和相应的娱乐设施。而全村 6 个自然村无论是村庄改造整治、道路绿化、亮化和美化，还是建设健身广场、老人活动中心等工程

和实事，吴霖刚都慷慨解囊，至今已累计出资了 120 多万元。

多年来马陵村围绕生态村庄建设，努力筑牢绿色发展的基石，不仅优化了村庄环境，让生态新马陵成为现实，也让沉睡的岗坡地焕发出了新的生机。如今，马陵村已先后获得了镇江市生态村和江苏省生态村的殊荣，昔日荒废的岗坡地通过农业综合开发建设，正在打造集生态观光、休闲娱乐于一体的现代城市后花园。为实现乡村一体式发展，吴霖刚确立建设充满梦幻浪漫色彩的农庄——香海琴枫浪漫庄园，结合世外桃源果品专业合作社，组建专业的种植、养殖及销售团队，以“三村一园”为基础打造生态小镇模型，将土地流转发展为农文旅融合产区，打造生态旅游建设。

“我想在余生留下一笔财富，为我的家乡马陵村搭建起一个平台，让这里的村民们都能一起致富。”吴霖刚说道。浓浓的家乡情结使吴霖刚建设美丽乡村的梦想得以起航，他怀揣着对土地、对民生的责任，以真实和超现实的交叉融合，打造出乐业舒适又极富有田园浪漫色调的乡村产业，为乡村振兴这一富民强村的事业添上了浓墨重彩的一笔。

兴产业，惠村民

“以前，我们这里地处穷旮旯，是个‘实实在在’的贫困村。”马陵村党总支书记吴霖刚介绍道，马陵村共有土地面积 3512 亩，水面 500 余亩，耕地仍以传统种植水稻和小麦为主，水面主要用于青虾和常规鱼的养殖，是一个典型的以农业为生计村庄。在 2010 年以前，马陵这片土地近百年未发生变化，供水资源严重不足，农作物生长灌溉用水存在着很大的难度。吴霖刚希望由自己带领乡亲，能通过实现做好生态旅游产业这篇文章，将马陵村打造成为国家级生态观光园区的目标，逐步带动村集体经济和村民收入的提高。

吴霖刚通过搭建景区与乡村生态旅游联动发展平台，实现了乡村文化旅游链条式、连片式发展。为打造特色小镇，吴霖刚决定先要打好生态牌，他先后与上海交通大学、江苏省农科院、江苏省淡水水产研究所签订了长期的科技协作协议，组建起“香草植物研究中心”“特种鱼类育种基地”“生态休闲农业科技示范基地”“水产养殖科技示范基地”四个研发团队和种养基地，只为走好特色化的良性发展轨道。

吴霖刚以特色产业活力运营模式，充分利用其占地约 3000 亩的村镇环境优势，打造“江苏香海琴枫”特色生态小镇，多年来，小镇陆续增添了网店、微店等专业销售团队，并完成

了农副产品、护肤品商标的设计和申报，香海楼酒店和琴海湖垂钓也对外开放运营，吴霖刚一步一个脚印地向前迈进，逐步形成了集八大特色板块服务于一体的特色服务，开拓出了巨大的销售市场。

多年来，吴霖刚把奋斗20多年积攒下的1.86亿元资金全部投入了荒山野坡上，硬是把一座“荒山”变成了“金山”，在他的不懈努力之下，马陵村不仅一举脱掉了贫困村的“帽子”，且成为集全国休闲农业与乡村旅游于一体的五星级精品景区。同样的丘陵岗地，同样的水塘沟渠，但在村民眼里却不一样了：家门口处处皆风景，散发着充满世外桃源般的自然之美，满眼都是“金山银水”。而依靠香海琴枫，马陵村村民的收益也在逐步增加。在2021年时，马陵村集体经济收入就已有102万元，村民人均收入约3万元，并且自2011年土地流转至今，加入世外桃源股民专业合作社的村民们每年可以拿到100多万元的土地分红。

致富不忘乡邻，吴霖刚在发展高效农业的同时，积极带动当地村民们共同致富，他每年聘用当地310余名农民来公司做季节性用工工作，年支付农民工资600万元左右。同时，他还与80户农户签订了农产品回收订单，发展12户农户为企业定点生产蔬菜、油料、鸡和鸡蛋以及进行旅游小商品的加工产业，切实地带动周边农民实现增收致富，为家乡就业作出了贡献。

促农旅，赢未来

吴霖刚始终坚持走生态发展之路，力创高端生态特色小镇，推进以人为核心的城镇化建设，为乡村振兴建设添力，为百姓民生谋福。在他的带领下，马陵村通过精心的规划设计，打造出集现代农业种植和观光、休闲、度假、婚庆、娱乐于一体的香海琴枫浪漫庄园，在拓宽本地旅游资源开发路径的同时，通过“公司+基地+专业合作社+农民”的联动发展模式，加快农村产业化结构调整的步伐。

由吴霖刚倾力打造的香海琴枫——中国浪漫休闲度假亲子景区，坐落于历史悠久的齐梁故里——江苏丹阳马陵，地处上海、杭州、合肥、淮安两小时经济圈核心区，交通便利，总面积约2000亩，结合周边村庄以“三村一园”为基础，已形成别具特色的“中国浪漫主题景区”。

中华文明的风致雅韵，投射在乡村田园的一处处角落，在鲜活的生活中持续发生着。而香海琴枫这一极具诗意的景区名称，也有着一段浪漫的传说。姬姝与其丈夫马骐每一段相爱与思念的时光，都映照在他们3000年前的爱情归宿之地，让来过香海琴枫的恋人们，祈愿爱情都会得到圆满和幸福。香海琴枫景区天空湛蓝、空气新鲜，并且在它的爱情长廊两侧，将古今经典的爱情故事，以图文并茂的形式展现出来。它原始浪漫的生态环境，再融合中国5000年的婚姻古典文化元素，使这里成为恋人结婚、亲子游玩、家庭聚会、团体拓展、艺术写生的首选之地。

授予：镇江品牛甲龟鳖养殖场

国家级水产健康养殖场

中华人民共和国农业农村部
二〇二〇年一月

香海琴枫景区既保留了田野的朴拙，又体现出了现代的精致与用心。景区通过精心的规划设计，打造出了以“相遇——爱情之约、相知——甜蜜相恋、相爱——情定终身、相候——浪漫家庭、相伴——欢聚幸福、相安——相守一生、相欢——浪漫农耕、相会——浪漫乡村”八大功能板块。设有鸳鸯湖、时光湖、白沙滩等20多个主题景点，拥有粉黛花、鲁冰花等12片花海，可满足写真、婚庆、宴会、康养、旅住等多个业态要求。

同时香海琴枫景区将生态农业与旅游观光有机结合起来，开创了景点文创香依芙牌香薰品牌产品，还有优质天然男耕精米、男耕葡萄、桑葚等种养农产品，同时拥有品牛甲牌甲鱼、虫草鸡、猫山牌家禽产品以及各种园区建设。“江苏香海琴枫”以为民服务为出发点，在推动社会经济发展的基础上，建立统一、科学、精细化的空间规划，使土地空间得到充分合理的利用，区域内人民生活水平得以大幅改善。作为一个有特色、有人气的特色小镇，以其优质特色的服务满足客户的各类需求，让客户在整个旅游过程中不仅能得到精神上的满足，也能身心愉悦、亲近自然。

香海琴枫景区是人们“回归大自然”的最佳旅游度假胜地，也是江苏地区黄金旅游线上一个独具梦幻浪漫色彩的大型旅游度假庄园和特色品牌生产基地。香海琴枫浪漫庄园景区于2019年先后获得了中国旅游协会休闲农业与乡村旅游分会“副会长单位”称号、全国休闲农业与乡村旅游五星级企业；2020年荣获“国家级水产健康养殖示范场”；2021年荣获“江苏省农业产业化省级龙头企业”等十余项荣誉奖项，其产品也荣获了“中国绿色食品A级产品”证书、“中国国际绿色农业产业博览会金奖”“中国绿色健康食品”证书等多项荣誉。

十余年的辛勤耕耘，吴霖刚在人生的修行上做到了极致，以乡村振兴为使命责任，不断推动家乡经济发展。未来，他将持续打造以江苏中小学生劳动实践营地、香海琴枫浪漫婚纱摄影婚庆一站式基地为目标，致力于使香海琴枫景区逐步成为丹阳浪漫旅游的名片、江苏浪漫旅游名胜、中国浪漫旅游名典乃至世界浪漫旅游的胜地，在让游客朋友们感受到空气里弥漫着淡淡花香的同时，在甜蜜清香的风中弹起浪漫的音符！

王大强

WANG DA QIANG

东莞虹艺钢结构装饰工程有限公司董事长

晨露虽小，水滴石穿；沙砾虽小，积沙成塔；蚂蚁虽小，力能扛鼎。平凡之人亦能成就非凡之事，一代代、一个个平凡的中国人民，不管乱云飞渡，还是惊涛骇浪，都以一往无前的勇气、坚韧不拔的毅力，努力创造着非凡辉煌气象的今日中国。有这么一群人，他们不怕风吹日晒，坚守着自己的岗位，用双手美化着我们的城市，保障建筑质量及人民生命安全，他们就是建筑行业的人。他们以非凡之心，行非凡之事，在平凡岗位上立非凡之功、成就非凡之业。

王大强——东莞虹艺钢结构装饰工程有限公司创始人，白手起家，多年来始终以“质量第一，客户优先”的理念在建筑行业持续深耕，做出了突出成绩。怀着对国家、对民族的崇高使命感和强烈责任感，把企业发展同国家繁荣、民族兴盛和人民幸福紧密地结合在一起，主动为国担当、为国分忧，顺应时代发展，勇于拼搏进取，在我国波澜壮阔的脱贫历史画卷中，书写下属于中国企业家精神的华彩篇章。

匠心磨砺品质，铸造坚实未来

——访东莞虹艺钢结构装饰工程有限公司董事长王大强

顺应时代勇前行，专注品质赢认可

“来而不可失者，时也。蹈而不可失者，机也。”生活从来没有既定轨道，个人命运因时代机遇而熠熠生辉， 正是抓住了一次次机遇，才能走向新的人生。2000年，一直从事建筑行业的王大强决定自主创业，钢结构建筑行业看似普通，实则与人民群众的生命安全紧密相连，建筑的质量对保卫人民生命财产安全起着至关重要的作用。敢闯敢拼的王大强怀着一腔热血，决心要闯出属于自己的天地。

王大强在创业初期遇到不少困难，由于资金不足，大多数工作都是由他一人亲自上阵，发展缺乏技术、人才。但越是任务重、困难多，就越有前进的方向可循，奔着矛盾去、朝着问题改就一定会有所成效。干事创业，就要有不畏难、敢攻坚的精气神。尽管效率不高，但王大强并没有在产品制造过程中偷工减料来降低成本，而是从原料挑选入手，严格把关从根本上保障产品质量。面对前进路上的各种难题，王大强也是不断学习技术提升真本领，依靠实践铺设好前进的坦途大道。努力掌握好工作所需方方面面的知识，做到心中有数、手中有策。

经过日复一日、脚踏实地的努力，王大强的努力也得到了广大客户的认可与信赖，公司规模更是不断发展壮大。东莞虹艺钢结构装饰工程有限公司于2016年正式成立。公司主营业务包含钢结构工程、室内外装饰工程设计与施工、房屋建筑工程、幕墙装饰工程、室内水电安装工程、机电设备安装工程、园林绿化工程、环保工程、消防工程、销售装饰材料等。钢结构是对安全系数要求极高的一项产业。虽只是区区建筑装饰，但却与人民群众的日常生活息息相关，与人民群众的生命安全紧密相连，这就对产品质量的要求十分严格，来不得半点虚假。东莞虹艺钢结构装饰工程有限公司日日夜夜坚持高标准、捍卫高质量，将每一个细节都落到实处、落到真处。

在施工方面上，东莞虹艺坚持以精益求精的态度，用规范化、精细化的现场管理，从文明施工、品质把控、进度控制、安全施工、优质服务到最终的效果呈现，建立起明确的操作流程及要求，从细节入手，每一个步骤都严格要求，力求给予客户最好的服务体验，最终将工作效果完美呈现。在厂房设计建造上，能够根据客户的需求和喜好，提供个性化的设计方案，从风格、功能、

材料等各方面考虑客户使用的舒适度和满意度。东莞虹艺的员工们不仅具有丰富的从业经验，更是具备高度的服务意识。除此之外，钢结构本身相对于传统工艺就具有快捷、简捷、成本低的优势，故东莞虹艺能够根据客户的预算和需求，提供合理的报价方案，帮助客户在预算范围内将利益达到最大化。

在售后方面，东莞虹艺也坚持在自己能力范围内做到最好。为客户提供及时有效的售后服务，交付工程后，也会定期回访客户，了解客户对工程的满意度和使用情况，并及时处理客户反馈过来的问题。东莞虹艺还会为客户提供长期有效的质保服务，即便过了质保期，只要客户有需求，他们都会义不容辞地为其提供最佳的解决方案和专业的服务，确保客户能享受到高品质生活。

优质的产品质量以及贴心的售后服务，可以有效地搭建起品牌价值攀升的云梯，东莞虹艺钢结构装饰工程有限公司在这两个方面已然做得面面俱到。当下的成就与辉煌来之不易，每一份都是来自多年的努力与奋斗、企业上下群策群力的共同结果。东莞虹艺始终秉承着“用户至上，质量第一”的服务宗旨，不断开拓创新，提高企业管理水平，为用户提供安全、优质的服务，助力国家钢结构产业发展，增进民生福祉。种种做法使其产品深受客商们的欢迎，市场逐步打开的同时产品质量也是有口皆碑。同时，东莞虹艺聚力扩大品牌价值，提升企业竞争力、社会美誉度，在产业可持续发展进程中彰显“品牌力量”。

责任扛肩不停歇，奋斗不止勇前行

如果说企业生产的产品品质是企业发展的骨架，那么企业家精神则是企业的血脉、灵魂。通过树立核心价值，凝聚团队力量，激发创造活力，才能促使企业更加长久地走下去。“苟利国家生死以，岂因祸福避趋之”，资本无国界，但企业家有祖国，故企业家精神中首先要爱国，优秀的企业家，必然把企业发展同国家繁荣、民族兴盛、人民幸福紧密结合在一起，主动为国担当、为国分忧。

身负强烈责任感的王大强，在自己能力范围内不断帮助他人，他表示虽然自己能力很小，但是只要能够参与，哪怕只能做点微不足道的小事，那也是有意义的。面对周围老百姓，但凡房屋建筑方面出现点什么问题，不管是不是自己公司的业务，王大强都会义不容辞给予帮助，并且把这种精神传递给公司上下的每个员工，全心全意做到时时为百姓排忧解难。谈起他的个人作为，王大强表示不能只看利益，一些微薄小利用不着去计较，保障人民的长久幸福生活，才是我们的目标。他没说过什么豪言壮语，但用自己的实际行动，为群众送去幸福。其中国企业家的积极态度，让世人刮目相看。展现了当代中国企业的担当和社会责任感，助力企业以及品牌提升其美誉度、影响力。王大强并未止步于此，而是从一而终地坚守，追随时代的脚步，不断探寻企业强盛之道。

志于道，以人为本，据于德，服务为先。诚信、服务、专业、发展是东莞虹艺始终坚守的信念。遵循严格管理、一流服务、 讲求信誉的从业准则。公司全体员工完全有信心、有能力竭诚为社会各界作好服务。公司始终以“为社会各界提供优质的服务，全方位提高服务水平”为目标，持续开拓创新，为人民群众创造出一个安全、舒适、优美的生活环境和工作环境。王大强在公司运营上不断规范管理，促进上下级工作之间的沟通与合作，有效提高公司的发展潜能，力争使服务达标率、满意度达到最高。一直以来由于公司始终坚守产品质量和优质服务，从而得到了社会层面的广泛赞誉和好评，也取得了较好的社会效益和经济效益。

坚定信念永不歇，秉持初心向未来

企业发展充满机遇与挑战，如何走好、走稳发展之路，成为每位企业家必须思考的课题。随着我国经济和科技的不断发展，部分领域要从“跟跑”到“并跑”，甚至“领跑”，不能再简单地靠模仿制造，而要加大自主创新和集成创新的力度，唯有坚持科技创新、独立自强才能屹立不倒。正所谓“流水不腐，户枢不蠹”，求变是一个企业永葆生命活力、适应时代变化的基础。在激烈的市场竞争中，唯有创新者前进，创新者强大，创新者胜利！

无论是一个地方还是一个企业想要突破发展“瓶颈”，根本出路就在于创新，关键要靠科技力量。在人类社会的发展历程中，每一次质量领域的变革创新都促进了生产技术的发展进步，从而提高人们的生活品质。空谈误国、实干兴邦。伟大的成就，往往都是拼出来、干出来、奋斗出来的。进一步提高产品、服务和工程的质量，也一定是大家一起拼出来、干出来和奋斗出来的，这就需要各行业、各企业真抓实干。东莞虹艺钢结构装饰工程有限公司就是如此，实干前进。“实干”见作风、“干实”显成效。

王大强深知一个企业的创新能力很大一部分取决于对人才的培养，故而在员工培养上东莞虹艺也是下足了功夫。王大强带领着员工积极学习钢结构领域的知识并进行教育培训，真心实意地帮助员工提高技术，并给予员工充分的尊重和成长空间，即便有部分员工将来准备自立门户，在工作期间，王大强也都一视同仁，他表示领导力从来都不是唯我独尊的所谓威严，而是要具有一种无私奉献的精神，是引导员工热爱工作的能力。王大强身体力行地为员工树立榜样，脚踏实地地完成每一项工作，用耐心、责任心，精益求精的态度让客户满意。在王大强的带领下，公司的生产观念也随之发生了转变，产品技术革新速度加快，进而提高产品质量，并将提升质量行动干在实处、落在实处、抓在实处，出实招、谋实策、下实功、求实效，以更好地支撑产业体系优化

胸有鸿图谋发展，匠心独运铸精品

——访四川坤华晟智能服饰制造有限公司步长坤

四川坤华晟智能服饰制造有限公司步长坤作为匠心精神的传承者，这些年来始终秉持着一颗深沉的爱国心、一份远大的强国志，以专业的态度、优良的品质、将心比心的诚意，历经时间考验，积极响应国家校服品牌战略，塑造各类名优校服以及其他服装产品的精神内涵，打造民族服装企业的典范，守护国人穿衣健康。

创业路漫漫，不坠青云志

《格言联璧》中说过："大事难事看担当，逆境顺境看襟度，临喜临怒看涵养，群行群止看识见。"多年的商海打拼，让步长坤对人生有着深刻且独特的见解，他坚信：无论是做人还是做企业，都要学会担当和责任，在实干中奋发努力，在匠心上坚守初心，在品质上精益求精，在发展中不断创新，在经营中以人为本，方能成就自己的人生价值。

时代的风云际会创造了机遇，而机遇总是垂青于有准备的人。作为一名服饰制造企业的领导人，步长坤伴随着企业经历了风风雨雨，见证了四川坤华晟智能服饰制造有限公司由小到大、由弱变强的全过程，一路走来可谓十分艰辛。

沧海行舟人世艰，流离颠踬固常然。在步长坤身上始终有一种匠人精神：朴实、专注、正直、实在。步长坤出身于一个普通家庭，童年的生活经历让他早早地经历了生活的各种艰难。因此在成年之后，为了改善家里的生活状况，步长坤不得不外出打工。打工的生活更加艰难，即便每天早出晚归，十分劳累，却仍要经常面对生活中的各种挫折，为了更好地生活，步长坤下定决心改变现状。

改革开放后，中国的工业经济急速发展，服装手工行业也从街边的裁缝定制铺子过渡至工厂批量生产加工模式。站在时代的风口，机缘巧合之下，步长坤踏入了服装制造行业的大潮中。凭借着过人的学习能力和清晰的人生目标，步长坤对于服装制造行业有着自己独到的见解和丰富的行业经验。这一干就是 30 多年，可以说他见证了整个服装产业的兴起、昌盛、下跌到转型的历史过程。通过市场调研，步长坤了解到在当代大部分服装产业已经开始走向衰退期，但是校服产

业板块却依然在各类服装产业发展中蒸蒸日上，拥有着广阔的市场，随着社会经济的高速发展，人们的物质生活水平越来越高，对校服的需求量和品质要求也越来越高，在这样的背景下，步长坤看到了创业先机。

“故天将降大任于是人也，必先苦其心志，劳其筋骨，饿其体肤，空乏其身。”可以说步长坤的创业之路并不是一帆风顺的，但是他始终保持着不怕艰辛、不放弃、积极乐观的人生态度来面对创业生涯。面对市场不明朗的困境，步长坤不辞辛苦地亲自遍跑市场，热情主动地向客户介绍校服产品；面对创业之初资金有限的困境，企业从生产、开发、销售、市场一条链下来，步长坤全部亲身上阵；疫情对于纺织业、服装制造行业的影响是巨大的，国内外经济的巨大冲击，都让步长坤一度难以维持下去。“坚持”——是他一直在做的事，也是他内心坚定的信念。

所谓无底深渊，走下去，便是前程万里。步长坤凭借着独到的眼光和对市场敏锐的判断力，功夫不负有心人，步长坤终于凭借着自己的努力，赢得了广大消费者的认可，积累了雄厚的资金和技术，经过多年的努力，于 2022 年 9 月成立了四川坤华晟智能服饰制造有限公司，目前企业是一家集研发、设计、面料辅料供应、成衣生产、销售、服装加工、绣花加工、校服生产等业务于一体的综合性服饰制造企业。其中校服板块作为企业发展的重中之重，步长坤力求严格做好每一个环节，精益求精，确保校服产品的品质可以满足学生在不同阶段的着装需求。此外，公司在户外冲锋衣、工装、职业装、西装等领域的发展也大有建树，深受广大消费者的青睐和喜爱。

品牌创格局，品质赢发展

作为校服制造行业的强者，在激烈的市场竞争中，唯有打造富有竞争力的企业品牌才能行稳致远；在持续校服产业发展的长跑中，唯有高品质才能获得长期竞争优势。

四川坤华晟智能服饰制造有限公司步长坤，历经几十年的经验积累，有着丰富的经验和深刻的见解。他对于企业品牌和品质的重视不仅体现在他的经营理念中，也反映在他的企业实践中。他认为，一个成功的服装制造企业需要具备以下几个方面的竞争力。

提升产品质量：质量是品牌的基础，在校服加工生产领域，匠心制作，为确保每一件校服的质量达到国家安全检测最高标准，步长坤要求企业从选材到剪裁、包装、出品、物流均保持着精益求精的制作理念，企业所生产的校服产品从选材到生产都完全符合《国家纺织产品基本安全技术规范》（GB18401）、《婴幼儿及儿童纺织品安全技术规范》（GB31701）、《中小学生校服》（GB/T31888）等国家标准检测标准。此外为了进一步规范生产，企业内部有着严格的生产工艺流程和操作规范，确保校服生产过程中的每个环节都符合质量标准，坚持做最优产品，严格把控产品的质量。力求做到每年定期向市场提供优质的校服产品，以满足国内各大院校的市场需求，从而更好地守护学生们穿衣安全。

技术创新：随着消费者对于校服产品的品质和功能性的需求不断提高，技术创新成为企业竞争力的重要组成部分。步长坤认为，企业需要不断引进和创新设计和技术，以提高产品的品质和功能性，满足不同年龄段学生的需求，才能在激烈的市场竞争中占有一席之地。目前企业拥有专业的校服设计研发团队10余人，改变了传统校服松垮、单一的陈旧观念，从学校的育人目标出发，满足其文化价值需求，进行校服设计，并且结合当地的文化环境、学校的教育底色和客户的具体需求，不仅使学生在其中随时能感受到学校精神和文化传承，促进育人目标的达成，而且真正做到了用定制化的设计语言为学校赋能，从而实现以人为本的目标，另外产品风格也做到了时尚、好看，且集功能性、环保性、安全性于一体的高品质校服。未来，步长坤还将进一步创新产品设计，将芯片植入校服，通过App精准定位以达到更好地对在校学生实行实时安全定位跟踪服务，更好地守护学生安全，大幅地提升了产品的综合性价比以及实用性。

人才管理：人才是企业发展的核心资源，优秀的人才可以为企业发展带来更多的创新和价值。步长坤注重人才的培养和管理，通过建立完善的人才管理体系，吸引和留用优秀的人才，为企业的长远发展提供强有力的支持。企业不仅为每一位新入职的员工提供一对一的技术培训指导，同时确保了企业内部员工拥有好的福利，公司为员工提供了优厚的福利待遇、良好的工作环境，确保每一位员工可以安心稳定地工作，从而更好地推动优质校服产品的生产工作。

在规范管理方面：步长坤引领企业实现一对一的客户服务。完善销售以及售后服务的各个环节，打造以满足客户需求为经营理念的企业文化，以目标客户的转型来引导健全、完善的企业组织架构和建制流程。

供应链管理：在服装制造行业中，供应链管理也是非常重要的环节。通过优化供应链管理，企业可以降本增效、保证产品质量，四川坤华晟智能服饰制造有限公司在供应链管理的多个方面独占鳌头，企业不仅可以高效地实现设计与生产环节的衔接，加强设计与生产环节的沟通，同时引入了先进的供应链硬件生产设备管理软件以及优化物流配送供应链。

公司占地面积约9000余平方米，目前现有员工130余人、拥有织螺纹挡车20余台，松紧带织造设备20余台、缝纫线设备15余台、硬件设备、2000余万元配备、国内先进的自动拉布、裁剪设备、生产线二条，全智能的缝纫和输送设备生产线4条。大大地改变了国内校服生产以家庭作坊和代工厂为主的小型工厂模式，极大地提升了产品品质及生产效率。同时企业还拥有先进的供应链管理软件和可靠的物流合作平台，可以进一步实现供应链各环节的信息化管理，提高供应链的透明度和协同性。从而可以更有效地完成校服制作、合理规划物流配送路线，提高物流的效率和准确性，确保校服可以按时送达客户手中。

“土能浊河，而不能浊海；风能拔木，而不能拔山。”步长坤深知守业和持续开拓，往往比创业更加艰辛。为此他将诚信经营作为企业的立足之本，严格把控产品的源头，层层把关，以匠人品质做好品牌，无论是对合作伙伴还是客户，都是一种对匠心的坚守、对行业的尊重与对企业

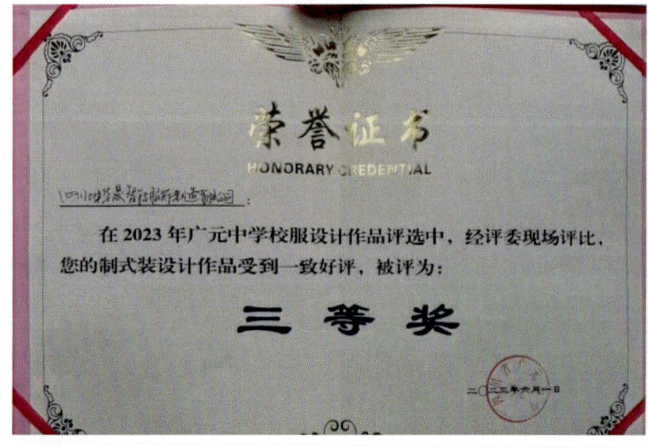

荣誉证书

HONORARY CREDENTIAL

[illegible]：

在2023年广元中学校服设计作品评选中，经评委现场评比，您的制式装设计作品受到一致好评，被评为：

三等奖

二〇二三年六月一日

的责任，致力于为合作客户提供安全、绿色、环保、有保障的校服产品。

三年疫情期间，全球经济都受到了巨大影响，而作为服装制造行业的一员，四川坤华晟智能服饰制造有限公司的经济状况也不可避免地受到了重大影响。但是步长坤依然坚持维护客户的利益、维护行业和国家的利益，宁可校服压货，自己扛住压力，也要将客户的利益放在首要地位，始终将诚信经营作为立足行业的根本，因此企业也赢得了客户的信任和尊重。

待人以诚，诚信立企。如今的川坤华晟智能服饰制造有限公司在贵州六盘、铜仁，四川广元、绵阳，湖北黄石，上海，浙江，广东等地都有合作客户，且都保持着友好的合作关系，并且会一直合作下去。未来步长坤也将进一步将市场辐射到全国范围，并针对企业目前的发展状态制订了短、中、长期的发展规划：第一年计划实现产值2000万元，目前已完成1500万的订单生产，到12月底完成今年的年度计划；第二年计划实现产值5000万元；第三年计划实现产值7000万元。同时在五年内完成建设四川坤华晟产业园的目标，并将四川坤华晟打造成为国内知名校服品牌。

匠心爱国情，奋进筑未来

匠心就是做到极致，需要精益求精、追求完美、不断进取的工作态度，择一事，终一生，不为繁华易匠心。在这些年的创业岁月中，步长坤作为匠心精神的传承者与践行者，坚持匠心经营，为国家经济建设添砖加瓦；在助力民族品牌发展过程中，为学生提供优质的校服产品，实现校园学生穿衣的安全保障。

在这个利益至上的时代，步长坤除“在商言商”之外，不论做什么事业，他始终把家国情怀、企业家责任放在发展的重中之重，主动为国担当、为国分忧。步长坤非常关注苍溪县当地的经济发展状况，也很感恩苍溪县当地政府一直以来对企业的帮助和支持。致富思源，感恩回馈社会，积极承担脱贫事业的社会责任、发展当地经济、解决城乡劳动力的就业问题、积极纳税、为当地的经济发展创收，同时他还进一步拓展企业规模，建立慈善基金帮助更多需要救助的人。

梦在前方，路在脚下。对于四川坤华晟智能服饰制造有限公司未来的发展，步长坤将继续保持创新精神，坚持以产品为主、品质优先、诚信经营，打造名优品质校服。相信在其领导下，坤华晟智能服饰制造有限公司将一路高歌、谱写出更多辉煌。

王家甫

WANG JIA FU

江西美之康餐饮管理有限公司创始人

江西美之康餐饮管理有限公司，是一家以“博爱、仁德、感恩”为宗旨的江西省知名企业，也是一家极具竞争力和发展潜力的专业餐饮公司。致力于打造一条“从种子到筷子”的安全健康食品全产业链，从事政府、部队、医院、学校、企事业等单位的团餐、营养配餐，以及一切与安全、健康、便捷食品需求服务有关的商业综合体运营。在董事长王家甫先生的带领下，美之康餐饮管理有限公司以管理创新为目标、以服务质量求生存，为大众创造舌尖上的幸福滋味，成为团餐行业值得信赖的赋能平台。

十年磨剑铸团膳之刃，携愿归乡谱大爱之歌

——访江西美之康餐饮管理有限公司创始人王家甫

涅槃展翅日，奋斗正当时

在赣州经开区凤岗镇长田村，有一片神奇的土地，它的名字如同一首古老的诗篇——王田岗。这片土地在山岭脚下，背靠屋脊岭，前面碧水河潺潺流淌，宛如天地间的一条绿丝带，轻柔而宁静。而村道上那株苍翠浓密、枝繁叶茂、树冠巨大的千年古榕树，更是这片土地永恒的守护者。

王家甫，这位来自长田村的天之骄子，背负着金色的梦想，加入了20世纪90年代波澜壮阔的打工潮流。他毅然踏上了通往珠三角的旅途，满怀雄心壮志，决心在这片热土上寻找到属于自己的梦之起点。初到珠三角，广东省佛山市的建筑工地成了他的落脚点。一年多的辛勤汗水付出，磨砺了他的意志。他敏锐地察觉到了转行的契机，于是他转身进入一家餐厅，从洗碗工开始干起，他以超乎常人的勤奋和灵活，赢得了老板的赏识，在短短半年时间内便跃升为厨师。

在那间充满激情与活力的厨房里，他凭借着天赋和不懈的努力，将厨艺磨炼得炉火纯青。随着时间推移，餐厅的生意越发如日中天，从一家小小的餐馆逐渐蜕变为珠三角地区令人瞩目的豪华大酒店。老板对王家甫的人品和才华给予了高度评价，于是他顺理成章地从厨师晋升为酒店管理者，这一做就是18年。

时间轻盈地流转至2009年，王家甫内心梦想的火焰燃烧得越发炽热。他不再满足于现状，那份对餐饮行业的无限热爱，驱使他渴望开辟一片更广阔的天地。经过无数个日夜的辛勤付出，王家甫终于如凤凰涅槃般，成为广东中膳团餐产业集团江西分子公司的总经理，登上了新的职业高峰。但他并未停下脚步，反而以开创者的勇气和智慧，2019年创办了江西美之康餐饮管理公司，2020年创办了赣州市王家大院生态农业有限公司，2023年创办了江西美尔鲜供应链有限公司，实现了全产业链一体化发展模式。从此，他肩负起了引领江西团膳运营业务的重任，带领着数千人的专业团队不断开拓创新，砥砺前行，逐步建立起了赣州机构，并打造出了一个集蔬菜种植基地、农业产业园、采购、配送中心、中央厨房、服务中心、仓储于一体的新型全产业链餐饮集团，成为这一行业领域的翘楚。

凭借其曾经营“美食城”的深厚经验，美之康餐饮在健康、美味与营养之间找到了完美的平衡点。他们巧妙地利用餐厅现有资源，将凉菜、砂锅、炖汤等十余种美味佳肴精心装盘，明码标价，王家大院生态农业公司现有：

300亩大棚蔬菜种植和鸡、鸭鱼、水库等基地，180亩脐橙种植果园、杨梅基地、蓝莓基地、无公害绿色食品自种自用示范基地。

一朝花开，蝴蝶自来。经过多年的拼搏与努力，江西美之康餐饮管理有限公司凭借着“以顾客为中心，以质量求生存，以创新促发展”的经营理念，赢得了众多合作伙伴的高度赞誉和信任。他们与吉安市中心人民医院、赣州市第六中学、江西省崇义中学、赣州市开放大学、赣州市农业学校、赣州中学、江西环境工程学院、孚能科技（赣州）有限公司、江西应用技术职业学院、赣南师范大学、江西理工大学、中共赣州市委党校、于都中医院、赣州市疾病预防控制中心、赣州皮肤病医院、赣州市人民医院、赣州经开区第一人民医院、格力电器（赣州）有限公司、时代高科技设备（赣州）有限公司以及赣县区人民法院等众多知名机构建立起了紧密的合作关系，公司即将向省外及全国各地扩展团餐业务，共同谱写了一段段辉煌的合作发展篇章。

伫立安全线，团餐产业链

“民以食为天”，在赣州这片热土上，食品安全成为政府与市民共同关注的焦点。为确保每一位市民的饮食安全，赣州市政府及民众正在积极将赣州创建成为国家食品安全示范城市。在此征程中，美之康全体员工将心怀泰山之重般的责任感，与政府、市民携手同行，共筑食品安全坚固防线，坚定不移地守护着市民们“舌尖上的安全”。

坐落于赣州市繁华地带，美之康中央厨房配餐中心（现场配餐：美之康工作人员亲自前往客户食堂，进行食品的加工、制作、装箱和配送工作。盒饭配送：在中央厨房内完成全部加工流程。两种方式都可有效地避免病毒传播）犹如一颗璀璨的明珠，熠熠生辉。他们严格遵循国家标准化食品要求，不断引进国内外最先进的自动化加工烹饪设备。

为了保持出品菜品的最佳口感，美之康采用食品级保温箱盛装食物，确保打菜前后的菜品温度一致；为了使饭菜始终维持在适宜的温度，他们引进了前沿微波加热技术；为了守护食品的绝对安全，美之康不惜花重金引进了先进的检测检验仪器，对生产制作的每道环节都执行严格的检验检疫程序。所有刀具、胶筐、用具等均采用创新的颜色管理法，每个时间段都有详尽的表单记录，专人监督与检查更是不可或缺。不仅如此，他们

还秉持着对健康环境负责的态度，定期进行全面的消杀工作，只为确保环境的卫生与安全。

在这里，品质与安全被奉为至高无上的准则。他们以独到的“公司自营＋合作社＋农户”经营模式为基础，始终坚持“统一采购、统一配置、统一加工、统一配送”的原则，严格把控源头，确保食材的新鲜与纯净，配菜过程（冷链配送）遵循 HACCP 卫生标准操作程序（获得了一系列社会责任管理体系认证），终端可全程监控，确保每一份餐品都经过了严格的品质把控，实现从农田到餐桌的绿色食材直供。在他们的不懈努力下，食品安全不再只是口号，而是融入每一个细节，成为他们坚定不移的信念与追求。

商海翻腾数十年，美之康餐饮业凭借着不懈的努力和经年累月的坚持，已稳稳地站在了团餐行业的巅峰，成为江西地区备受赞誉的诚信供应商。他们历经风雨，荣获了令人瞩目的中国营养餐优秀企业、中国政府采购优秀供应商、中国 3·15 消费者可信赖餐饮、中国绿色健康食品、中国餐饮行业十大领先品牌、AAA 级重质量守信用单位、中国绿色餐饮企业、2021 年度团餐供应链管理优秀案例等众多国家级荣誉。如今的美之康已站在了一个新的起点上，以卓越的品质、创新的精神和高度社会责任感，谱写着企业发展的崭新篇章。

报效桑梓情，大爱无疆路

当时间的镜头对准到 2019 年。王家甫，这位胸怀雄鹰之心、怀揣骏马之志的英勇者，做出了一个改变长田村和许多村民命运的决定。他放下了繁华的都市生活，毅然决然回到了养育他的故土——凤岗镇长田村，创办了赣州王家大院生态农业有限公司。正如刘禹锡所言：“自古逢秋悲寂寥，我言秋日胜春朝。”他的归来并非简单的归隐，而是一场为家乡带来翻天覆地变化的振兴之旅。在这里，传统与现代交织，创新与传承共融，感恩与关怀并重，提携与鼓励齐肩。他用实际行动诠释了“造福家乡、富裕乡亲、关爱儿童”的美好愿景，成为一个真正为家乡振兴而拼

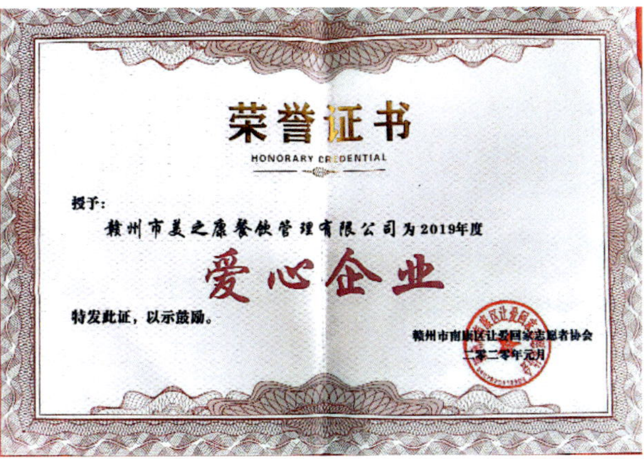
荣誉证书

HONORARY CREDENTIAL

授予：

赣州市美之康餐饮管理有限公司为2019年度

爱心企业

特发此证，以示鼓励。

赣州市南康区让爱回家志愿者协会

二零二零年元月

搏的“守乡人”。

时至今日，王家甫的脚步从未停歇，他的身影，总是出现在最需要帮助的人群中，不辞辛劳地为他们提供援助。他的公益之举如同璀璨的星辰，不仅照亮了整个南康区，更为无数身处困境的人照亮了前行的路途。

无论是抗击疫情（2020 年初春，王家甫毫不犹豫地带头捐赠了 2332 元，并发起募捐号召，为抗击疫情注入了温暖的力量）的紧要关头，还是在寻找走失儿童、慰问失学儿童、帮助流浪汉以及报效桑梓（携手赣州市嘉福地产，为凤岗镇长田村的孝老食堂及长田小学、幼儿园的师生们捐赠了大量书包、牛奶、食用油、面条以及洗衣液等爱心物品）的过程中，王家甫始终坚守在第一线。他深知每一个需要帮助的人背后，都承载着一个家庭的希望与期望，因此，他总是竭尽全力地为他们带去希望与温暖。

“惟将终夜常开眼，报答平生未展眉。”身为赣州市南康区“让爱回家”志愿者协会会长，王家甫不仅为王氏宗亲祠堂乐捐 5.18 万元，也是一位慷慨解囊的企业家，更是一位用心倾听、用爱传递温暖的灵魂雕塑者。他关注教育的力量，发起了圆梦助学项目，让知识的光芒洒向每一个渴望的眼神，为“折翅天使”钟华强以及南康区龙回镇大山深处的先天脑瘤儿童重新点亮了通往未来道路的一盏明灯；他发起了大爱清尘环保项目，引领我们迈向绿色和谐的生活，共同为地球的可持续发展贡献力量。

在众多荣誉和头衔的照耀下，王家甫也始终保持着谦逊与真诚。尽管他目前担任着赣州市让爱回家志愿者协会监事长、南康红十字会救援队顾问、赣州市新的社会阶层人士联谊会理事、赣州经开区凤岚商会监事长及江西美尔鲜供应链有限公司董事长、广东中膳团餐产业集团（赣州分公司）总经理、赣州王家大院生态农业有限公司董事长等职务，但他深知，这些荣誉与头衔并非终点，而是新的起点。他对社会公益慈善事业的贡献，源于他内心的善良与责任，而非对名利的追求。正如他所言：“正能量是人生的良药，公益事业是我们的责任，需要持之以恒地为之付出。生命不息，公益不止。”美之康将秉承这一理念，持续关注社会民生问题，为社会公益事业发展注入更多的正能量。

路虽远，行则将至，事虽难，做则必成。在美好的展望中，美之康公司将凝聚起奋进的力量，砥砺前行，以系统化、智能化管理为依托，在现有的团餐规模下积极寻求转型，吸纳网红打卡品牌小吃及社会新模式品牌餐饮文化，进一步提升美之康品牌的影响力，强化品牌效应，为打造一流的“美之康”而不懈努力！

周涛

ZHOU TAO

成都柠浩生物科技有限公司董事长

周涛，是一位致力于打造自然健康品牌和主打健康产品研发的企业家，以她的担当和初心，为人们的健康保驾护航。其创立的成都柠浩生物科技有限公司作为一家集研发、销售、服务为一体的专注于食品及大健康行业的综合性公司，组成了一支包括药学、中医、营养和食品检测等方面的专家团队，与北京同仁堂科技成都公司、四川杉宝、四川扬帆泰佳、广汉市云海达成密切合作，产品获得了市场的认可及众多用户的一致好评。

以实干之舟楫，渡岁月之洪流

——访成都柠浩生物科技有限公司董事长周涛

实干步伐促功成，初心不染续华章

林逋于《省心录》中有言：“木有所养，则根本固而枝叶茂，栋梁之材成”，人生之行走如木之滋长，非一日之功，心有所往，脚踏实地，终至所归。世间种种皆建于根本之上，无根即虚无，何谈“叶茂”？故栋梁之材之所以成者，盖因其以实地为本，以星空为叶，脚踏实地，实干兴邦。而周涛在创立成都柠浩生物科技有限公司之前，从没有涉足中医药产品研发领域，她更多的是在众多知名电商及食品行业发挥自己的才干，并都取得了不错的成绩。但她始终认为，自己不应该仅仅沉溺于做无真正价值的产品，只做概念方面的产品，她想真正地通过自己的实干去做出一些有利于社会、有利于人民的实事。她言明：在天猫尚未成立，抖音、小红书这些兴趣电商还没有之前她就已经从事保健品电商行业了，包括会销、微商这些都曾深入了解，也参与了模式的设立，但她始终觉得电商只是一种销售渠道和手段，而创立品牌以及做产品研发才是真正核心价值。因此，她和合伙人一起创立了成都柠浩生物科技有限公司，集研发、销售、服务于一体，主导创立专注于食品及大健康行业的综合性品牌。10年来，她创立的“柠浩”品牌始终坚持甄选先进的生物科技和天然提取的优质产品，从而帮助人们获得更加健康美好的生活。“不畏繁华遮望眼，自缘砥砺步步坚。”根本为固，枝叶方繁，脚踏实地走出来的万木葱茏，便是那凌于高处的勃勃生机。周涛及其专业团队多年来，始终坚信实事求是做品牌，脚踏实地搞研发。也正因如此，他们所生产出来的产品以及打造出来的活招牌“柠浩”，也正一步步地走向大众视野，以至于为更多人所熟知和推崇。

古人曾云：“人人自有定盘针，万化根源总在心。”心中有方向，人才不会患得患失。周涛从保健品电商行业到转换角度创立公司，其跨度非常大，因为深知消费者如今有健康需求，但是自己找到靠谱产品的概率等于盲盒开出隐藏款，现在公司越办越好，这其中都有着那一份不忘初

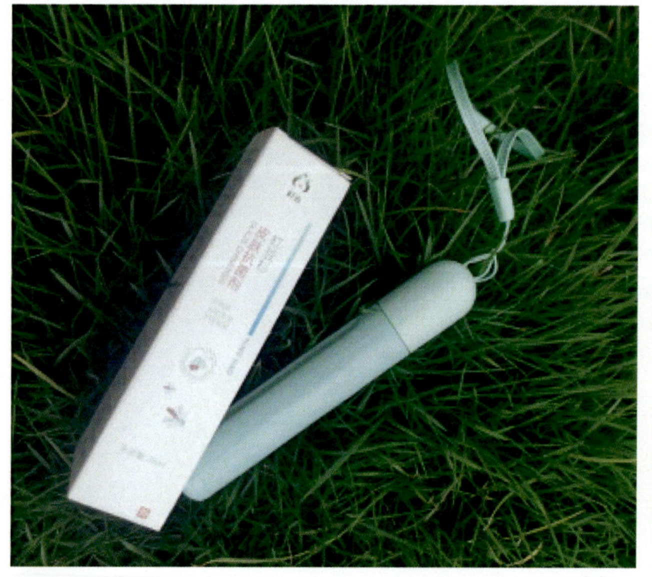

心的坚守。周涛创立公司的初心非常简单：为客户健康着想，做实事不说空话。她深知，健康是每一个人的宝贵财富，也是人们生存最基本的需求。她语重心长道：很多次如果能够及时去关注到中医健康领域，那么自己的家人就不会与这个世界、与她失之交臂。因此，她选择了食药研发作为自己的创业方向，希望通过自己的努力，让更多人享受到传统食药带来的更安全的健康福祉。在这个目标的驱使下，周涛一直保持着初心。她的公司始终以客户需求为导向，注重产品的品质和实际效果，并且她深知消费者对于健康的需求和追求不是一时的兴起，而是一个持续性的生活态度。她始终致力于与消费者建立真诚信任的长期合作关系，认真倾听反馈和意见，不断完善产品和服务。只有带给消费者真实的、有实际效果的产品，才能真正帮助客户切实地改善健康状况，提升生活质量。因此周涛决定将更多的精力和资源投到产品研发上，不断提升产品的品质和疗效。她相信只有不断研发出更好的产品，才能赢得市场和客户的认可，从而实现公司的长远发展。

周涛也始终坚信健康源自自然的理念，并通过专业的研发和生产，为消费者提供高标准的产品。健康的身体，是保证高质量生活的前提；在日常生活中，让身体更健康，让生命更有质量，没有什么比这个更值得去追寻。她强调道，人们不可辜负大自然的恩赐，善用药食同源类产品的力量，一草一木，一花一果，几千年东方草本传承，几百年西方精华精粹，须深知自然界的奇思妙想。而柠浩品牌成立的初心便是：如何在自然和天然中挖掘出对生命健康有着超凡意义的物种、物质？生命的奇迹本在自然、健康的传奇本在天然，大自然提供的宝贵资源，是追求生命健康与幸福生活的关键。而随着人类生物技术的快速发展，为进一步利用这些宝贵资源提供了更高效的方式。东方药食同源类产品千年来的理念，则为我们利用这些资源提供了更好的组合方式。他们更是希望通过产品开发应用和体验，让每个人都能享受到大自然赋予的健康福祉。

以好品质，潜心铸就精品

近年来，我国直播行业逐渐兴起，电商平台、短视频平台等纷纷开展了直播带货业务，“线上经济”为我国经济重振注入了一股强大的新动力。后疫情时代，在政策环境、技术创新、消费需求的驱动下，以直播电商为代表的新零售行业，在监管部门、行业协会、直播平台等多方共同的努力下，迎来了规范化发展新阶段，联合举办了一场盛大的央视新媒体直播选品活动，其目的就在于借助国家平台、权威力量助力国产企业自身品牌的发展，提升品牌市场美誉度，打造品牌

社会知名度，为国货好物增强品牌效应，扩大拓展线上消费渠道，充分释放市场中蕴藏的潜力。可想而知，只有真正的“优品”，才能走进直播间与大众见面，所有入选此次选品活动的品牌都需要经过层层筛选、优中选优。而周涛及其团队所研发的红豆杉皮肤抗菌剂便成功入围央视新媒体平台直播选品活动，走进央视新媒体直播间，由知名主持人向广大民众倾力推荐。

在神奇广阔的大自然中，隐藏着许多珍贵而神奇的植物。其中，红豆杉就是一种备受赞誉的中草药，被誉为国宝级植物，是250万年前第四纪冰川时期遗留下来的珍稀濒危物种，被称为植物中的“活化石”。1994年就被我国定为一级保护植物，是名副其实的“植物大熊猫”，具有卓越的抑菌、抗炎、止痒等作用。而成都柠浩生物科技有限公司旗下所打造的正是专注于红豆杉抗脚气产品，旨在从消费者需求为出发点，实现高质有效地治疗脚气。首先，红豆杉提取物具有卓越的抗菌性能。它可以抑制多种常见细菌、真菌的生长，有效消灭引发脚气的致病微生物，从根本上解决脚气问题；其次，红豆杉提取物富含丰富的活性成分，这些成分能够有效地渗透到皮肤深层，促进皮肤细胞的再生和修复，具有显著的抗炎作用，可以缓解因脚气引起的皮肤瘙痒、红肿等症状，使脚部恢复健康；最后，红豆杉提取物还具有良好的保湿功能，能够改善角质层干燥脱屑等问题。它能够提供持久的滋润效果，使皮肤柔软光滑，同时防止水分流失，可以使人体皮肤彻底告别干裂和粗糙。

据了解，该公司成立于2013年，主要从事药食同源产品的研发和销售业务，公司自2017年开始关注药食同源类传统滋补品，如肉苁蓉，深度参与其种植，并在肉苁蓉和红豆杉上尝试委托种植。经过6年的时间，其研发的红豆杉外用皮肤抗菌产品取得了良好的试用效果，并且正式上市。与此同时，富硒姬松茸、肉苁蓉的深度开发工作也取得很好的进展，其所研发的安全食品——有机硒姬松茸固体饮料将于2024年1月上市，对提高儿童及成人免疫力有着极好的效果，现有产品已入驻京东、淘宝天猫、苏宁易购、抖音、小红书等线上平台。而红豆杉皮肤抗菌剂运用现代科技，创新植物提取技术，全程不添加任何有害物质，最大限度地保存提取物的生物活性。在治疗各种皮肤疹子方面具有高效杀菌、止痒、消炎的效果。脚臭脚气、蚊虫叮咬、皮炎、湿疹、汗疱疹等疾病均可使用，成分安全，并且不会产生依赖性，同时红豆杉本身可以散发出柠檬香味，可起到防蚊功能。

作为红豆杉抗脚气产品的核心原料，红豆杉提取物具有一系列令人惊叹的优势。未来成都柠浩生物科技有限公司将继续在现代医学科学的指导下，深入研究红豆杉的成分和作用机制，采用更加科学严谨的生产工艺，精心提取、加工纯天然、高纯度的红豆杉提取物，并确保每一瓶产品都能够保持高品质和稳定的效果。周涛及其团队始终追求卓越，致力于为每一位顾客提供最优质的产品和服务。

承时代浪潮，担健康事业之梁

作为一名企业家，周涛不仅有着敏锐的商业眼光和优秀的领导能力，更有着一颗为健康事业贡献力量的担当之心。在公司研发过程中，她不仅亲自参与每一个项目的决策和实施，还时常与客户沟通交流，了解他们的需求和反馈。她始终认为：作为一家主打营造健康生活的品牌公司，其责任不仅是研发出好的产品，还要向大众传递正确的健康观念和生活方式。“我们要让客户明白，健康是一种生活方式，而不仅是一种治疗手段。”并且无论是在电商领域，还是产品研发过程中，她总能发挥出非凡的担当精神。在当下这个快节奏、高压力的社会中，健康问题备受大家关注，只有通过不断努力、不断进取，才能为客户创造出更多价值，以中医药研发助力社会健康发展。因此，在研发过程中，她始终坚持“品质至上”的原则，注重产品生产研发中的每一环节及其细节。

展望未来，周涛表示她将继续坚守初心，以客户需求为导向，不断提升产品的品质和疗效，始终致力于用自己研发出来的产品走进人们的心里，打响健康品牌，为社会的健康事业贡献自己的绵薄之力。同时，周涛也呼吁更多企业家和专业人才加入中医药行业中来，共同推动中华中医药事业的发展。中医药是中华民族传统文化的瑰宝，我们应该珍惜和传承这份宝贵的财富，让更多人享受到中医药带来的健康福祉。她也身体力行地不断探索和运用新的技术手段，将传统中医药与现代科学技术相结合，从而提高产品的效果和便利性。她始终相信：未来可以通过科学合理地运用中医药原理，为人们带来更好的健康生活体验！

陈杰

CHEN JIE

上海策安能源科技有限公司 CEO

上海策安能源科技有限公司自 2015 年成立以来，始终以“护航科研、赋能创新”为使命，以“成为中国科研安全保障首选服务及产品厂商”为愿景，始终致力于为高校、科研院所、科创园区、政府监管部门提供更安全、更高效的实验室合规化、数字化、智能化的产品及服务解决方案。策安自建立以来，凭借着敏于新、精于行的企业精神，坚持在科研服务行业将底层逻辑做好、做精，在保障行业用户安全、合规的同时，极大地提升了行业客户的科研效率，为护航科研、赋能创新谱写出了一篇篇精彩的新篇章。

护航科研促发展，勇毅笃行谋新篇

——访上海策安能源科技有限公司 CEO 陈杰

急流勇进，护航实验安全

科研产业作为国家战略层面的顶层设计，上下游产业发展十分迅速，中国自 2005 年至 2020 年，科研行业投入年复合增长率始终保持在 10% 以上，2020 年单年投入资金达到 24000 多亿人民币，科研投入占 GDP 总量居全球第二，科研投入在 GDP 中的占比无限逼近发达国家水平。中国在如此大体量的科研投入且迅速增长的大背景下，如何保障科研产业的长久、健康、可持续发展就变得十分重要且紧迫。近年来，国内各大院所以及著名高校实验室安全事故仍时有耳闻，为科研行业的可持续性发展敲响了警钟。科研创新的安全性、可持续性发展乃至科研伦理育人及传承问题已经引起了越来越多的包括行业监管部门、领域专家以及处于科研核心位置的科学家们的高度重视。策安积极响应国家大力推动科创事业及数字化建设的顶层设计，积极围绕科研实验室典型场景提供安全管理咨询、培训、数字化转型及智慧实验室工程改造一体化服务，通过内容定义软件、软件定义硬件的独特方式在国内科研行业构建起了一条完整的科研实验室安全合规保障服务及产品线。

陈杰 2006 年研究生毕业于挪威卑尔根大学，归国后曾先后任职于 IBM、挪威船级社（DNV）及法国凯捷咨询（Capgemini），担任 HSE（职业健康、环保及安全生产）市场及交付部门的负责人，是中国较早一批从事 HSE 管理及数字化转型咨询的专业人士。陈杰于 2016 年加入策安，将公司未来的发展方向及愿景定位于将企业运行过程中的安全运营风险转化为可持续发展的强大动力，为石油、化工、科研机构、煤矿等行业发展提供安全、稳定、智慧化的安全产品，护航中国科研生产安全。

自 2019 年以来，由于看到了国内科研安全服务行业的严重短板，策安将研发重心由企业安全生产向科研安全生产转移。陈杰及其团队始终坚守着“将正确的事情做正确”的理念，对科研安全行业怀揣着巨大耐心和信心，将企业的研发方向与国家战略发展方向紧密结合，同频共振。

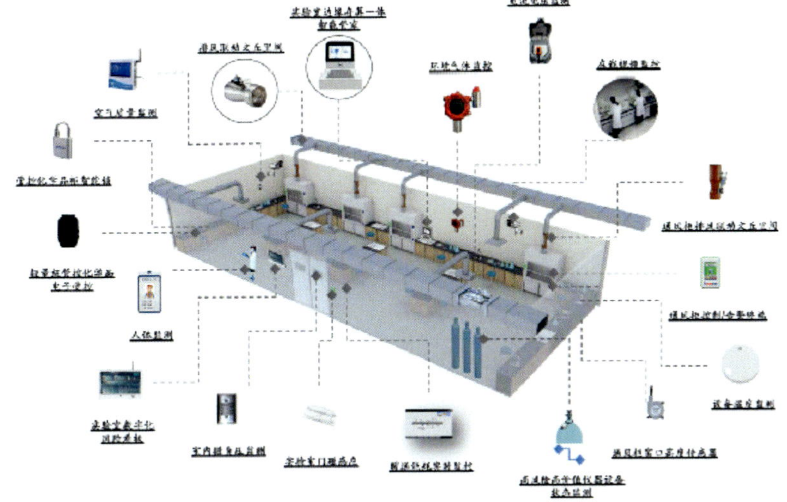

“在我们的项目落地之初，也遇到过很多典型问题，高校作为科研的前沿阵地，实验室及其相关问题都高度集中，追求充分的科研自由与合法合规之间的矛盾与平衡成为实验室安全持续完善及相应数字化转型道路上一堵又厚又重的墙。”在合法合规的基础上，陈杰带领产品团队始终坚持以“服务”为底层逻辑，坚

持将安全“监管系统”向“服务系统”方向演变完善，通过科研行业关键垂直数据库、百科工具及算法模型的积累和研发，将监管应用场景转换成高黏性的应用功能来抓住关键用户的使用兴趣，极大地提高了科学家们对科研安全管理的关注度，显著降低了实验室用户花在科研安全方面的时间和精力。

如今的策安已经成为国内知名的科研安全保障专精特新型企业，是包括清华大学、中山大学、华东理工大学、中国石油、深圳湾实验室、万华化学等众多国内著名高校及企事业单位在科研安全领域的供应商，参与了国内多个“先行先试”气瓶追溯及危化品一企、一品、一码全过程管理平台的策划和建设，也是上海市《高等学校实验室安全管理导则》地标的制定参与方。策安凭借着出色的对产业和对产品创新技术的理解及硬实力，公司先后荣获了国家高新技术企业、上海市专精特新企业、上海市高新技术成果转化企业、国家创新创业优胜企业等荣誉、资质及称号，相关项目案例也被生态环境部及应急管理部官方媒体多次报道。

守安于心，谱写科研新篇

穿过时间长廊，留下企业成长的印记，科研安全之光穿越发展的烟云，淬炼出创新的灿烂火花，陈杰和他带领的策安公司正加速驶入企业发展的快车道。策安通过对专业化垂直数据库的打造、人工智能技术的应用以及与科研工程载体的深度融合，正在把科研安全的触角实实在在地延伸到各个科研应用场景的角落，策安的产品有效地实现了在科研环境下针对职业健康、安全及环境的有效感知、智能分析和即时控制，为客户创造出了可预期、可量化、可实现的合规保障价值。陈杰坚信智慧化、专业化的科研安全解决方案未来将会在科研日常管理场景中得到广泛的应用，将在夯实科研安全风险防控效率、提高科研产出效率、降低科研管理成本方面发挥举足轻重的作用。

实验室安全是生产安全的摇篮，也是国家培育优秀工程技术人才的摇篮，通过打通科研安全管理的底层逻辑，创建一个良好、可传承、可持续化发展的科研环境，将长期地、极大地提升和保障我国的科研效率和科创水平，为护航科研、赋能科技创新提供强大且长久的支撑。随着其公司业务范围不断从北上广深向中西部和新加坡等东盟地区和国家拓展，未来陈杰及其团队还将不断拓宽业务与创新的边界，助力策安走出中国，让世界看见“中国智造”和“中国科研”的力量。

时间印证了策安的每一步探索，通过挑战自我、突破束缚，打通了科研安全的专业壁垒，赋予了企业的蜕变，也筑起了企业通往未来的不凡之路。从技术突破到方向引领，在陈杰看来，未来策安将继续在科研安全领域深耕布局，不断做精做实，在破浪前行中不断书写出新的、激励人心的企业故事！

李秋航

LI QIU HANG

山东正航律师事务所主任

李秋航，女，汉族，山东莱州人，民盟盟员，新阶层人士，山东正航律师事务所主任。作为青岛市政协常委，李秋航立足本职，积极参政议政，热心公益，关爱社会弱势群体，对民情冷暖高度敏锐，积极参与市政协“五进五送”活动，深入基层、深入群众了解社情民意。作为妇联界别政协委员，认真履职，提交提案150余件，参与视察、调研、座谈活动近百次，参与全国、地方立法近50次，履职活动荣登人民政协报60余次，并获得人民政协报专版报道，为推动社会高质量发展作出了积极贡献。开创了全国公益普法微视频先河，是中央电视台《法律讲堂（生活版）》优秀主讲人、全国巾帼建功标兵、中央政法委平安之星（年度）、最高人民检察院民事行政检察专家咨询网优秀专家，以家国情怀和专业所长，充分发挥了党联系群众的“桥梁”和人民信任国家的“纽带”作用。

维护正义中国红，侠骨柔情律政蓝

——访山东正航律师事务所主任李秋航

积极进取，坚韧不拔显英才

山东省优秀律师李秋航的办公室里充满了墨香，打开她的日程记录本：调研、会议等行程写得满满当当。不仅有各级政府反馈的政策文件，撰写的政协提案，还有一些律所近期办理案件的材料……尽管每天忙忙碌碌，但李秋航总是浑身都充满着干劲，她的执着和敬业精神，被老百姓亲切地称呼为“秋航委员”“人民的好律师”。

无惧秋风萧瑟，启航星辰大海。人如其名，李秋航在律师领域从业已有20余年，一直都如一艘目标明确的小舟一般，不断地向着前方目标出发。1993年，22岁的李秋航决定辞去当时乡镇企业财务的“铁饭碗”工作，在父亲的支持下，前往全国首批律师专业学习班接受烟台大学法学院的正规教育。1996年，李秋航以全烟台地区前五的成绩通过了全国律师资格考试，并于1998年获得了律师执业资格证书，正式成为一名执业律师。

做律师最重要的品质就是“公正”。2008年，以李秋航名字命名的律所——山东正航律师事务所正式成立。她忠诚履职、柔中带刚，让每一位当事人都沐浴在公平正义的阳光之下，致力于维护社会弱势群体的合法权益，用温情执法彰显司法的温度。也因此，她的办公室里面挂满了锦旗，如一级伤残当事人谭女士赠送的“法律援助献爱心，八年官司见晴天”“助弱十年官司胜二审 ，帮弱查找证据显铁证”两面锦旗。这两面锦旗的背后，饱含着李秋航律师四年多的执着和付出，其中的艰辛可想而知。

这原本是一起十分普通的交通肇事案件：市民谭女士遭遇车祸，却因肇事车辆“人间蒸发”，让一级伤残的谭女士失去了治疗经费，上访六年无果。她失去了工作能力，瘫痪在床，日常生活全靠护理。当被区司法局指定为其法律援助律师时，李秋航看到这件已经过去六年之久的案件，感觉破解案件的希望十分渺茫，但一向负责的她又想，这些年来，谭女士是怎么度过的？她的心里掠过一阵阵揪心的疼痛，她决心无论多么艰难，也都要去努力一把。于是她克服重重困难，熬过无数不眠之夜，四处奔走调查，她说在毫无头绪和线索的情况下，调查过程犹如“大海捞针”。功夫不负有心人，她终于破解了这起案件最关键的线索节点，“人间蒸发”的肇事车辆在一个新的改制企业的档案中被发现。之后便是两年之久的诉讼代理过程，经过千辛万苦，官司终于打赢了，坐在轮椅上的谭女士满含热泪地送来了“法律援助献爱心 ，八年官司见晴天”第一面锦旗。

然而，逃逸多年不甘束手就擒的被告仍想逃脱法律的制裁，案件再起波澜，当谭女士听说被告另行起诉之后，情绪十分激动，千辛万苦争取来的胜诉判决难道要再次付诸东流？面对情绪崩溃的谭女士，李秋航一面安慰她，一面据理力争，经过漫长的一审、二审、执行，她最终将近百万的赔偿案款交到了谭女士手中，此时距案件发生已过去了十年之久！喜极而泣的谭女士又坐着轮椅送来了第二面锦旗“助弱十年官司胜二审，帮弱查找证据显铁证”。看着谭女士一家人一扫人生阴霾、露出灿烂的笑容时，李秋航方觉得自己为这个案子，多少次连自己的孩子、老人都无暇顾及，即使生病了也要强撑着调查、开庭等，四年无私法律援助付出了无数辛苦，切实帮助到了弱势群体，多少辛苦都是值得的。

“有困难，就去正航找秋航主任。”不知觉间，这句话在当地老百姓之间流传开来。2014 年底，几名环卫工人找到了李秋航，他们与一家企业就薪酬问题发生了纠纷，这是一起近百人的群体案件，处理不好就会引发事件，影响社会和谐稳定。有着敏锐洞察力的李秋航立即带领律师紧急召开会议，研究解决方案。在李秋航带领律师团队的竭力争取和协调下，历时三年，双方最终达成了和解：对方一次性付清 83 位环卫工人 88 余万元的经济补偿款，并在正航律所的见证下，中秋节之前将现金如数发放到了每一名环卫工人手中。感动不已的环卫工人送来了 83 人亲自签名的锦旗“精准帮扶献爱心，耐心细致为民生，无私无畏顶压力，善始善终护弱势”。面对近百名环卫工人这份沉甸甸的感谢，李秋航动容地表示：一个城市的发展日新月异，作为城市“美容师”的环卫工人们功不可没，而环卫工人的年纪偏大，在本该颐养天年的年纪还在辛勤地工作，理应受到法律的保护，让环卫工人有尊严地工作和生活，对他们提供法律援助，也尽了一份对城市“美容师”关爱的社会责任。

不负韶华，巾帼红心永向党

在工作时，李秋航很有“范儿”——昂首挺胸、走路带风，举手投足间都释放出由内而外的干练和自信。可是，面对家长里短、鸡毛蒜皮，或者百转千回、责任重大的种种案情，她却时而叹息，时而愤慨，时而感动。她带领着山东正航律师事务所的同事们充分发挥“社会民意信息员、政策法律宣传员、矛盾纠纷化解员、法治实践引导员”的作用，让“办事依法、遇事找法、解决问题用法、化解矛盾靠法”的法治理念在基层、在百姓的心中生根发芽。

无论面对的是重大疑难复杂案件，还是简单琐碎的矛盾纠纷，李秋航都亲力亲为，认真对待、反复推敲、审慎析疑，因案施策制订解决方案，确保经手的每一起案件都经得起法律和时间的检验。2018 年“上合峰会”期间，百名幼师因工龄认定以及社会保险缴纳等要在峰会期间上访维权。在上访之前，幼师代表慕名找到李秋航律师咨询，李秋航律师敏感地认识到事态的严重，为维护国家重大活动期间的安全稳定，李秋航律师在安抚、引导的同时，首先要求百名幼师郑重做出书面承诺——“重大国事期间不信访，依法维权”。在“上合峰会”圆满结束之后，她立即带

领山东正航律师事务所12名律师按照分工展开工作，经多次与政府、法院、教体局沟通与协商，历时两年，在竭尽全力沟通、协调下，最终达成了和解，幼师们同意撤回起诉，纠纷圆满化解。

很多时候，有些案件早已结案，李秋航却仍能接到相关电话。有太多电话，从案子本身出发，李秋航本可以不接；有太多电话，从司法程序上讲，李秋航可以不用再多费口舌。然而，她却放不下当事人，总觉得多接一个电话，或者面对面和当事人多聊几句，便能让正处于无助情绪中的当事人多感受到一些温暖和慰藉，带给他们更多前行的力量，一切都是值得的。李秋航总是对年轻律师说，我们天天经手多起官司，但是老百姓可能一辈子只打一次官司，不管案件大小，律师费多少，都必须认真负责到底，以“如我在诉”的态度全心全意为当事人服务。律师追求的最高境界就是“天下无讼”，为此，她在正航律所成立的第一天，就面对社会设置了一部免费法律咨询电话0532—55760797。16年来，已免费咨询过万人次，为化解矛盾、解决纠纷做出了无私的奉献。李秋航说她将不忘初心，一如既往地让这部免费咨询电话始终保持畅通，时刻与需要法律帮助的人保持联系，继续为社会治理防微杜渐发挥应有的作用。

除了免费咨询为社会服务，她还守正出新公益普法，开创了全国公益普法微视频的先河。她自行出资，利用法律知识和典型案例，结合人们互联网碎片化阅读习惯，首创公益普法微视频，以微视频公益普法新方式通过不同方式和渠道传遍全国各地，网络公益普法硕果累累。如今，网络“李秋航”检索词条已多达近400万，享有着广泛的影响力。近年来，她又制作了《民法典》新法新规微视频，陆续通过公众号、抖音、火山视频、微视频等主流短视频平台面向全社会播放，还荣登了学习强国平台。截至目前，她的微视频播放量已超过百万。李秋航经常说“我始终相信，不是因为有希望了才去努力，而是因为努力了才会有希望”。并表示，只要国家和人民有需要，她就会一直努力下去。

她作为央视《法律讲堂（生活版）》的优秀主讲人，是历经百般磨砺才成长起来的。中央电视台的要求极为严苛，从严格的选题关，到精益求精的稿件关，往往是需要几万字才能打磨出一篇成稿，这些稿件几乎都是李秋航在孩子入睡后的凌晨时段完成的。不了解李秋航的人，不会知道这位看起来风风火火的“铁娘子”，事实上多年以来，一直在忍受着病痛的折磨。最艰难的是2002年夏天李秋航罹患了“贲门失弛缓症”（是一种罕见的神经肌肉障碍病症，患病率小于十万分之一，主要影响食管与胃之间的贲门部分，患者进食后会感到吞咽困难及胸骨后不适，或出现恶心、呕吐、反流等症状）。或许，这是李秋航多年来积劳成疾，忙于工作，吃饭不规律等引起的，虽断断续续治疗了16年，但因为中西医均没有对症的治疗方案，所以，她每天面对的是吃饭吞咽困难、睡觉食道反流的痛苦。李秋航的家人和助理都熟练地掌握了“海姆立克急救法”等急救知识，以便随时准备抢救可能因“吞咽困难”引发窒息的李秋航！由于过度的劳累，2018年3月李秋航的贲门功能彻底失能，在14天滴水未进的危急时刻，得到了医学界大国工匠上海复旦周平红教授的亲手救治，才“九死一生”地挽回了一条命。她不但用常人难以想象的毅力与病魔战斗，十余年来，李秋航艰难地克服疾病的困扰，在央视《法律讲堂》累计录制、播出节目近百期公益普法节目，涵盖了大量保护妇女儿童相关权益的内容。这档央视前三十强的品牌栏目，每期收视率约千分之三，不算两次固定重播和网络展播，仅近百期节目的首播已惠及过亿人次。她长期带病坚持公益普法的精神深深地感动了身边的每一个人，获得了央视栏目的高度肯定和认可。

作为来自山东省的法讲主讲人，李秋航认为自己独领风骚，不如让政法系统的英才百花齐放更有社会价值和意义。2020 年，李秋航仅用 18 天就圆满成功协办了全国至今唯一一例政法系统央视主讲人选拔活动，将青岛公检法司 27 名政法英才送入了央视法讲人才资源储备库！2023 年 4 月，李秋航陪同青岛政法系统三位新晋主讲人顺利地完成了首次录制，新老接力勇登央视主讲台，为法治中国公益普法再立新功。

很多时候，看见李秋航又错过了吃饭的时间，或是因为接当事人的电话而耽误了吃药，家人和助理都十分心疼，甚至关爱地“责备”她：“什么时候能为自己的健康着想啊？”她总是笑着说：“这种忘我的为人民服务的精气神是自己战胜病魔的制胜法宝。”

多岗多责多作为，接续奋斗新征程

在李秋航看来，每个案件不管用什么方式都会结案，但如何真正地结案才是一门学问。不仅要依法积极维护当事人的合法权益，努力让人民群众在每一个司法案件中感受到公平正义，更要用公正善良之心传递司法温度，维护司法公信的权威，播撒社会正能量，而且法律人也要在法律之外，寻找维护社会正义、服务社会的最佳方式。

在履职青岛政协委员的12年里，李秋航提交的提案多达150余件，涉及经济、司法、生态文明、社会治理、民生民意等方方面面，大多获得了采纳，其中两件提案成为青岛市市办事实，多个提案获评优秀提案，多次荣获优秀政协委员、杰出政协委员荣誉称号，为助推青岛高质量发展发挥了委员应有的作用。她曾受邀参加全国法工委《民法典（草案）》立法研讨座谈会，提出的建议在新出台的《民法典》中有所体现，对《中华人民共和国外商投资法》的立法修订建议获得了全国人大的采纳。在政协工作岗位上，李秋航始终贯彻人民政协工作的要求，发挥好政协委员的民主监督作用，她长期坚守在《倾听与商量》《问政青岛》《行风在线》《有话大声说》《出击》等栏目一线。部队、学校、社区等处处都能看见她普法的身影，常年如一日地为社会治理、法惠万家，坚守在委员履职和公益普法的道路上。

守法，首先要知法、懂法。在李秋航看来，仅仅在节目中普法是远远不够的，她和同事们一直坚持走进机关、学校、企业、军营和村落，奔赴在田间地头，用满腔热情推动普法，将法律援助延伸覆盖到社会的各个角落，不遗余力地贡献光和热。在李秋航的带领下，正航律所的律师们参与了多项社会公益活动：如在新冠疫情期间捐款捐物、参与国家“东西部扶贫”号召、帮扶妇女和儿童等弱势群体、爱心助农，以及积极响应妇联号召，帮扶陇南、定西、普定等地，各项累计捐款捐物达十余万元。十余年来，不遗余力地通过各种方式帮扶自闭症儿童、残障儿童、特困儿童、特困女大学生、特困家庭等，提供免费法律咨询万余次。同时李秋航作为“青岛市十佳好军嫂”，十分关注军人军属的法律援助工作，除了定期前往部队为官兵们普及法律知识，每年多场次送法进军营也是其必修科目。2023 年 3 月 4 日送法进 91951 部队，一堂生动的法制课，让线上线下 4000 多名官兵受益。李秋航也长期担任驻青某部队的法律顾问，并担任山东省军人军属法律援助专家库成员，其各项助军工作获得了部队领导和官兵们的一致赞誉和感谢。

付出，终有回报！李秋航律师的辛勤奉献和所取得的巨大成绩，得到了社会的广泛肯定，先后成为中央电视台社会与法频道优秀法律顾问、最高人民检察院民事行政检察专家咨询网优秀专家、全国律协公益与社会责任委员会委员、山东省未成年人法律援助专家律师库成员、山东省军人军属法律援助专家库成员、山东省律师协会党外人士联谊会副会长、第十四届青岛市政协常委、第十四届青岛市政协农村和农业专门委员会副主任、2021 年青岛拔尖人才、民盟青岛市第十三届法制委员会副主任、青岛市政府第三方评估专家组成员。此外还担任青岛市仲裁委员会仲裁员、青岛市法律专家库成员、青岛市新的社会阶层人士联谊会副会长（中介和社会组织分会会长）、青岛市中级人民法院特约监督员、青岛市人民检察院特约检察员、青岛市公安局党风政风警风监督员、青岛市人民监督员、青岛市崂山区见义勇为协会会长、青岛市崂山区妇女联合会副主席（兼职）等 40 多个社会职务。先后荣获 CCTV—12《法律讲堂（生活版）》优秀主讲人暨最佳撰稿人、全国巾帼建功标兵、中央政法委平安之星（年度）、2021 年 7 月月度“平安之星”（全国名列第一）、第二届山东省十大法治人物、齐鲁最美职工、山东省妇女儿童工作先进个人、山东好人、山东最美女律师、第四届山东省优秀律师、2023 年山东省优秀律师、2019 及 2020 年度山东省律师行业优秀女律师、全省抗击疫情优秀志愿者、2020 年度“感动青岛”道德模范、青岛市文明市民、2020 年度履职先进政协委员、2017—2018 年度青岛市优秀政协委员、青岛市政协委员“岗位建功”先进个人、青岛五一劳动奖章、青岛市三八红旗手标兵、青岛市十佳好军嫂、青岛市优秀拥军律师、青岛市三八红旗手、青岛市十佳女律师、2020 年青岛市十佳公益律师、青岛市司法行政系统先进个人、2009—2010 年度和 2016—2019 年度青岛市优秀律师、青岛市优秀女律师等诸多荣誉称号。她带领的山东正航律师事务所因在妇女儿童维权方面的突出表现，获得了青岛市妇联“反家暴公益维权站”、崂山区妇联“妇女维权服务站”等称号。

特别是在 2019 年 4 月 23 日，李秋航作为青岛市地方 11 位代表之一，光荣地参加了中国人民海军成立 70 周年海上阅兵活动。看着雄伟、强大的战舰和茫茫的大海，李秋航心潮澎湃，瞬间想起当初“分担弱者的苦难，用法律为人民代言，让甘霖抚慰沧桑，肩负起无助的期盼”的铮铮法律誓言。

2021 年 1 月，李秋航律师被评选为 2020 年度“感动青岛”道德模范人物，颁奖词是这样评价她的：“公其心，万善出。三历生死，你从此为大义奔走，让冰冷的法律条文深入人心，也有了温度。扶弱助困，坦荡荡一身正气；普法解惑，显昭昭家国情怀。”。2022 年她光荣地获评了第二届山东省十大法治人物，致敬词

求源思变致富经，振兴产业谱“牛”篇

——访扎旗乌兰哈达苏木额尔敦宝力皋嘎查党支部书记照恩那斯图

脱贫攻坚增收入，发展养殖富一方

当今社会，畜牧业是农业产业的重要组成部分，也是我国重要的经济支柱产业之一。随着人口的增长和经济的发展，人们对食品品质与营养的需求也越来越高，现代畜牧业既是促进农村生产发展的朝阳产业，又是实现农民生活宽裕的优势产业。作为食品生产的重要组成部分，它也在不断地发展壮大，且具有很多优势与现实意义。如今，现代化养殖作为一种新型养殖方式，已然成为我国农业和农村经济发展的“重头戏”，农民收入的增长源以及可持续循环经济的突破口。

照恩那斯图出生于当地的重点贫困地区，为了求得生存与发展，他怀着一腔热血，看准形势，积极把握机会，带领全体贫困户积极响应国家的政策号召，依托于国家政府的脱贫攻坚政策，势必要实现全体民众脱贫的愿景。为了能够在养殖行业做出一番成绩，他首先前往全国多地进行养殖业的实地考察工作。经过不断的摸索与学习，他逐渐了解了各地的牛市行情。后在国家的补贴与政府的大力支持下，获得了开展养殖产业的土地与专业的养殖技术指导。国家的助力给足了照恩那斯图坚持下去的信心和勇气，他想办法凑足资金，购得了发展养殖的种牛；自己找关系虚心请教，进行养殖技术上的改良。对于在当地养牛产业的建设，他有了更加坚定的信念与目标。

为了以规模化带动标准化，以标准化提升规模化，他以“党支部 + 农户”的发展形式创立了专业养殖合作社，以牛为主要的畜牧业养殖种类，并设置了专门的牧场与技术指导，突出做好无害化养殖，严格推行养殖技术规范，以优化配置产业资源发挥集聚效应，切实做好产业化发展，开展优质牛犊的繁育工作，促进优良品种再生产。在他不懈的努力下，以党支部为依托指导的合作社，逐渐带动各地农户转变了传统的思想素养，促使其经济收入逐步呈上升趋势，生态环境也在养殖业的建设与发展上得到了进一步的改善。

所谓一花独放不是春，百花齐放春满园。在照恩那斯图看来，一人富不算富，家乡人都富了那才叫富。为了使当地家家户户人民群众都能够依靠发展养牛业挣到大钱，他与市政府商议，并

在当地党委与政府的帮助下，建设起了养殖培训基地，以国家级乡村公益项目为支撑，以专业培训从各个方面对当地群众进行指导，使得他们的发展得到了迅速提升。对此照恩那斯图强调，他们许多人出身于农村，没怎么上过学，导致现在文化素养低，难以跟得上时代步伐，但合作社作为现代化、科学化、特色化的产业，学习无疑是其提高收入、振兴发展道路中最重要的事情。很多传统养殖形式极易让一些养牛农户盲目地套路化，养出牛的质感也有所差异，可见传统的养殖方式或许确实已经不适用于当今时代。但专业培训却能够让更多人，在传统的基础上，取其精华、去其糟粕，学到更多有关畜牧业的专业知识。

从小规模到大群体，从标准化到规模化，如今的合作社已经有58户农户入股，一家农户入股一至两头牛，几千至几万元不等的资金，其分红收益却可达15%。此外，合作社中共计有220头牛，不仅在养殖方面保质保量，更是抓住了互联网时代发展的契机，以“线上＋线下”相结合的经营模式让客户得到了一体式服务。可观的销售收益使当地群众看到了养牛的未来与脱贫的希望，在之后的发展中，照恩那斯图将继续考虑产业经济收益的提高和养殖技术的改良，从全体脱贫之路迈向全体致富之路。

拓宽发展保生态，壮大经济展未来

目前中国养牛业正在逐步向规模化发展转型。随着生产要素和技术的不断提升，养殖场规模也在逐渐加大，特别是大型养殖企业不断涌现。未来，规模化养牛将成为我国养牛业的一大趋势。并且，随着社会科技水平的不断提升，养牛业也逐渐向科技化养殖方向发展，对于增强牛的免疫力、提高生产效率、改善饲养环境、优化养殖管理等方面，都将逐步采用科技手段来控制，不仅可以提高养牛效益、提高生产质量，对生态环境也将起到一定的保护作用。

如今，嘎查当地的贫困户已经依靠合作社收入实现了全体脱贫，合作社聘请专门人员统一管理、统一对接市场售卖，不仅实现了由小户分散经营向合作化规模经营的转变，嘎查的集体经济收入也突破了10万元，人均收入已达到了27000元。为了进一步进行技术改良，照恩那斯图坚持从外地购进高端的精饲料与粗饲料进行饲养，并针对销售市场价格波动大等困境，特别引进了两个刚刚农业专业毕业的大学生，作为合作社的技术顾问，负责合作社的技术改良、养殖等工作，持续向发展新技术、建设新产业方向紧紧靠拢，努力实现产业科学化发展的建设振兴之路。他坚信，只有实现了科学养殖，才能改变当前的困境，他绝不让吃一样饲料的牛，卖出褒贬不一的口碑与价格。在技术改良与思想转变都陆续取得了良好的效果后，胚胎移植技术也成为照恩那斯图迫切想要实现的目标之一。利用胚胎移植，可以开发出遗传特性优良的母畜的繁殖潜力，较快地扩大良种畜群；可使优良母畜仅提供胚胎而不用怀孕产崽，从而可在一定时间内生产出较多的优

良后代。在肉牛养牛业中，应用胚胎移植技术不仅可以制造出人工双胎，且当某一个体不能继续妊娠产崽时，还可将其胚胎移植给其他母畜体内代孕。这项技术的实现不但能助力家畜基因库的建立、品种资源的引进和交换，还为减少疾病传播等提供了良好的措施和条件。作为现代生物技术和育种工程的基础环节，一头牛的胚胎移植费用就达三四千元左右，20 头牛便高达几十万元，这对刚刚脱贫不久的嘎查人民群众而言，无疑是一笔不菲的开支，能够承担这笔费用的群体也屈指可数。但为了能够学习到各个地方养殖业的优良品质，让更多人加入合作社当中，照恩那斯图凭借着自己的执着与毅力，硬把这一胚胎移植技术学到手，并逐步将这一先进技术传授给当地的农户，让每一家农户都能掌握这一现代化科学技术。

此外，他紧紧抓住市委、市政府关于建设国家高质量农畜产品生产基地和自治区，以及第十一次党代会关于推进东部地区绿色农畜产品生产基地优质高效转型的决策部署和政策机遇，持续发展壮大合作社规模、延伸产业链条，积极争取资金，先后共投入 68 万元，修建了总面积 560 平方米的奶制品加工厂。他充分利用纯草原牛的优良品质，把一头牛的经济价值发挥到极致，对产量低但容量高的纯绿色牛奶进行加工与销售，将更多好牛奶制作成奶豆腐等食品，与各大品牌商家进行合作，使当地百姓在奶制品领域开启了新一阶段的致富之路。

一路走来，面对未来、面对挑战，照恩那斯图始终充满信心和希望，引领推动产业、人才、生态、组织的全面振兴，持续推进牛产业由粗犷向精细、由零散向规模、由落后向先进、由单一向多元化融合发展转变，努力使当地群众的肉牛养殖产业效益最大化。在道路不平、交通不便的贫困地区，大雪、大雨等极端天气不仅让学生出行受到限制，也造成了合作社很多车辆报废，不能按时交货。照恩那斯图曾在很长一段时间里经常性地赔钱。但作为当地养牛业的领头人，他从未灰心沮丧，反而乐观积极地向政府上报，希望国家能够给予重视，帮助解决问题。除此之外，他更长期坚持立足于群众的角度看待问题，在 2019 年、2023 年分别开办、参与过多项社会公益项目，不但为贫困学生捐赠过学习物资，更一直为经济条件不好的老弱病残免费缴纳医疗保险，以微薄之力向社会尽无限爱心。

正所谓宝剑锋从磨砺出，梅花香自苦寒来。照恩那斯图从一个默默无闻的普通人逐渐成为今天通辽市的第五届、第六届人大代表，扎鲁特旗第十五届、十六届、十七届人大代表，以及乌兰哈达苏木额尔敦宝力皋嘎查党支部书记，与他长期以来的努力奋斗脱不开关系。自他当选以来，他先后提出了“关于加大力度促进牛产业发展的建议”“关于推进优质饲草料生产基地建设的建议”“关于兴建扎鲁特旗乌兰哈达大桥的议案”等意见建议，及时反映出了在社会经济发展进程中，群众普遍关心关注的社会焦点问题，并得到了市、旗等相关部门的高度关注，促进了许多社会热点、难点问题得到及时解决。

在未来的发展中，他将继续坚持强烈的社会使命感和责任感，横下一条心抓产业，认准一条路抓转型，铆足一股劲抓重点，拧成一股绳抓落实，创新发展出一条既保障生产又保护生态环境的绿色生态产业链，推动嘎查产业振兴工作再上新台阶。相信在今后的发展道路上，照恩那斯图能够继续稳扎稳打，将无私奉献的大爱回馈于人民群众，以最热情的姿态迎接美好明天的到来！

王彦峰

WANG YAN FENG

西安宽肚茶餐空间发起创始人

“神农尝百草，日遇七十二毒，得茶而解之”，自古以来，茶和我们的生活都息息相关。无论是历史文人的“琴棋书画酒诗茶”，还是平民百姓的“柴米油盐酱醋茶”，茶都是不可缺少的。以茶会友、以茶联谊、以茶示礼、以茶代酒等更是表明茶的重要性。但在快节奏生活的今天，很少有人能沉下心来细细品茗了。为更好地传播茶文化，传播“宽肚味—更中国”的中国传统文化，西安宽肚茶餐空间以茶为主线，以艺术空间为平台，以茶饭酒花书香味为主题，做出了“餐茶馆”概念典范。创始人王彦峰更是坚信“民族的才是世界的”，立足产品本身，不断进行创新，提升品质，成为该行业的领军人物，宽肚茶餐空间发起创始人王彦峰先后被陕西省养生协会评为“养生文化推广先锋”“健康中国·领军人物”荣誉称号。

立足传统茶文化，打造民族品牌

——访西安宽肚茶餐空间发起创始人王彦峰

王彦峰所创立的西安宽肚茶餐空间主要从事中国特色茗茶的服务与销售，通过茶店、茶馆的平台为商务交流、朋友聚会、商务馈赠、健康品饮提供相关的艺术文化空间及服务。他们以“大道至简”的思想，以“顾客为核心”的服务理念，以“归核定位”科学管理的实践，成为“宽肚茶餐空间”的模范典范。公司虽成立时间不长，但王总接触茶的时间并不短。

从小耳濡目染，因书法而结缘

每个人接触一个事物都有一个契机，对于王彦峰而言，关于茶的种子早在小时候就已种下。据王彦峰回忆，从记事起，父亲就离不开茶，茶就是父亲的“口粮”。“清茗长精神”，父亲没有茶就没有了精神，每天母亲天不亮就在大灶台烧开水、烤馒头，“泼”上一壶陕青酽茶，同几个铁杆茶友喝起了黑乎乎的茶。对于父亲的茶，他几乎是不动的，因为太苦了。

而真正与茶结缘，则颇具戏剧性。基于对书法的向往，对文化的向往，2001 年王彦峰到福宝阁工作，但是由于工作太过繁忙，没有时间去学习书法，倒是一步步地爱上了茶，爱上了茶馆这一项能够承载文化的经营空间。2002 年第一次到茶园，到商南的茶山；2002 年第一次接触陕西一批德高望重的茶界老前辈，如丁文老师、张淑珍老人等；2002 年开始认知茶馆的设计及装修；2003 年涉足茶馆的经营管理……从此踏上了内练茶馆服务内功，外寻好茶、学习知名茶馆的经营管理实践学习之路和追根溯源求真茶之路。

十几年来，去过全国比较知名的茶馆几百家，各具地域特色和文化特色的茶馆，在享受美妙空间的过程不断提升自己对茶馆的认知以及茶馆经营管理水平的提升，也先后策划、服务过几家茶馆，如福宝阁茶楼、水中天茶府、憩园茶饭、宽肚茶肴等茶馆。

同时在思考很多关于茶馆运营方面的问题，比如：茶馆从投资、装修筹备、运营管理的全过程中，一个实战性的，避免后继者和前行者借鉴的系统标准是什么，农耕文明背景的中国茶馆如何持续发展，像星巴克一样将茶馆内在文化挖掘出来，并形成适合茶的商业经营模式，茶馆经营如何对待慢文化对接快生活、老行业适应新生代、大投入破解小产出、地域化突破世界性，这个

时代的茶馆应该留下怎样的时代特征等问题要通过不断的学习去参悟，通过实践去验证。

也是因为喜爱，他不断地进行学习，不断探索创新，研究茶馆的空间设计、经营管理，才有了现在的西安茶之旅茶文化有限公司，才有了把空间、茶餐、茗茶有机结合，为顾客提供一站式的“交流”平台，茶、餐、酒成为其交流的文化媒介的“餐茶馆”模式。在寻茶的过程中，与名茶、名山，风景名胜，人文风情有了亲密的接触。 进一步了解茶，了解茶文化。

挫折中成长，“矛”和“盾”中修行

或许每个人都会经历少不更事时的年少轻狂，然后在挫折中一点点地圆润成长起来，从幼稚到理智，从缥缈到坚定，从失败到成功，成长的道路上永远都只有自己，孤独是无可避免的。王彦峰的成长亦是如此。在福宝阁工作的11年里，他在“矛”和“盾”中不断修行，完成了人生的蜕变。

初到福宝阁，从事的是行政人事工作，是总经理的“矛”和“盾”。年少的轻狂与棱角分明导致在做事情时从不考虑人际关系，大刀阔斧地进行改革。在复杂的人际关系里，要做成一个事情是很不容易的，由于触犯到很多人的利益，所以得罪了很多员工，但也让王彦峰明白一心为公，一心去做一件事情的归宿是不一样的，结果是不一样的。在“矛”和“盾”中，发现自己做事情不够圆融，不断进行自我修行。在福宝阁的修行不仅让王彦峰进行了自我的成长，也让他完成了茶馆的运营管理各个方面的实践，也帮助福宝阁成为西安茶馆的一张名片，在当时的西安提起福宝阁无人不知无人不晓。这些经历让王彦峰明白，做事情不能畏手畏脚，只要你的方法正确，足够坚定，事情总能成功。在如今的他看来，过去的苦难都是今日的财富，人生的每一个阶段都是不同的修行，都要感激。

追求卓越品质，弘扬工匠精神，打造民族品牌

品牌是一个企业不同于其他企业的标志，是企业核心价值观的体现。西安宽肚茶餐空间之所以能够成为“餐茶馆”这一概念的典范，王彦峰总经理的价值观与品牌观功不可没。

王彦峰认为品牌的核心是企业和产品。就企业而言，企业的社会责任感是其能否成为品牌的因素之一。企业一定要有担当，有社会责任感，一定要成为社会的资产，而不是负债。对产品而言，决定产品质量的是“人”所以品牌化的过程中“人”至关重要，要从“人”上下功夫。人才是关键，人才决定产品，什么样的“人”就生产出什么样的产品，尤其是价值观这一块，茶文化作为传统文化，讲究的是品、是德、是精神、是礼。“廉美和敬”是茶德的典范，人才的价值观一定要符合这一价值观。

他还认为，想成为真正在这个行业内有名的品牌，对产品一定要精益求精，要有工匠精神，专注地不断去打磨产品，要俯下身来从经营管理、营销、服务、人才组织架构、人才培养机制等各个方面多维度地进行打磨。细节决定成败，要从细节上着手，不断地追求品质，培养人才。做事情要看长远，要想清楚是做一时还是一世，茶文化是值得做一世的，要有耐心、恒心，坚定地用心去做，用心去经营。你想成为一棵树就要种下树的种子，然后给树时间去成长。

在追求卓越品质上，王彦峰不断前行。说是老板，他更像一名匠人，不断带领团队打磨产品，进行创新。“憩园茶饭”就是在总结以往茶馆策划、经营、管理等方面的基础上进行提升的作品，它也是高新“宽肚”（美食、佳茗、小酒、宽堂）前行的一个阶梯，对空间、产品优化的一次实践和提升，也是栽种“梧桐树”的过程。

“憩园茶饭”是他2013年开始筹备的“餐茶馆”项目，他对这一项目注入了诸多的设计思想在里面：融入原建筑的自然空间设计；合理有效的空间布局；餐茶结合的经营模式；纯净的老感觉印象；按照最佳人体舒适度设计的桌椅及功能等。桌子85厘米的宽度，68厘米的高度，配以40厘米高的座椅，这是最佳的交流距离，舒适度也是最佳的。

茶，作为我国的国饮，雅俗共赏，具有很大的发展前景。茶馆，自古有之，但从消费者的角度来看，茶馆就是卖水的，是暴利，如何将茶馆做得让消费者觉得物有所值值得深思。王彦峰认为未来茶馆的发展方向可能有两个：主题茶馆和餐茶结合的茶馆。主题茶馆要把产品做实，将产品与空间、服务相结合，才会让消费者感到物有所值；茶餐结合必须要有特色，要向着休闲餐饮的目标发展。

“民族的才是世界的”，王彦峰立足中国传统茶文化，将茶与空间（环境和氛围）、服务相结合，打造现代化茶馆，立志将茶馆打造成和星巴克一样的品牌，挖掘内在茶文化，并形成适合茶的商业经营模式。他像个匠人一样在“茶餐馆”这一领域不断钻研、探索、创新，在传播茶文化上不遗余力，打造品牌，他坚信这一点并努力做到，他一直在坚持，将满腔热血倾注于此。他已经在这个道路上走了近20年，接下来也会一直坚持下去。

冯燕峰

FENG YAN FENG

中程建供应链（天津）有限公司总经理

随着国际化合作的不断深入，越来越多的企业有了对外出口产品进入国际市场竞争的需要。物流是众多企业运作不可或缺的一环，特别是在企业走出去的过程中，物流发挥着重要作用。国际市场的不断交融，国际贸易对物流的依赖性也不断增强，物流作为企业供应链管理的关键，关系着企业在走出去过程中多重角色的有效发挥，不论是海外供应商、分销商、合作伙伴，都需要一个有效的供应链管理系统将各环节有机地连接起来。正是观测到国际市场对物流供应链管理系统的迫切需求，冯燕峰和他的团队共同打造了中程建供应链（天津）有限公司，为企业制定走出去的定制化战略，用物流之桥梁带动更多中国企业实现国际地位的腾飞。

胸怀凌云腾空起，流转护航中国梦

——访中程建供应链（天津）有限公司总经理冯燕峰

奔腾变迁，物换星移

物流运输在世界上拥有着悠久的历史，初期，物流活动主要依靠人力和动物力完成。作为文明古国，为了国家经济发展的需要，古埃及的尼罗河在那时就承载了一定的运输协助活动。古罗马还建立了大型道路和驿站网络来促进物流运输。18 世纪 60 年代的工业革命，以美英两国为首的工业高速发展让物流运输工具和设备都得到了普及，物流运输发展达到了一个全新的水平。英国的运河系统和铁路网的建设，为物流提供了高效的运输方式。美国铁路系统的发展使得国内物流运输更加便捷。20 世纪 70 年代，EDI 的出现成为物流信息化的历史起点，物流运营和管理的效率逐步提升。如日本丰田通过引入精益生产和供应链管理等概念，优化物流过程，提高了生产效率和质量。

21 世纪，物流产业进入了智能化发展阶段，人工智能、大数据和物联网等技术被广泛应用于物流管理和运输产业。德国通过推动工业 4.0 战略，将物流运营与现代技术相结合，实现了智能化生产和物流升级。中国在物流领域发展也迅速腾飞，以电商物流为代表，通过智能化技术和数据分析极大地提高了物流效率。正是在这样一个高速发展阶段，冯燕峰抓住机遇，顺应时代洪流，紧扣中国企业“走出去”的政策号召，带领着他的团队成立了中程建供应链有限公司，帮助更多产业完成走向国外的供应链条，成为中国物流行业发展的中流砥柱。

1983 年出生的冯燕峰，早早就进入了物流行业。2005 年大学刚毕业，他就进入 DHL GLOBAL FORWARDING 这个全球排名第一的物流企业任职，担任海运部门的一员，负责美洲、非洲、澳洲及亚太航线的业务操作管理并参与大客户的项目建设。在不断的磨砺下，他成功带领 DHL 天津分公司航线团队成为 2006 年度 DHL 中国“BEST TEAM”，他个人能力也得到了公司的充分肯定，一跃成为“DHL 中国”最年轻的航线主管。他所带领的团队每年都能 100% 完成 KPI 指标，用户满意度高达 97%。也借由这段为期两年多的工作历练，冯燕峰积累了大量 500 强外资企业的客户资源，并一直保持沟通，维护着良好的关系。公司合并后，他继续在新合并的 CEVA logistics 工作。合并之后的 CEVA 一经面世，就直接成为全球第四大物流企业，如今是全球最大的供应链管理公

司之一。冯燕峰在调度过后成为业务拓展主管和客户服务主管。这期间他主要负责对通用、洛克石油、宝马、保洁等大客户的日常维护。除确保手上大客户的黏性，还要不断开发新用户，拓展新的市场。在拓宽用户保持黏性方面有过多年工作经历的他处理业务已是驾轻就熟，在担任总经理期间，更是直接与300多家客户建立了业务联系。游刃有余工作态势，都为他后期开拓自己的物流商业版图提供了充分条件。

2009年他来到了中泰捷诚（天津）货运代理有限公司担任副总经理，工作职责更加细化，对接的项目也更加具体、庞大。他开始管理团队，组织参与各项投标。

在工作期间他和众多央企、国企在对外工程承包、大宗商品贸易等方面都保有着深度的交流。并和商务部、外交部及非洲多国使领馆都有着广泛联系。在这期间，冯燕峰独立组织、合作参与了多项业务，桩桩件件工作在锻炼了冯燕峰成长的同时，也为冯燕峰深入了解物流行业发展提供着崭新的切入视角和源源不断的发展机会。

冯燕峰凭借着对近些年物流发展变迁的充分把握，以及对发展空间的更高需求，手中掌握着丰富的客户资源的他由此萌生了一个思考已久的想法——自己创办一家物流公司。2014年，中程建供应链（天津）有限公司正式成立，经历了专业锻造，冯燕峰向市场提供的是他在云谲波诡的竞争市场中极具竞争力的项目：为“国际工程”企业提供“一站式供应链”综合解决方案，打造安全的“国际供应链”服务。一个属于中程建的物流时代大屏幕就这样缓缓拉开。

行业引领，高瞻远瞩

中程建供应链有限公司作为一家成立于2014年的新企业，主要针对助力境外工程企业“走出去”，提供供应链综合解决方案的服务平台。他们的目标是为国际工程及中小跨境贸易企业提供一站式、综合性的解决方案，以降低经营成本、防范交易风险和解决融资难题为目标。通过丰富的经验和资源，更好地帮助中国企业顺利走出国门。

他们主要经营国际货运代理业务，包括国际空运、国际铁路、国际海运集装箱、散杂货租船订舱，国内外仓储、通关、商检和送货等一条龙综合性物流服务。此外，他们还提供大中型海外项目和各类援外项目的全程物流解决方案，以及杂货件、滚装货和大型设备的运输方案设计和具体操作。承包全球国际空运订舱、中欧铁路订舱操作、中亚铁路订舱操作、中国出发到中亚及东南亚的国际卡车全程操作和报关等业务。他们为许多国际工程企业提供长期稳定的国际供应链综合解决方案，为客户如中石油、中交、中航技、中地海外和中能建等企业提供物流服务。

中程建供应链有限公司独特的竞争优势还在于其丰富的特色服务。首先是国际工程项目物流服务，这项服务涵盖了中国各主要港口的港前操作，包括多供应商协调、包装方案、发货管理、

港前仓储集运、制订发运计划、海空运订舱、装箱陆运、报关单据整理及办理通关放行等业务。同时，在项目国提供进口清关、仓储、分拨、第三国陆运运输至项目目的地的服务，并根据客户需要提供定制服务，如变压器就位货简单加工等服务。

他们的第二项特色服务是提供国际进出口贸易窗口代理服务。他们为境外工程总包、分包企业提供贸易窗口代理服务，包括代理国际贸易进出口退税、开证、收付汇等业务。在中国境内，他们还提供出口退税融资、信保融资等服务，并代办目的港相关证书、代理进口和缴税等服务。

此外，他们还提供国内采购工程物资及供应当地项目的服务。他们可以为基建、房建、铁路、公路、桥梁、石油化工、工业建设等项目采购其所需物资，并提供项目所在地的物资供应，提供工程供应链融资服务等。这其中包括境内、境外商贸采购融资、国际物流融资和工程施工融资等服务。

网络是物流行业的命脉所在，在冯燕峰及其团队孜孜不辍的努力下，中程建供应链的网络覆盖了全球 109 个国家和地区，拥有 7 家国内外分公司和 103 个海外代理商，为全球 223 家客户提供服务。目前中程建供应链有限公司已在北京、天津、香港等城市及乌干达、刚果和利比里亚设立了分公司。在冯燕峰的带领下，团队业务精熟，专业服务于全球各地的客户。凭借着系统化的运作方式和高效便捷的服务，公司在海内外赢得了良好的信誉，并成为国内跨境贸易综合服务平台行业的领跑者。公司与多家供应商展开战略合作，包括集装箱运输公司和散货运输公司。

谈及未来的愿景，冯燕峰希望中程建供应链公司能在全球物流行业中排名跻身前茅。在供应链优化方面，不断为更多想要走出去的中国企业团队赋能。为此，公司也将不断加强团队建设，招揽新鲜血液，与高校优秀毕业生进行深度合作，引进高校优秀人才。

对于目前国内国际的大市场环境，以及中国为促进产业发展做出的诸多举措，冯燕峰深切感知到了物流行业未来发展的诸多机遇和挑战。未来，他希望国家能给予民营企业更多的经济支持，让更多企业能够更加从容应对国际市场层面的诸多挑战，增强中国企业在各个国际市场优质领域中的存活期和竞争力，在充满着不确定性的国际市场中，实现自身的不断成长，稳定发展。利用完备的物流网络，实现信息高速精准匹配，融入市场、挑战市场、成为市场，共同为打造“中国物流强国”，贡献出自己的力量！

王德利

WANG DE LI

贵州华台酱酒（集团）有限公司董事长

贵州华台酱酒集团（国珍宴酒业、门弟酒业、茅制公司等）有限公司，位于酱香白酒的核心产区——茅台镇曹家渡。这是起源于1984的仁怀县茅台酿造三分厂，历经30余年的风雨历程，已然蜕变为集研发、经营与销售于一体的酱香型白酒领军企业。在董事长王德利的带领下，华台酱酒集团始终坚守“传承历史文化，举杯不负有心人”的品牌文化；坚持“匠心酿造，天心本真，法度为纲，良心质量”的品质定位；秉持“以酒载道、诚信天下、共同富裕”的企业理念，以“绿色、有机、健康”为使命，用千万年的茅台古镇的灵山秀水，孕育了独一味的传世美酒。

栉风沐雨守望初心，匠心酿造传世韵味

——访贵州华台酱酒（集团）有限公司董事长王德利

峥嵘岁月，砥砺前行

诚信赢四海，良心贯九州，华台不负天下人。“华台”，一个历经风雨而越发璀璨的品牌，其发展历程堪称一部壮丽的史诗。从昔日盛极一时的华台药酒，到曾经一度沉寂的华台补酒厂，再到重获新生的贵州国珍宴酒厂，到如今以酒为载体，志存高远的贵州华台酱酒（集团）有限公司，历经近40载的峥嵘岁月，华台酱酒集团始终在急流勇进中绽放光芒，于华台酱酒而言，这是一段坚守与传承的历史佳话。

起初，“华台”仅是一家位于茅台镇这片富饶的土地的制作棕器的手工作坊。随着时光的流转，这家手工作坊逐渐转型，成为一间专注于烤酒生产的酒厂，名为“建荣禄宫酒厂”（后成为仁怀县茅台酿造三分厂）。在改革开放的春风中，茅台镇“商贾如云集，笙歌伴月眠。河面船帆织，街市人语喧”。有缘千里非远途，飞花成果蜂蝶传。进入1988年后，与国家中医研究院北京广安门医院合作的机会来临，于是联手推出了“华台药酒”，不久后建立了华台酒厂。华台酒厂精心酿造基酒，广安门医院提供珍贵药材，两者的完美配合加之精心的调制与包装，华台补酒正式出厂。

其酒，酒质醇厚、甘爽细腻、酱香浓郁，活血强身效果俱佳，堪称酒类佳品。其也因此成为第十一届北京亚运会指定用酒，更在国内外各种评比中屡屡斩获印尼科技成果金奖、国家级新产品金奖、世界酒文化博览会（日本东京）金奖、国家科技成果奖、中国酒文化博览会（合肥）金奖等殊荣，一时名噪酒界、风头无两。然而，市场与经营的变幻莫测，让这家酒厂经历了短暂的辉煌后就陷入停产的困境。

云起云落寻常事，游走低谷须静宜。胸中存有阳刚气，长风破浪自有时。“华台”经历风雨，终见彩虹。2006年，王德利收购贵州国珍宴酒厂。2018年，国珍宴酒厂进行资产重组，重新收购“华台”品牌，为其注入了新的活力。这一年，国珍宴酒厂生产的国珍宴酒、门第窖酒和耄制窖酒凭借着卓越的产品质量和品牌影响力荣获多项殊荣，其中包括国家3·15诚信品牌、全国消费者放心满意品牌、中国驰名商标等，这些成绩使其品牌知名度与企业影响力得到了极大的提升。

随着时间的推移，贵州国珍宴酒厂逐步崭露头角，在二合曹家渡建立了新厂区，成为仁怀地

区拥有“白酒生产许可证”和千吨生产规模的知名酒企。2021 年 3 月 17 日，该企业为了更好地进行品牌化打造，贵州华台酱酒（集团）有限公司正式成立。

该集团坐拥四座宽广的制酒车间，酒库总面积超万平方米，现代化灌装车间规模达 1500 百平方米。除此之外，还有四座制曲车间和 200 个曲药发酵仓，每年可产出超千吨的大曲优质酱香白酒。在巨大的原酒储存区中，有近万吨的香醇老酒，其中 3000 吨更是贮存期超过 5 年的珍稀老酒。数百名才华横溢的员工和 20 余名高级管理及技术人员，共同铸就了华台酱酒集团的辉煌。

38 载风雨兼程，38 载砥砺前行，华台用岁月沉淀，书写了中国酒业的传奇。自仁怀县茅台酿造三分厂初创，华台便踏上了一段不凡的征程。历经时代的洗礼，他们秉承匠心独运的初心，传承优秀的中华酱酒文化，如今已崛起为华台酱酒集团，不仅傲立于酒业之巅，更让世界领略到了酱香美酒的独特魅力。

初心不改，匠心永固

在叠嶂的山峦与奔涌的赤水河之间，茅台镇曹家渡汇聚着天地灵气与日月精华。茅台河谷的一粒粒赤露，在甑巅之上经历“云蒸雾绕”的洗礼，经历如“龙吟虎啸”般的激荡，最终凝练成剔透玲珑的华台金波。这片神奇的土地拥有着全球独一无二的自然环境（得天独厚的水质——pH 中性、地质——紫沙岩泥、气候——高温多湿和上空微生物群落）以及悠久的酿造历史。这里孕育出了厚重的酱香文化（濮酿文化）、盐运文化（仁岸）和红色文化（四渡赤水传奇），共同构建了一部醉人的酿酒史。初生于此的华台酱酒集团，承其深远之源，传其独特之韵。

匠人匠心，华台华匠。该集团以巧夺天工之技艺，酿造出华而有实的美酒，于细微之处彰显非凡品质，正是华台酱酒的独特魅力所在。他们传承着古老的酿造技法，恪守着由来已久的四季时令，同时秉持着“不负酒也不负人”的虔诚与匠心。每一瓶华台酒，都融入了华台人的匠心独运；每一滴华台酒都承载着华台人的艺术追求；每一道工序、每一个环节，都凝聚着华台人的心血与智慧。

“核心产区才能出好酒。”华台酱酒所拥有的独特风味，不仅得益于茅台镇核心产区的天然恩赐，更得益于那些坚守传统、不断创新的众多大师。酱香之父——丁勇，是中国酱香白酒创始人李兴发大师的嫡传三弟子，他对每一滴酒都倾注了心血，不仅亲自把控酒体品质，更是将古老的酿酒工艺与现代科技完美融合。

在酿造过程中，通过结合茅台原产地不可复制的地域微生物圈特性，甄选出产于赤水河流域的优质糯高粱，严格遵循端午踩曲、重阳下沙的传统古法酿造工艺，再经过两次投料、九次蒸煮、八次发酵、七次取酒。经过30道工序、165个工艺环节，循经5个春夏秋冬的变化，5个酿酒周期的出场条件，确保每一滴凝聚匠心的华台酱酒。

轻轻晃动酒杯，那浓郁的酱香便扑鼻而来，于醇厚中带着优雅，于细腻中蕴含力量。那酒色泽微黄透明、纯净清亮、酒花丰盛，宛如琥珀般晶莹剔透、纯净无瑕。每一滴酒都仿佛在诉说着一段古老的故事，每一缕酒香都如同一段美妙的旋律，让人沉醉其中，流连忘返。

在华台人的眼中，“华台酱酒”不仅是美酒的代表，更是情感的寄托和文化的传承。每一位华台酿酒人为正宗酱酒注入了“更健康”的基因，也让每一瓶华台酒成为一瓶璀璨的艺术品。这些酒品因融合了基因感、口感、体感和健康感，而成为“舒适酱香”的代表，也因此深入人心，成为无数国人信赖和喜爱的佳酿。

因时制宜，不负年华

“华”乃取有5000年文明史的泱泱“华夏”之“华”；“台”乃指产酱酒之巅的茅台酒厂和独具酱酒资源的茅台地域。华台集团拥有着独具匠心的产品体系，以“华”文化为基石，精心打造出华字瓶、华印、华匠、华彩、华章等一系列酒款，这些酒款的外形设计（华字瓶）精粹博雅，展现着华台对品质的极致追求。

红蓝与金色的巧妙拼接，辅以窑变釉瓶体的传统烤花工艺，以其优雅内敛的设计，尽显君者之风；瓶身上“华台”字样的浮雕，圆润细腻，尽显东方传统美韵，简约而不失稳重；瓶底刻花精致细腻、凹凸有致；盒身的斜条光影纹路的搭配，精美且复古。多重精美设计让消费者在品味美酒的同时，也感受到了生活的多彩与情趣，以及浓郁的中国传统文化和历史文化渊源。

2021年9月15日，华台酱酒集团于仁怀市茅台镇茅台大酒店举办了一场盛大的新品品鉴会。经过专家们细致入微的品鉴，华台的新系列产品（華8、華15、華20系列产品）赢得了高度赞誉。然而，市场竞争日渐激烈，单一企业的优势已不复存在，更多来自赤水河沿岸的酱酒企业正摧枯拉朽般走进大众的视野。在这样百舸争流的市场背景下，华台酱酒携手品牌代言人胡军全新亮相，以“华台酱酒，柔成酱香”作为基调，以“华台只做好酒”作为旗帜，坚持“用品质锻造

专家品鉴证书
EXPERTS ASSESSMENT CERTIFICATE

贵州华台酱酒业有限公司：

你公司主送的 华台·华彩10 酱香型白酒产品，经遵义市酒业协会、仁怀市酒业协会组织专家委员会于 2021 年 9 月 15 日在 茅台国际大酒店 进行现场品评，综合意见如下：

主评产品：华台·华彩10

专家综合评价意见：微黄透明 酱香突出 陈香明显 幽雅舒适 酒体饱满 协调 后味长 空杯留香持久 大曲酱香酒风格典型

专家组成员签字：

遵义市酒业协会 仁怀市酒业协会

2021 年 9 月 15 日

品牌，以服务体现价值；不比大小，但求实际”的经营理念，在酱香之风猛烈的时代，首次推出“用心酿、用心品、举杯不负有心人”的酒文化理念，争做赤水河中领航的船只。

怀揣磐石决心，瞄准百亿市场，扎实推进网点建设。华台集团全国运营中心和华台酱香馆文化馆的设立，是集团雄心壮志背后的稳健布局。线上线下的销售模式融合，释放出了各渠道的潜能，强劲的合力，使该产业在白酒市场中锐意进取，进入了从招商性增长迈向结构性增长的新阶段。同时，华台与时俱进，积极拥抱变革，借助高科技的力量，以用户思维为指引，为客户打造更贴心、更精致的产品与服务体验。华台人深知，品质是基石、产能是保障。因此，他们不断提升产能，确保卓越品质，积极实现与当地酒企多方的共赢发展。

在“十四五”规划的宏伟篇章以及新产品的强势引领下，华台集团站在崭新的起点，响亮地吹响了决胜“百亿华台”的号角。无论是品牌的新品推出，还是邀请胡军先生作为品牌代言人，都是华台集团加速发展的一张战略拼图，也是全面激活大众酱酒市场的策略之一。华台酱酒犹如“尚未被发掘的宝藏”，蕴含着无尽的价值与魅力，等待着世人的探索与品味。我们深信，华台酱酒集团将以更加浓烈、鲜明的笔触，勾勒出酱酒世界崭新的篇章；以卓越的品质、创新的营销策略和市场布局，开启一个全新的酱酒时代，让更多百姓享受到独特口味的好酱酒，“贵州华台酱酒”也将成为中华酒文化传承与创新的典范。